中國 盛唐詩論

중국시가론❷

중국 성당시론

류성준

푸른사상

머리말

　중국문학에서 당시(唐詩)는 어떠한 위치에 있는 것인 가라고 깊은 관심을 가지고 묻는 사람들이 많다. 그런 질문은 우리에게 주어진 다양한 여건(輿件)으로 인해서 우리는 오랜 역사를 통하여 한자문화권(漢字文化圈)이라는 문화 영역 속에서 나름대로 고유한 문화를 창조해 왔기 때문이다. 그리고 우리 자신이 현실적 입장에서 아무리 서양문물이 우리 문화의식을 지배하는 것처럼 보이는 가운데에서도 역사와 문화라는 면에서 중국이란 그 문화권에서 완전히 자유로울 수 없는 우리 나름의 문화적 성격을 지녔기 때문이기도 하다.
　그 질문의 대답은 한 마디로 "그 위치는 절대적이다."라고 할 것이다. 중국문학의 기원이 시로부터 시작되고 시를 통하여 모든 장르가 파생된 것을 알게 되고 중국문학의 모든 작품이 시처럼 운율적인 표현법을 강구하고 그 바탕을 감안하면서 창작하지 않으면 우수한 평가대상이 되기 어렵다는 문학적 특성을 이해한다면 그 대답의 의미는 분명하게 된다.
　오늘날 사용되는 '중국어'의 성조(聲調)가 발음과 어의(語義)에 있어서 가장 중요한 기능을 지니고 있음은 바로 중국어가 지닌 음악성 즉 시적 요소의 중요한 위상을 의미하는 것이다. 그 만큼 중국문화, 좁게는 중국문학 그 자체가 얼마나 음악적 운율과 밀접한 관련이 있는지를 확인하게 하는 것이다. 그러므로 중국문학에서의 시는 단순한 문학상의 장르개념으로만 분류되고 평가될 대상이 아니고 보다 근원적인 대상이 된다는 점을 인식하게 된다.
　시는 중국어문학에서 모든 장르의 연원에 기초가 된다고 할 수 있기 때문에 시를 모르고서는 어느 장르의 참다운 이해가 용이하지 않다고 해도 지나친 억설이 아니다. 시는 중국을 공부하는 사람의 알아야 할 첫째 항목이라는 의

미도 되는 것이다.

　그 시에서 가장 중심이 되는 '당시'는 양적인 면으로는 약 300년간에(618~906 AD) 걸쳐서 2200여 명의 시인에 의해 48000여 수의 시를 창작하여 오늘날까지 천년이 넘도록 전래시켰고, 질적으로는 시성(詩聖)인 두보(杜甫 712~770), 시선(詩仙)인 이백(李白 700~760) 그리고 시불(詩佛)인 왕유(王維 701~761) 등을 위시하여 중국시사의 3분의 2를 '당시'가 차지하고 있는 것이다. 그 당시로는 아직 인쇄술이 발달되기 전인데도 그처럼 방대한 작품들이 전래되었다는 사실 하나만으로도, 당대에 시문학이 얼마나 성행하고 발달되었는지를 짐작하고도 남는다. 이러한 위치에 바로『당시』가 서 있는 것이다.

　필자가 '당시'를 가까이 하면서 지내온 세월도 어언 40여 년이나 되었으니 적지 않은 시간들이지만, 아직까지 이렇다 할 자취도 남기지 못해 왔고 또 그만한 실력도 갖추지 못하고 있음이 부끄러울 뿐이다. 원래 편협한 소견과 범주 속에서 몇 가지 책을 썼지만 그 모두가 객관적인 평가를 받기에는 여러 모로 미흡하고 오류 또한 적지 않은 바, 이것이 항상 마음에 부담되는 점이었다.

　그 간에 출간된『王維詩硏究』(臺灣 黎明出版公司, 1987),『唐詩論考』(北京 中國文學出版社, 1994),『中國唐詩硏究』(國學資料院, 1994),『王維詩比較硏究』(北京 京華出版社, 1999),『初唐詩와 盛唐詩 硏究』(國學資料院 2001 문화부우수학술도서),『唐代 後期詩 硏究』(푸른사상 2001),『唐代 大歷才子詩 硏究』(한국외대출판부 2002),『韓國漢詩와 唐詩의 比較』(푸른사상 2002 문화부우수학술도서) 등 당시와 관련된 책들이 있지만, 필자의 견해로 볼 때 전문성을 지니고 있어서 그 나름의 가치를 부여할 수 있다. 그러나 한편으로는 학문 내용의 대중적 인식의 필요성을 절실히 인식하게 되어 그 시도를 강구하려는 의식에서의 의도와 만족스레 부합되지 않아서 내용상 재활용된 경우가 많았고 편협성도 면치 못한 점을 인정한다. 이런 점에서 학자로서 자괴감(自愧感)을 느끼면서 대중적 홍보 차원에서, 이번에 다시 중국시가론 시리즈 성격의 작업을 시도하게 되었다.

　그러하다 보니 어느 부분을 제외하고는 지난날에 기술했던 내용을 다소 첨

삭하고 쉽게 풀어서 정리하는 작업수준의 한계를 보여줄 수밖에 없게 된 것이다. 이 시가론의 시리즈에는 중국 초당시론을 위시하여 성당(盛唐)시론, 중당(中唐)시론, 만당(晚唐)시론 등 4시기 당시와 송대 이후의 시, 그리고 현대시가론과 시화(詩話)의 시론, 한중시 비교론 등 모두 10여 종의 내용들이 포함되어 있다. 이들 작업은 모두 필자가 그동안에 계획하고 준비해온 중국시의 총체적인 논리전개의 일환으로 시도된 것임을 밝혀둔다. 이들 세분화된 분류작업에 앞서서 최근 『중국 시가론의 전개』(한국외대 출판부 2003)라는 제목으로 고대와 근대의 시가 부분을 다소 포함시킨 종합적 초기단계의 책을 발간하기도 하였다.

본 성당시(713~765)의 시론에는 초당대의 문식(文飾) 위주의 제량풍(齊梁風)에서 완전 탈피하여 성정(性情) 위주의 시 본연의 자세를 회복한 시기의 중요한 작가들을 중심으로 논리를 전개하고자 하였다. 그 구성에 있어서 당시의 시대구분에 의한 시의 풍격을 개관하는 것은 초당시론과 같으며 한국에서 당시연구의 중국시 전반의 테두리 안에서 여히 전개되어 왔는지를 개관하는 내용을 제시함으로써 향후에 당시를 연구하는 데의 새로운 길을 모색하는 지침으로 삼을 것을 강조하고자 하였다. 그리고 성당대에 이르러 절구(絶句)시의 형식사의 정착과 그 창작이 본궤도에 오른 만큼, 그 작법상의 여러 연법(鍊法)을 서술하여 절구시의 이해를 높이는 역할로 삼고자 하였다.

작가론으로는 먼저 이백과 두보의 창작사의 묘사로 가장 중요한 부분인 시어의 구사상의 양인의 특성으로 분류하여 수필형식으로 서술하고, 왕유에 있어서는 필자가 석박사논문을 위시한 『王維詩與申緯詩之比較研究』(1980), 『王維詩硏究』(1987), 『唐詩論考』(1994), 『王維詩比較硏究』(1999) 등 여러 종류의 관련 논저를 통하여 왕유시 자체를 저술해온 바, 여기에서는 왕유의 교유관계를 통하여 그 시교(詩交)가 지닌 왕유시학의 의미를 조명하였다. 그리고 이기(李頎)와 소영사(蕭穎士)는 당시에서 크게 거론되어 있지 않지만, 그 시의 양과 질에 있어서 향후에 반드시 심도 있는 연구가 진행되어져야 한다는 판단 하에 시도적으로 교유관계를 중심으로 그들의 시를 서술한다. 특히 소영사의 시는

4언체의 시경(詩經)적 형식을 지니고 있어서 당대의 시경시를 재현시킨 전통적 복고론자로 평가하였다.

당대 변문(駢文)의 재흥과 발전을 주도한 육지(陸贄)의 제량풍적인 시풍도 당시에서 특이한 존재로 평가되고 중당시의 리얼리즘적인 시풍을 선도했다고 볼 수 있는 융욱(戎昱)의 시는 그의 명성에 비해 높은 경지에 도달되어 있음을 이 자리에서 부각시킬 수 있을 것이다.

본서를 펴내는 처지에서 그간에 중국문학의 자료를 읽고 이해하기에는 한자 다용(多用)이라든가 서술문장의 고답성(高踏性) 등으로 해서 어렵다라는 고정관념이 읽는 이들의 뇌리(腦裏)에 깊이 뿌리박혀 있었던 점을 솔직히 시인한다. 최근에는 번역이나 주해(註解) 등에 있어서는 전공자가 아니라 해도 능히 읽고 이해할 수 있는 독서물이 다량으로 출간되고 있으며 향후에는 그런 방향으로 나가지 않으면 안 된다고 생각한다. 그래서 본서에서도 중국시가를 대중적 견지에서 접하도록 한다는 취지를 가지고, 전문서적에 대한 독자의 대중화를 위해서 한자 사용의 극소화(極少化), 서술 문장의 평이화(平易化), 그리고 내용 이해의 용이화(容易化) 등에 중점을 두고 가능한 한 독자층의 폭을 확대해야 하겠다는 적극적인 자세로 임하게 된 것이다.

본서를 펴내면서 평소에 어려운 여건 속에서도 여러 종류의 중국시가론 시리즈를 흔쾌히 출간하려는 의지를 지닌 푸른사상의 한봉숙 사장의 높은 안목에 경의와 함께 그 깊은 후의에 고맙다는 말을 전한다. 필자의 오늘은 존경하는 스승들과 선배동료 학자들의 기탄 없는 지교와 격려에 힘입은 바 큼을 이 자리를 빌어서 삼가 감사를 드린다. 한 편 원고를 타자하고 정리하느라고 고생한 류신 군에게 학성(學成)하기를 기대하며, 항상 강호 제현의 질정(叱正)을 바라며 만사여의(萬事如意)를 축원한다.

2003년 봄

동헌(東軒)에서 류성준

차례 　　　　　　　　　　　　중국 성당시론

머리말 • 1

당시(唐詩)의 시대구분과 그 특성 11

한국에서의 당시 연구의 현황 26
　Ⅰ. 당시(唐詩)를 포함한 조대별 시가연구의 정리 28
　Ⅱ. 한중시(韓中詩) 비교 44
　　1. 당대 이전 • 45　　2. 당대 • 46
　　3. 당대 이후 • 47

당시 연구의 올바른 길 49
　Ⅰ. 다루어져야 할 작가의 시에 대한 연구 52
　Ⅱ. 다양한 연구내용 55
　　1. 작가의 생평(生平)관계 • 57
　　2. 교유(交遊)관계 • 58
　　3. 시 자체에 대한 분석 • 62
　　4. 한국 한시(漢詩)와의 비교 • 65
　　5. 돈황사본(敦煌寫本) 당대(唐代)시가 • 68
　Ⅲ. 앞으로의 연구대상 71

절구(絶句)의 작법상의 연법(鍊法) 76
　Ⅰ. 절구의 연자(鍊字) 77

차례 / 중국 성당시론

Ⅱ. 절구의 연구(鍊句) 81
   1. 5언의 경우 • 83   2. 7언의 경우 • 84
Ⅳ. 절구의 모편(謀篇) 89
Ⅴ. 절구의 연의(鍊意) 92

한산(寒山)의 시대와 그 선시(禪詩)의 탈속의식 100
Ⅰ. 한산의 생존 시기는 언제인가 104
   1. 한산 시대에 대한 여러 설 • 105
   2. 한산 시대는 역시 성중당(盛中唐) • 117
   3. 당대(唐代) 여러 시에서의 한산명칭(寒山名稱) • 119
Ⅱ. 한산의 참선시(參禪詩)와 도가시(道家詩) 세계 127
   1. 참선시 • 131   2. 구선시(求仙詩) • 146

이백(李白)과 두보(杜甫)의 시어 구사론 151
Ⅰ. 이백 시어의 구사법 152
   1. 시어의 의상미 • 152   2. 시어의 과장법 • 160
   3. 시어의 공력(功力) • 163   4. 시어의 악부 구법 • 166
   5. 시어의 기탁법 170
Ⅱ. 두보 시어의 구사법 172
   1. 시어의 탄성(彈性) • 172   2. 두보 시어의 대장법(對杖法) • 176
   3. 시어의 희극 수법 • 180

차례 — 중국 성당시론

왕유(王維)의 시에 나타난 우정과 초탈의식 184
  Ⅰ. 왕유 조년(早年)의 시우(詩友)와의 교유관계 187
    1. 노상(盧象)•187   2. 조영(祖詠)•190
    3. 이기(李頎)•193   4. 기무잠(綦毋潛)•195
    5. 구위(邱爲)•197
  Ⅱ. 왕유 중·만년의 시우(詩友)와의 교유 200
    1. 왕창령(王昌齡)•200   2. 맹호연(孟浩然)•203
    3. 은요(殷遙)•206   4. 배적(裴迪)•212

이기(李頎)의 시를 통한 교유관계 220
  Ⅰ. 생애 기록에 대한 자료 221
  Ⅱ. 이기의 시에 나타난 성격 225
  Ⅲ. 이기의 시를 통한 교유관계 232
    1. 장욱(張旭)•233   2. 장인(張諲)•236
    3. 최호(崔顥)•238   4. 유방평(劉方平)•239
    5. 만제융(萬齊融)•242   6. 만초(萬楚)•244
    7. 위만(魏萬)•246   8. 이회(李回)•248
    9. 배적(裴迪)•249   10. 교림(喬琳)•251
    11. 왕창령(王昌齡)•253   12. 고적(高適)•255
    13. 기무잠(綦毋潛)•256   14. 왕유(王維)•258
    15. 노상(盧象)•259   16. 황보증(皇甫曾)•262
    17. 진장보(陳章甫)•264   18. 양광(梁鍠)•267
    19. 강흡(康洽)•268

차례 — 중국 성당시론

소영사(蕭穎士)의 교유와 그 시의 시경(詩經)체론 270
  Ⅰ. 생평과 교유 271
    1. 생평사적 • 272   2. 교 유 • 278
  Ⅱ. 시문계년(詩文繫年) 285
  Ⅲ. 문학사상 289
  Ⅳ. 시의 분석 290
    1. 시체(詩體)의 복고풍(復古風) • 291
    2. 묘사의 비흥법(比興法) • 294
    3. 간직(簡直)의 도덕성 • 297
  Ⅴ. 후인에의 영향 300

육지(陸贄)의 문체론과 그 시의 제량풍 305
  Ⅰ. 육지의 생평 307
  Ⅱ. 육지의 변문재흥과 문학사상 312
  Ⅲ. 『全唐詩』상의 시 3수 분석 321

융욱(戎昱) 시의 현실과 우국에 대한 관점 329
  Ⅰ. 생애와 시를 통한 교유 330
  Ⅱ. 시에서의 현실 고발 342
  Ⅲ. 시에 나타난 우국적인 비전관(非戰觀) 347

◇ 찾아보기 • 353

당시(唐詩)의 시대구분과 그 특성

　당시란 무엇인가란 물음에 대해서 당대(唐代)에 쓰여진 시라고 답하면 별다른 이론이 없을 것이다. 여기서 첫 마디부터 지극히 상식적인 말로 시작하는 저변(底邊)에는 그만한 까닭이 있다. 중국문학에서 소위〈장르〉라는 현대적 개념이 도입된 것부터가 순수한 중국문학적 의식에서가 아니라 서양의 문예사조와 관계되기 때문이다. 물론 중국문학에 전통적인 문체(文體) 개념이 있어 왔지만 독립된 개별체로서의 의미는 강하지 않았다. 학문 자체의 연구방법에서 장르별로 엄격한 구상을 중시하지도 않았으며 문학이면 문학 전체를 사학(史學)이면 사학 전체를 총괄하여 습득하는 것이 바로 학문하는 것으로 되어 왔다. 이는 곧 문(文)·사(史)·철(哲)·예(藝)의 균등한 섭렵에서 중국의 학문을 올바르게 터득하는 줄 알고 공부해 왔다.

　따라서〈당시〉라는 구분개념도 어느 한 시대에 창작된 시를 의미하면서 한편으로는 그 시대의 시적 특성을 의미하기도 하는 것이다. 문학의 정화(精華)인 시가 삼황오제(三皇五帝)부터 면면히 창출되어 왔지만 특히

〈당시〉라고 시대와 장르를 결부시킨 것은 〈당대의 시〉가 시 중에서 가장 훌륭하고 가치 있다고 해석되어야 한다는 의미이다. 아울러 시대별로 〈한시(漢詩)〉·〈위진시(魏晉詩)〉·〈육조시(六朝詩)〉·〈송시(宋詩)〉 등 왕조에 따라 그 때의 시를 지칭하지만, 그것은 단순히 그 시대의 그 시라는 개념일 뿐 〈唐詩〉라는 함축적 어의와는 구별되어야 할 것이다. 이와 같이 〈唐詩〉는 삼백 년도 안 되는 기간에(618~907) 천년이 지난 오늘까지도 2300여 시인에 48,900여 수가(『全唐詩』 900권) 보존되어 왔기에 그 차지하는 비중도 지대하다고 보는 만큼, 당시에 대한 여러 내용들을 개괄적이나마 이해하고 본서 속으로 들어갈 필요가 있다고 본다. 따라서 다음 몇 가지로 나누어 간략하게 기술하려고 한다.

1) 당시가 발달된 원인

〈당시〉는 당나라 때에, 당나라의 시인에 의하여 쓰여진 시를 일컫는다. 중국시가의 발달이 음악과 함께 물론 요순(堯舜)시대부터 시작되었지만, 순수 문학적 입장에서 보아서 시경(詩經)시대부터 짚어본다 해도 삼천 년이나 끊이지 않고 전개되어 오면서, 유난히 당나라에 와서 어떻게 근체시(近體詩)(律詩와 絶句)가 정착되며 중국문학 전체의 커다란 비중을 차지하게 되었는지를 이해하지 않으면 안 되리라고 본다. 이미 말한 바이지만 판본(版本)기술이 덜 발달되고 천여 년이나 지질(紙質)을 보존하기가 거의 불가능한 상태에 있었는데, 지금까지 그 양이나 질적인 면에서 찬란한 문학적 성가(聲價)를 독차지하다시피 하게 된 원인이 무엇인지를 알고 싶은 것이다.

첫째, 당대에는 학술 사조가 다양하게 성행하였다는 것이다. 당나라는 도교(道敎)를 국교로 하여 태현진경(太玄眞經)으로서 노자(老子)의 도덕경(道德經)을 추숭하고 도교의 장소(長嘯)나 연단(鍊丹)이 매우 일반화되어

생활의 중요한 일이 되어 있었다. 그리고 전통적인 유가(儒家)의 사상을 견지하면서 불교가 동한(東漢)시대에 중국에 들어 왔지만, 남북조(南北朝) 시대에 성행하면서 당나라에 유입되어 당나라의 초기인 태종(太宗)이나 고종(高宗) 때에 현장법사(玄奬法師) 같은 이들이 불경을 번역하고 선교하는 일을 도우면서 당나라 시대를 통해 지속적으로 교세를 키워 왔다. 이러한 현상은 마치 춘추전국시대에 제자백가(諸子百家)들이 할거하던 것과 비슷하였으니 종교사상의 흥성은 즉 문학이 질적인 면이나 양적인 면에서 비례하여 발전하는 요인이 되었던 것이다.

둘째, 정치와 사회의 변화무쌍한 배경이 당시 발달의 큰 요인이 되었다. 태종(太宗, 627~649) 때에 문치(文治)를 중시하여 어진 신하를 임용하고 세금과 부역을 덜면서 태평시대를 열었으며 현종(玄宗, 712~755) 때에는 물정이 풍부하여 당대의 황금시대를 맞게 되었다. 따라서 개국한지 백년 간의 정치와 경제의 안정으로 문화가 자연스러이 발전하게 된 것이다. 아울러 대외적인 영토확장이나 외교 면에서도 성공을 거둔 시기라고 할 것이다. 초반 40년 동안에 돌궐(突厥), 토번(吐蕃), 구자(龜玆), 신라(新羅), 일본 등에 도호부(都護府)를 두어 감독하고 남방으로는 동남아의 월남・버마까지 조공케 하여 중국영토상 가장 광대한 영역을 확보하였으며 문화의 교류 또한 빈번하여 국내외의 학인들의 왕래가 사방 각국으로 활발하였다. 그러면 여기서 그 예로써 우리 삼국시대의 신라와 당의 시인들의 교류관계를 살펴보면서 당대의 숭문(崇文) 의식을 관조하고자 한다.

신라가 당나라와 교류하기 시작한 시기는 초당 시기인(621년 전후) 신라 진평왕(眞平王) 43년 전후로 간주하는데(『三國史記』 권4) 신라인으로 당의 빈공과(賓貢科)에 급제한 사람만도 김운경(金雲卿) 등 58인이나 되었다고 한다. 구체적으로 보면 『全唐詩』에 수록된 신라인의 시가 김진덕(金眞德 : 진덕여왕)・왕거인(王巨仁)・김입지(金立之)・김가기(金可紀)・김운경(金雲卿)・설요(薛瑤) 등 9인의 시가 수록되어 있으며 최치원(崔致遠)・

박인범(朴仁範) 등 신라인이 당인에게 준 증시(贈詩)도 십여 수에 달하였다. 그리고 당인이 신라인에게 보낸 증시도 이섭(李涉)·장적(張籍)·장효표(章孝標)·피일휴(皮日休)·정곡(鄭谷)·나은(羅隱)·고운(顧雲)·관휴(貫休) 등의 시 41수나 수록되어 있는 것이 발견되었다(졸저, 『중국당시연구』 하권 참조). 아울러 그들 상호간의 친분도 두터워서 온화한 인정을 읽을 수 있으며 원진(元稹)의 「백씨장경집서(白氏長慶集序)」에 보면 신라의 경주에서는 백거이(白居易)의 시가 돈 백 량에 교환될 만큼 문물의 교류가 풍성하였다는 것이다. 이와 같은 당나라의 문화적 역할이 당의 문화 수준을 더욱 높이고 긍지심을 북돋아 주었으리라고 본다.

 셋째, 문학 운동에 진력할 수 있는 환경이 조성되어 있었다는 것이다. 문학의 발달에는 음악과 미술 등 예술의 발달이 수반되는 것이다. 당의 현종 때에 음악을 관장하는 교방(敎坊)을 두고 관직에 태악승(太樂丞)이 있었으며 전대의 궁중 및 민간의 악곡을 정리케 하였다. 중당대(中唐代)에 신악부(新樂府)가 다시 성행한 것이며 당 중엽부터 서서히 파생하기 시작한 〈사(詞)〉의 등장도 바로 이러한 바탕 위에 가능하였다. 미술도 당에 와서 남화(南畵)가 파생하여 그림의 입체감과 함께 문인화의 등장이 가능하였으며 예술의 규격화된 굴레를 자유로이 벗어날 수 있는 풍토가 조성되게 된 것이다. 특히 한대(漢代)에 성행하던 악부(樂府)가 당대에 와서 더욱 성행하고 체계화된 것은 단순한 음악적인 연관 이상의 사회 구조상의 낭만적이며 토속적인 풍조의 영향도 많이 작용하였다고 본다. 당시의 발달은 일시적이거나 정책적인 인위(人爲)에 의한 요인 때문이 아니고 자연스러우면서도 오랜 시간 쌓여진 복합적인 이유들 때문에 곧바로 당대라는 시기를 거쳐서 형성된 중국문학사상의 피할 수 없는 자연 현상적인 추세의 결과로 나타났다고 보는 것이 보다 합리적일 것이다.

2) 당시의 시대구분과 그 특성

당시를 시대구분 하는 방법은 여러 설이 있지만, 지금까지는 명대(明代)의 고병(高棅)이 분류한 다음의 사분법(四分法)을 따르고 있다.(『唐詩品彙』序) 고병도 송대의 엄우(嚴羽)가 분류한 5분법(『滄浪詩話』에서 唐初體·盛唐體·大曆體·元和體·晩唐體로 나눔)을 근거로 하여 나누어 그 시기의 시풍과 활동한 시인들을 체계화 시켰다는 데에 그 구분의 의미를 줄 수 있다. 그러나 어느 시대의 한 시인의 풍격이 반드시 자기가 살던 시기의 풍격에 속한 것으로 일률적인 평가를 하는 편협성(偏狹性)에 대해서는 다시 깊이 생각해 보아야 한다. 더구나 문학이라는 시공(時空)에 구애받지 않는 정신세계를 창조하는 면에 있어서는 더 말할 나위가 없다. 그래서 첸중수(錢鍾書)도 일찍이 육유(陸游)가 송대에 살았지만 어느 한 곳에 송시의 맛이 있느냐며 살기는 송대인이지만 당시의 맛을 지녔다고 하여 문학시기의 구분에 대해 비판적인 견해를 피력하기도 하였다.(『談藝錄』) 어떻든 이러한 점을 감안하면서 고병의 사분법에 의하여 각 시대의 당시 특성을 보고자 한다.

(1) 초당시(初唐詩)(618~712)

육조(六朝)와 수(隋)의 유미주의적인 제량풍(齊梁風)이 계승되었지만, 시의 새로운 형식과 기교가 규율화 되고 이전의 고체시의 틀에서 새로운 시체(詩體)가 완성되었다. 상관의(上官儀) 등의 궁정시인과 왕발(王勃) 등의 초당사걸(初唐四傑), 그리고 최융(崔融) 등의 문장사우(文章四友)가 형식미와 음률을 중시하여 내용보다는 격률에 여전히 치중하였기에, 그에 따라 심전기(沈佺期)와 송지문(宋之問)에 의해서 근체시(近體詩)의 완성을 보게 된 것이다. 그러나 이 시기에도 체재의 중시를 반대하고 성정(性情)

을 시의 요소로 강조하던 이른바 반제량풍(反齊梁風)의 시를 중시하던 진자앙(陳子昻)과 장구령(張九齡) 같은 시개혁론자들도 등장하였다. 이들 반제량풍의 시인들은 그 이후에 성당시풍을 활짝 열어주는 시문학상의 중요한 역할을 하게 된다.

이 시대의 중요한 작가로는 율시 완성에 큰 공헌을 한 상관의(上官儀, 608~664)를 비롯하여 제량풍을 따랐지만 독자적인 초당시를 주도한 초당사걸(初唐四傑)인 왕발(王勃, 648~675), 양형(楊炯, 650~692?), 노조린(盧照隣, 637?~676?), 낙빈왕(駱賓王, 640~680?)이 있었고 초당 후기에 유미풍을 계승하면서 율시의 완성에 적극적인 역할을 하였던 문장사우인 최융(崔融, 652~705), 이교(李嶠 645~714), 소미도(蘇味道), 두심언(杜審言, 645~708?) 등을 먼저 들 수 있다. 그리고 같은 노선을 지킨 율시의 완성자인 심전기(656~713)와 송지문(656~712)은 여러 문인의 도움 속에 오언율시(五言律詩)를 먼저 완성하고 칠언율시(七言律詩)와 절구(絶句)를 체계화하여 오늘의 한시(漢詩)라는 체재의 틀을 만들었다. 한편, 형식보다는 내용을 중시할 것을 주장하던 반제량풍의 시인들의 활약도 적지 않아서 초기에는 왕적(王績, 585~644), 왕범지(王梵志), 한산(寒山) 등 은둔(隱遁) 시인들이 있었으며 특히 시에 성정(性情)의 홍기(興寄)를 중시하여 제량풍을 극력 반대한 진자앙(661~702)이나 장구령(678~740) 등은 성당시풍의 조성에 길잡이라는 시대적 의미에서 중요한 위치에 있었다.

(2) 성당시(盛唐詩)(713~765)

성당대는 정치·경제의 안정과 번영을 누리면서도 안록산(安祿山)의 난 등 국내외적으로 난리도 많았다. 이 시기에 특기할 것은 현종(玄宗)과 양귀비(楊貴妃)의 애정으로 나타나는 여러 가지 부작용으로 백성에 대한 세금 과중, 기강의 문란, 군벌의 발호 등의 현상이 일어나서 성세의 풍기가 무너지고 민생의 질고가 극심하여지니, 시인의 마음과 현실 또한 이율배반적인 처지에 빠지게 되어 자연히 시도 성정위주(性情爲主)의 낭만적이며 자연추구의 은일(隱逸)사상이 깃들어 갔다. 거기에다 초당말기에 일어난 시개혁(詩改革) 정신이 이어지면서 진자앙·장구령에 뒤이어 하지장(賀知章, 659~744)과 장열(張說, 667~730) 등이 그 뜻을 계승하여 성당시의 문을 열게 되자, 개성에 따라서 여러 파의 시풍이 서로 조화를 이루는 당시의 황금기를 맞게 되었다.

이 시기에는 왕유(王維, 701~761)와 맹호연(孟浩然, 689~740)을 중심한 자연시파가 나와서 산수전원을 주제로 하여 자연을 노래하며 은거적인 의식 속에 현실 문제를 떠난 초월적인 시 세계를 추구하였다. 이런 유파에 속했던 시인으로는 위응물(韋應物)·기무잠(綦毋潛, 741전후)·배적(裵迪) 등을 들 수 있다. 그리고 이 시기에는 잦은 전쟁이 있었는데, 그 당시의 문인들에게는 나라가 혼란하여 민심이 어지럽고 고통스러운 까닭에 비전사상(非戰思想)이 팽배해 있었다. 따라서 고적(高適, 702~765)이나 잠삼(岑參, 715~770)같은 시인들은 변새(邊塞)시파로서 구분되어 전쟁에 대한 갖가지 소재를 작품 속에 다루어 현실적이고 진취적인 면을 보여주었다. 그러나 그들도 역시 자연을 노래하는 낭만성을 공유하고 있었다.

그렇지만 이 시기에 있어서 무엇보다 중요한 시인들은 바로 이백(李白, 701~762)과 두보(杜甫, 712~770)인 것이다. 이들은 당대의 시인일 뿐 아니라 중국문학을 대표하는 시인이기 때문이다. 낭만시인으로서의 이백과 사실주의 시인으로서의 두보는 당시가 낳은 시선(詩仙)이요 시성(詩聖)이다. 이백은 도가적 색채가 강하지만 유가적인 면도 지니고 있으며, 유랑생활을 많이 한 까닭에 다양한 시가를 남기고 있다.

여러 가지의 시형을 구사하는 데에 그의 뛰어난 시재(詩才)를 발휘하여서 자유분방하게 시의 감흥을 토로하였다. 두보가 그의 시를 〈筆落驚風雨, 詩成泣鬼神〉〈寄李十二白二十韻〉(붓을 쓰면 비바람이 놀란 듯하고 시가

지어지면 귀신도 흐느끼네.)라고 읊은 것으로도 이백의 기품을 알 수 있다. 천재시인은 그의 창작기교와 시의 정취를 가장 즉흥적이고 담백하게 승화시킨 것이다. 두보는 이백에 비해 율격에 엄정하였다. 즉흥이 아니라 많은 각고의 노력에 의해 입신(入神)의 경지에 든 완전한 시를 창조해낸 것이다. 그의 시는 그의 삶이요, 사회상(社會相) 그 자체이었으며 살아있는 모습 그대로였기에, 하나하나가 바로 〈시사(詩史)〉였다. 1,400여 수의 그의 시는 하나같이 형식과 내용이 잘 다듬어져 있어서 후세의 만인에게 사표(師表)가 되며 그의 불행한 생애와는 달리 길이 추숭되고 있다.

(3) 중당시(中唐詩)(766~835)

이 시기는 대력(大歷, 766~804)과 원화(元和, 805~835)로 나누어 볼 수 있다. 대력시기는 성당을 계승하여 두보의 영향권에 있었으니 현실주의적인 경향을 지니고 있었다. 노륜(盧綸, 748~799), 전기(錢起, 722~785)를 중심으로 한 대력십재자(大歷十才子)들의 활약이 눈에 띄었으며 민생고를 위시한 평용(平庸)한 시가들을 남기고 있어 부분적으로는 문학적 가치를 높이 평가받지 못하지만 전체적으로 중요한 시사적 의미를 지니고 있다. 그러나 원결(元結, 723~772)이나 유장경(劉長卿, 709~780) 등은 왕유나 맹호연을 계승하여 민중의 고통을 노래하면서도 풍유(諷諭)의 뜻을 살리려고 하였고 자연풍의 시도 구사하였다.

원화(元和)시기에는 백거이(白居易, 772~846)를 위시한 원진(元稹, 779~831), 장적(張籍, 765~830), 왕건(王建, 751~835) 등이 신악부운동(新樂府運動)을 전개하여 속어의 구사는 물론이거니와 철저하게 민중의 실상을 풍유하는데 주력하였다. 그리고 한유(韓愈, 768~824)의 기험(奇嶮), 맹교(孟郊, 751~814)의 평담(平淡) 등은 특기 할만 하고 유종원(柳宗元, 773~819)과 유우석(劉禹錫, 772~842) 등은 중당에서도 자연시를 계승 발전시켰으며 이하(李賀, 791~817)는 낭만적이지만 유미풍을 지향하고 난해한 상징시를 개척하기도 하였다. 이 같이 성당에 이르러 시형과 기교를 발달시켰는가 하면, 중당에서는 그것을 더욱 차원 높여서 발전시켜 나갔다고 하겠다.

(4) 만당시(晩唐詩)(836~906)

만당은 정치가 혼미해져서 나라가 망해 가는 시대였다. 정치와 사회가 부패하여 백성의 고통은 극에 달하였으며 시인들은 현실을 도피하고 은둔하려 하였고 자포자기적이며 말세적인 도덕과 기강의 문란이 돌이킬 수 없는 지경에 달해 있었다. 따라서 시도 화사한 표현에 주력하여 내용보다는 겉모양의 미화(美化)를 따르게 되었다. 이것을 유미주의적인 시대라고 말하고 있다. 그러나 시단에서는 순수 유미파로 두목(杜牧, 803~852)과 이상은(李商隱, 812~858)을 들 수 있는 반면, 이 시기에도 정치와 사회의 부패와 혼란을 고발하는 현실주의적인 시인들도 많아서 피일휴(皮日休, 843~883)나 두순학(杜荀鶴, 846~907) 등은 민중의 비참한 생활상을 적나라하게 묘사해 냈던 것이다. 여기에 피일휴의「농부의 노래(農夫謠)」한 수를 보고자 한다. 만당에도 이같이 백거이 못지 않은 사실파의 부류가 있었던 것이다(졸서,『中國唐詩硏究』참조).

　　　농부가 고생을 원망하여
　　　나에게 그 마음 털어놓는다.
　　　"한 사람이 농사하기 어려워도
　　　열 사람의 원정은 하여야 하네.
　　　어째서 강회의 곡식을
　　　배와 수레로 서울로 실어 나르나?
　　　황하 강물은 번개같아서
　　　태반은 물에 잠기고 빠진다.

옮기는 일에 능사가 난
양반들 어찌 감히 투덜대는가.
삼천에선 어찌 농사 안 짓고
서울 땅엔 어찌 밭갈이 안 하는가.
어찌 그 곡식 수레에 실어
임금의 병사에게 주려함이 아니런가!"
멋지도다! 농부의 말씀
왕도를 어떻게 꾸려 갈려 하는지!

農父寃辛苦, 向我述其情. 難將一人農, 可備十人征.
如何江淮粟, 輓漕轂咸京. 黃河水如電, 一半沈与傾.
均輸利其事, 職司安敢評. 三川豈不農, 三輔豈不耕.
奚不車其粟, 用以供天兵. 美哉農父言, 何計達王程.

당시를 이해한다면 중국의 시를 이해한 것이며 중국문학을 올바르게 이해할 수 있는 것이다. 당시를 모르면 중국의 문학세계를 제대로 모르는 것이기도 하다.

3) 당시의 형식

중국의 시는 그 형식에 있어서 크게 고시(古詩)와 근체시(近體詩)로 나누는데, 당시는 이 둘을 모두 포함하고 있다. 고시에는 다시 시경체(詩經體)의 시와 오언고시·육언고시·칠언고시 등 다양한데, 당시에는 오언과 칠언을 다용하고 있었으며 여기에서도 두 가지에 국한시켜서 적기로 한다. 한편, 근체시는 당대에 완성된 시체이므로 상용(常用)되었다. 율시와 절구, 그리고 배율(排律)로 구별하여 각각 5언과 7언체를 쓰고 있다. 시는 시의 운율(韻律)이 있어서 창(唱)할 수 있고 음영(吟詠)할 수 있으니 시의 운율은 시의 음악성과 불가분의 관계를 갖는 직접적인 이유가 된다.

먼저 당고시(唐古詩)의 격률(格律)을 보겠다. 운(韻)을 쓰는데, 평운(平韻)을 쓰는 고시와 측(仄)운을 쓰는 고시가 있으며 4구마다 운을 바꾼다. 고시이므로 통운(通韻)을 하며 전편의 시가 한 개의 운을 가지고 유사운과 통운하는 경우와 두 개 내지 그 이상의 운을 채용하는 경우가 있다. 따라서 근체시처럼 한 개의 운(一韻)으로 시 전체를 압운하는 일운도저(一韻到底)만을 하지 않고 환운(換韻)할 수 있다. 그리고 당고시의 평측론(平仄論)은 이론이 많은데 (졸서, 『중국당시연구』의 「古風의 格律」, 1994년 참고) 다음에 몇 가지 참고할 사항을 보기로 한다.

① 고시의 평측(平仄)은 율시와 맞지 않는다.

    時見歸村人, 沙行渡頭歇。(孟浩然「秋登蘭山寄張五」)
    평측평평평 평평측평측
    때때로 돌아가는 사람 보니
    모래 위에 가다가 나루터에 쉬네.

② 앞 구에서 입률(入律)하면 대구(對句)에서는 피한다.

    明日隔山岳, 世事兩茫茫。(杜甫「贈衛八處士」)
    평측측평측 측측측평평
    내일 이별하여 높은 산에 막혀 있으면
    서로의 소식일랑 또 알지 못하리.

여기서 대구는 입률하지만 출구(出句)는 입률하지 않는다.

③ 삼평조(三平調)(平三連)를 많이 쓴다.

悠悠西林口, 自識門前山. (王維「崔濮陽兄」)
측측평평평
아늑히 서림의 입구에 서 있으니
문 앞에 산이 있음을 알겠노라.

다음에는 율시와 절구의 평측배열을 도시하려 한다.

① 오언율시의 평측식정격(平仄式正格)
(측)측평평측, 평평(측)측평.(운)
(평)평평측측, (측)측측평평.(운)
(측)측평평측, 평평(측)측평.(운)
(평)평평측측, (측)측측평평.(운)

여기서 첫 구에 운을 쓰면 〈측측측평평(운)〉이 되어야 한다.

② 오언율시의 평기식정격(平起式正格)
(평)평평측측, (측)측측평평.(운)
(측)측평평측, 평평(측)측평.(운)
(평)평펴측측, (측)측측평평.(운)
(측)측평평측, 평평(측)측평.(운)

여기에서 첫 구에 운을 쓰면 〈평평측측평(운)〉이 되어야 한다.

③ 칠언율시의 측기식정격
(측)측평평(측)측평(운), (평)평(측)측측평평.(운)
(평)평(측)측평평측, (측)측평평(측)측평.(운)
(측)측(평)평평측측, (측)평(측)측측평평.(운)

(평)평(측)측평평측, (측)측평평(측)측평.(운)

여기에서 첫 구에 운을 쓰지 않으면 〈(측)측(평)평평측측〉이 되어야 한다.

④ 칠언율시의 평기식정격
(평)평(측)측측평평(운), (측)측평평(측)측평.(운)
(측)측(평)평평측측, (평)평(측)측측평평.(운)
(평)평(측)측측평평(운)

여기서 첫 구에 운을 쓰지 않으면, 〈(평)평(측)측평평측〉이라고 해야 한다.

⑤ 오언절구의 측기격평성운정식(仄起格平聲韻正式)
(측)측평평측, 평평(측)측평.(운)
(평)평평측측, (측)측측평평.(운)

여기에서 첫 구에 운을 쓰면 〈(측)측측평평(운)〉이 되어야 한다.

⑥ 오언절구의 평기격평성운정식(平起格平聲韻正式)
(평)평평측측, (측)측측평평.(운)
(측)측평평측, 평평(측)측평.(운)

여기에서 첫 구에 운을 쓰면 〈평평(측)측평(운)〉이 되어야 한다.

⑦ 오언절구의 측기격측성운정식(仄起格仄聲韻正式)
(측)측평평측(운), (평)평평측측.(운)

평평(측)측평, (측)측평평측.(운)

⑧ 오언절구의 평기격측성운정식(平起格仄聲韻正式)
(평)평평측측(운), 측측평평측.(운)
(측)측측평평, (평)평평측측.(운)

⑨ 칠언절구의 측기격평성운정식(仄起格平聲韻正式)
(측)측평평(측)측평(운), (평)평(측)측측평평.(운)
(평)평(측)측평평측, (측)측평평(측)측평.(운)

여기에서 첫 구에 운을 쓰지 않으면 〈(측)측(평)평평측측〉이 되어야 한다.

⑩ 칠언절구의 평기격평성운정식(平起格平聲韻正式)
(평)평(측)측측평평(운), (측)측평평(측)측평.(운)
(측)측(평)평평측측, (평)평(측)측측평평.(운)

여기에서 첫구에 운을 쓰지 않으면 〈(평)평(측)측평평측〉이 되어야 한다.

⑪ 칠언절구의 측기격평성운정식(仄起格平聲韻正式)
(측)측(평)평평측측(운), (평)평(측)측평평측.(운)
(평)평(측)측측평평, (측)측(평)평평측측.(운)

⑫ 칠언절구의 평기격측성운정식(平起格仄聲韻正式)
(평)평(측)측평평측운, (측)측(평)평평측측.(운)
(측)측평평(측)측평, (평)평(측)측평평측.(운)

이상의 여러 격식에서 <……起格>이란 첫 구의 제2자가 평성이냐 측성이냐에 따라 구분한 것이고, <仄>형은 그 자리에 평과 측의 공용이 가능하다는 의미가 된다. 시의 운율은 『절운(切韻)』에서 정리된 평성(平聲) 57운, 상성(上聲) 55운, 거성(去聲) 60운, 그리고 입성(入聲) 34운 등 모두 206운을 가지고 활용하는데 평성운이란 상평과 하평을, 측성운이란 상성·거성과 입성을 두고 하는 말이다. 위에 열거한 형식들은 정해진 규율이거니와, 규식에 얽매이지 않고 변격을 만들어 시를 짓는 경우가 더욱 많았음을 간과할 수 없는 것이다. 당시의 세계는 형식이나 내용에 있어서 변화무쌍한 풍격과 화려섬세(華麗纖細)한 기교, 그리고 영적인 승화(昇化)를 추구한 경계를 골고루 갖춘 중국문학 최고의 금자탑이라고 말할 수 있다.

한국에서의 당시 연구의 현황

　최근에 한국에서 중국어문학을 공부한다 함은 필요한 연구대상이며 상당히 장래성이 있는 분야라는 인식을 하게 되었다. 이 같은 흐름은 불과 20여년 전 만해도 상상할 수 없는 현상이다. 『中語中文學』23집(1999年)의 부록에 의하면 국내에 100여 개 대학에 관련학과가 개설되어 있으며 종사하는 교수의 수가 500여 명이나 되고 수십 개 학과에서 석·박사과정을 운영하고 있는 지금의 상황을 통해서, 사계(斯界)의 가열된 연구풍토를 확인할 수 있다. 중문학에서 〈詩〉(〈現代詩〉 제외)라는 장르개념을 가지고 본다면 그 연구의 양(量)과 질(質)에 있어서 다른 장르에 비해 월등한데, 이것은 문학연구의 전통의식으로 볼 때에, 연구의 주된 대상이며, 문학연구의 제반 기틀이 시에서부터 다져지기 때문일 것이다. 우리의 중문학 연구로서의 정규대학이 경성제대(京城帝大)에서 시작되었는데, 그 학풍이 청말(淸末) 장병린(章炳麟)이 중심 된 옌징(燕京)(北京)대학과 일본의 도쿄(東京)·교토(京都)대학의 체재를 기반으로 하였고, 해방 후에도 서울대학교의 학풍 또한 경성제대 출신의 최창규(崔昌圭)·차상원(車相轅)

교수와 타이완(臺灣) 유학에서 중국의 청말 훈고학(訓詁學)적인 전통학풍을 익힌 차주환(車柱環)·장기근(張基槿) 교수를 비롯한 학자들이 연구의 대상과 방법을 정착시켰기 때문에 자연스레 시문 연구에 주중하게 된 것이다. 이것은 중문학의 연구 성격상 지극히 당연하고도 다행한 일이었다고 본다.[1] 다시 말하면, 중문학 연구에 있어 장르의 이동(異同)에 관계없이 모두 시 연구에서부터 타 장르로 전이해 가는 절차를 밟아야 함을 의미하는 것이다.

1990년대 중반까지 논문·저서, 그리고 주역본(注譯本) 등 기발표(旣發表)된 시가 분야의 자료를 추출해 본 바, 약 1,300여 종에 달하고 그 중에 당시에 관한 것이 600여 종으로 전체의 반분을 차지하고 있음을 알 수 있다. 본문의 내용은 조대별(朝代別)로 분류하여 해방 전부터 1950년대까지를 제1단계로 하여 모두 5단계의 시기로 구분하고 그 시기의 연구특성과 내용의 수준 등을 평가하는 서술방법을 강구하고자 한다. 당시에 대해서는 초·성·중·만(初盛中晚)으로 4분하고 이백(李白)과 두보(杜甫) 등은 별항(別項)을 설정하여 정리하려고 한다.

한편, 중문학자의 궁극적인 연구목표가 한국한문학(韓國漢文學)의 연구에 참여하고 협조하는데 있는 만큼, 동향분석에 있어 〈韓中詩 비교연구〉의 항목을 중요하게 조명하려고 한다. 외국문학자로서의 본국인과의 차별화, 그리고 상호교류와 보완적인 차원에서 비교연구 분야는 의무적인 과제이기 때문이다.

---

1) 필자가 연전에(1991~1992) 하버드 대학의 교환교수로 도미 중에 구미의 중국문헌에 대한 연구자세를 보고 실망이 적지 않았음. 기본 판본 조차 가리지 못하는 연구와 강의 태도는 중국학도의 기본의식이 아니거늘, 자기들 나름대로 서양식 방법을 독특한 경지의 중국학에 적용하려는 발상을 하고 있으니 역시 동양학의 본령은 동양인에 의해 유지되어야함을 절감하였음. 예컨대 구조오(仇兆鰲)의 『杜詩詳註』나 조전성(趙殿成)의 『王右丞集箋注』보다는 지금 대륙의 백화역주본(白話譯註本)을 모본으로 하여서 교감(校勘)이나 고증 문제는 도외시함. 자구의 오류를 여하히 극복하겠다는 것인지 알 수 없는 현실이다.

I. 당시(唐詩)를 포함한 조대별 시가연구의 정리

시의 연구는 왕조에 따라서 차이가 크고 작가에 따라서 평가도가 심하기 때문에 이미 발표된 연구 자료들도 이에 의해 그 기복이 크게 나타나고 있다. 문학사상 시의 비중을 높이 평가받던 시기가 위진(魏晉)과 당송대(唐宋代)에 편중(偏重)되어 있음은 역대의 시화(詩話)나 시론서의 논지(論旨)와 깊은 연관성을 지니고 있기 때문이다. 『창랑시화(滄浪詩話)』, 「시변(詩辨)」에서 〈시를 논함은 선을 논함과 같아서, 한위진과 성당대의 시는 가장 으뜸이 된다.〉(論詩如論禪, 漢魏晉與盛唐之詩, 則第一義也.)라고 한 후에, 청 말까지 이러한 일관된 고정관념(固定觀念)은 기평가(旣評價)된 시인들의 작품세계에서 눈을 돌려서 새로운 작가의 발굴과 재평가의 한계를 타파하기 어려웠다. 그러한 평가의식이 오늘까지 이어졌고 조대별로 한정된 몇몇 문인에만 매여 있는 연구에 치우치게 된 것이다. 여기의 국내의 자료목록들도 외국문학이란 성격과 신탐구를 위한 능력한계와 자료수집의 난관도 있겠지만, 역시 확연한 편향성(偏向性)을 드러내고 있다. 이제 참고로 조대별 국내 학자들의 연구 분량을 도표화하면 〈표 1〉과 같다.

〈표 1〉 1990년대 중반까지의 시 연구 편수

항목	수량 100 200 300 400 500	계
詩經		104
楚辭		71
漢代		56
魏晉南北朝		174
唐代		595
宋代		165
明代		45
淸代		72
총계		1282

위의 도표는 서경호(徐敬浩) 교수의 『국내중국어문학논저목록(國內中國語文學論著目錄)』(正一出版社·1991)과 국내 발간의 각종 논문집, 그리고 해외에서의 학위논문들에 의거하여 추록(抽錄)하였다. 가능한 범위 안에서 추출하였지만, 누락된 것도 적지 않으리라고 본다. 따라서 수량의 참치(參差)함이 있을 것이니, 여기서 다소간의 차이에 대해 양해를 바라며, 이 통계를 통해서 조대별 연구 성향만은 개괄할 수 있으리라 믿는다.

그리고 본론에 앞서 앞에서 이미 밝힌 바, 해방 전후부터 1990년대 중반까지의 시기별 5단계의 정리에서 나타난 연구 성향을 품평하기 위한 참고자료로서, 다음에 시기별로 본 조대별 시가 연구현황을 도시(圖示)하여 본론에서의 이해에 편의를 도모하고자 한다.

朝代＼年代	1950年代까지	1960年代	1970年代	1980年代	1990年代	계
시경	7	9	17	44	27	104
초사	1	6	11	33	20	71
한	1	4	14	21	15	56
위진남북조	4	21	33	87	32	174
당	2	21	71	236	255	595
송	3	3	18	79	62	165
명	.	3	6	17	19	45
청	.	2	8	36	26	72
계	28	48	178	553	456	1282

이상의 도표에서 보듯이, 국내 중문학 연구는 1970년대에 들면서 기존의 서울대·한국외대·성균대 등 외에 단국대를 비롯하여 고려대와 숙명여대에 중문과가 개설되면서부터 불과 20여년 만에 100여 개 대학에 중문학 연구의 틀을 다진 것으로 나타난다. 그리고 그에 상응하는 학자들의 포진과 연구결과물이 점증(漸增)하고 그 내용 또한 심도를 더하고 있음을 알 수 있다. 이것은 1980년대 이후에 연구의 세분화에 의한 연구 분야의 다양화로 인해서, 고전시가에 대한 비중이 다양하게 전환되면서 상당히 평준화된 현상까지 염두에 둔다면, 국내 중문학 연구가 얼마나 괄목할 만큼 진작되었는지를 감지할 수 있다.

1. 당대(唐代)

이조대(朝代)에는 수(隋)와 오대(五代)도 포함시켰으며, 질량면(質量面)에서 월등하므로 4시기로 세분하여 검토하기로 한다. 연구 자료 목록을 보면 중견 이상의 중문학자로서 전공 영역에 관계없이 당시(唐詩)에 관한 글을 상당수 써 본 것으로 나타나 있다. 1970년대 이후에 전공의 분업화가 가속되고, 학자 자신의 전공을 표방해야 할 풍토가 조성되기 전의 자료에는 그런 현상이 더욱 뚜렷하다. 시의 제분야의 뿌리가 되므로 가능한 일이지만, 양적으로 풍부하면서도 진정한 당시연구학자(唐詩研究學者)의 수는 매우 한정되어 있는 것이 현실이 아닌가.

지금 당시연구에 전념하는 젊은 학도들을 선도하며 그 영향력을 발휘할 수 있는 학자들이 과연 몇이나 되는가. 500여의 교수들에서 열 손가락 꼽기 쉬운가? 이러한 자문에 대해 자답을 어떻게 할 것인가. 폭을 좀 넓게 보아도 현존하는 학자로서 車柱環·張基槿·金學主·李炳漢·李錫浩·崔完植·許世旭·金喆洙·金在乘·池榮在·李章佑·李東鄉·柳晟俊·宋天鎬·金億洙·李鍾振·李鴻鎭 그리고 한문학자(漢文學者)로서 李丙疇·趙鍾業·孫八洲·南潤秀 등을 꼽을 수 있다. 이상 열거한 학자들은 당시만이 아니라도 다양한 연구 성과에 의한 당시연구에 지도적 위치에 설 수 있는 50대 이상의 학자들이다. 그나마 순수한 당시 연구가로 분류한다면 그 수는 더욱 적어질 것이다. 상당수가 한 두 편의 단편적인 논고를 제시하고 있을 뿐이기 때문이다. 이것이 아직까지 〈唐代文學會〉나 〈唐詩研究會〉의 설립이 안 되고 있는 이유이기도 하며 국제학술활동의 원활성을 저해하고 있다.

그러나 40대 당시연구가로서 기대되는 李浚植·金勝心·李宇正·李京奎·金泰鳳·黃瑄周·李治洙·安炳國·兪聖濬·金成文·兪炳禮·高八美·李永朱·兪聖濬·金成文·金星坤·임효섭 등 여러 학자들이 당시연구의 장래를 주도(主導)해 나갈 것이기에 당시연구는 역시 중문학 연구의 핵심적(核心的) 위치에 남게 될 것이다.

1) 당시 일반론(唐詩一般論)

당시의 역주본은 타 분야보다 비교적 많은 편이어서 약 50여 종이 된다. 그 중에 임창순(任昌淳)의 『당시정해(唐詩精解)』(1956)가 조본(早本)이며 김달진(金達鎭)의 『唐詩全書』(1987)는 역주가 가장 풍부하여 220여명에 800수를 담고 있어서 큰 참고가 될 것이다. 대학교재로는 발음과 주해(注解), 그리고 해설을 붙인 류성준의 『中國唐詩選註』(1991)·『唐詩選註解』(2000) 등을 들 수 있다.

당시의 시기 구분에 대한 견해는 지금까지도 주장하는 바가 분분한데, 그 주목을 끈 자료로는 지영재(池榮在)의 「中國文學史 時代區分에 있어서의 中晚唐文學의 位置」(1977)와 홍인표(洪寅杓)의 「唐代文學의 時期區分 問題」(1989) 등을 들겠다. 전자는 시대구분에 따른 문학특성의 상이점을 획일화시키는 데의 모순성을 지적하고 후자는 고병(高棅)의 시기구분에 대한 이견을 논리적으로 지적하여서 당시연구에서 오는 중복성과 분류상 착오를 극소화시키려 하였다. 시의 형식문제에 대해서는 서경보의 「近體詩形式考」(1959)를 위시하여 류성준의 「唐代古風格律考」(1977)·윤정현의 「宮體詩에 관한 小考」(1980)·이우정(李宇正)의 「唐近體詩의 構詞에 관한 연구」(1983)·유병례(兪炳禮)의 「元和體考」(1985)·류성준의 「唐絕句作法上의 諸鍊法」(1988) 등을 들겠는데 그 내용상 이해의 차원에서 서술된 것이며 기존의 격률에 대한 새로운 견해를 제시한 것은 아니다. 그리고 주제를 대상으로 사회시(社會詩)·자연시(自然詩)·산수전원시(山水田園詩)라는 제하(題下)의 포괄적인 자료가 보여서, 김승심의 「盛唐山水田園詩研究」(臺灣師大 박사논문·1987)이나, 황선재(黃善在)의 「李白詩의 現實反映 연구」(1997) 등은 포괄적이면서도 작가론적 범위에서 진전되어 있다. 특히 후자는 이백이라는 기존의 연구의식을 과감히 탈피하여 부정적인 논리를 객관화시켜 논증하고 있다. 그 외에 후에 작가 작품론에서 거론되지만, 신악부(新樂府)에 대한 김재승(金在乘)의 「唐代新樂府運動小考」(1982)나 김은아의 「盛唐樂府詩研究」(臺灣政治大 박사논문·1990) 등은 참고 할만 하다.

위의 여러 학자들의 부분적인 발표 자료들을 객관성이 결여된 안목으로 각론(各論)한 점을 양지 바라면서 첨언(添言)하고자 함은 국내에서도 1인의 축적된 연구 자료의 논총들이 발간되어 연구 분야의 세분과 전문성이 강조되어 가고 있음을 지적할 수 있다. 그 대표적인 예가 차주환의 『中國詞文學論高』(1982)로서 10여 편의 사(詞)의 논문들을 수록하여 후학들에게 면학의 촉매제가 되었으며 그 분야에 새로운 창견(創見)을 제시하였다. 이어서 류성준의 『중국당시연구』(1994)와 『唐詩論考』(1994·北京에서 出刊)는 당시에 관한 논문들을 총집하여 발간한 것이다.

전자는 1400페이지 분량에 논문을 당시 일반론과 작가의 작품론, 그리고 나·당시(羅唐詩)의 비교 등으로 분류하여 수록한 것으로 1인의 다년간의 연구 성과와 방법을 파악할 수 있다. 당시연구의 대상으로서 국내외에 다뤄지지 않은 작가들, 예컨대 설능(薛能)·융욱(戎昱)·장호(張祜)·나은(羅隱) 등 상당수가 시탐(試探)되어 있어서 국내외 학자들의 관심을 받고 있으며 나당(羅唐)시 비교론 10여 편은 최치원(崔致遠)과 나은(羅隱)·왕유(王維)와 이달(李達)·신위(申緯)와의 시 비교를 담고 있다. 후자는 중문서로서 왕유(王維)시를 비롯한 당시 전반에 관한 논문집이다.

그리고 특기할 것은 당시에 대한 개설서 한 권도 볼 수 없는 현실에, 안병국(安炳國)의 편저인 『唐詩槪論』(1996)은 당시의 사조적 이해와 작가의 작품을 체계적으로 감상할 수 있는 양서이다. 대학생이나 일반 독자에게 참고될 것이며 시 입문서로 가치 있는 지침서가 된다.

2) 초당시(初唐詩)

『전당시』에 수록된 작가가 2300여명에 48000수나 되는데, 연구의 대상에 오르는 수는 수십 명에 한정된 경향이 있는 것에 대해, 리우카이양(劉開揚)은 이미 초당시에 대해 다음과 같이 지적한 바가 있다.

초당시문집은 모두 152작가인데 그 중에 저명한 시인은 20인에 불과하고 성취가 비교적 큰 자는 단지 12인일 따름이다.

初唐詩文集共一百五十二作家, 其中著名的詩人不過二十人, 成就較大的僅有十二人.[2]

그러면 국내 학자들의 초당시 연구 대상을 도표로 보고자 한다. (王梵志는 敦煌詩에서 다룸)

王維	上官儀	初唐四傑	陳子昻	李嶠	崔融	蘇味道	張九齡	寒山	吳中四士
2	1	9	10	1	2	3	2	7	1

이와 같이 연구대상이 한정되어 있어서 송지문(宋之問)·심전기(沈佺期)·위징(魏徵)·장열(張說) 등 탐토해야 할 중요한 대상이 남아 있다. 초당시는 제량(齊梁)과 반제량(反齊梁)의 풍격이 혼용된 과도기에 있었기에 연구의 폭과 내용에 있어서 외국학자로서 한계가 있을 것이나, 당시 전반에서 만당시에 비해 그 비중이 소홀시 되어서는 안 되기에 이의 분발이 요구된다 하겠다. 초당시는 진자앙(陳子昻)·초당사걸(初唐四傑)(그 중에 王勃과 盧照鄰 위주)·한산(寒山) 등 극히 한정되어 있어 진자앙시는 김태봉, 초당사걸은 안병국, 한산시는 박석(朴錫)이 각각 석박사논문으로 발표하며 연구 매진하고 있으며 최융(崔融) 등 문장사우(文章四友)와 오중사사(吳中四士) 등은 류성준이 기초 작업을 한 바, 이들은 초당시전가(初唐詩專家)로서의 입지를 다지고 있어서 송지문(宋之問) 등 폭넓은 연구 성과를 기대하게 된다. 이제는 적당주의적인 연구자세로는 소기의 학문성과를 거둘 수 없음을 중진학자들이 체험하고 있으므로 유능한 초당시전

---

2) 劉開揚『唐詩通論』, p.19.

가의 출현을 기대할 수 있고, 또 위에 열거한 학자들이 중심이 되어 시와 종교사상, 그리고 당시 성행의 객관성 있는 근거를 다각적으로 구명해 주어야 할 것이다. 당시에서 초당시의 연구가 비교적 부실한 요인을 극복하므로 해서, 성당(盛唐) 이후의 시형성에 대한 미비된 연구도 가능할 것이다. 초당시 연구는 국내외 모두 그 대상에 비해서 제량시(齊梁詩) 전후의 맥락을 동시에 숙지하는 작업이 필요하고 또 초당시의 난해성이 있어서인지 그동안 그 가치 평가도 낮았음을 재삼 강조해 둔다.

3) 성당시(盛唐詩)

중국시단의 삼대시인이 바로 이 시기에 포진해 있기 때문에 도연명(陶淵明)・사령운(謝靈運) 그리고 中唐의 백거이(白居易)・유종원(柳宗元)・한유(韓愈), 宋代의 구양수(歐陽修)・소식(蘇軾) 등과 함께 본문의 중심 부분이 되겠다. 우선 다음 도표에서 성당시인과 그 작품 연구에 대한 추세를 살펴보도록 한다.

孟浩然	李白	王維	杜甫	高適・岑參	韋應物	王昌齡
22	54	37	88	8	4	2

여기서 우리는 성당시의 대상이 극소수에 한정되어 있음을 보게 된다. 허문우(許文雨)의 『唐詩集解』에는 이백파・두보파・왕유파로 분류하여 성당시인을 거명하고 있는데, 우리는 대상의 폭을 넓혀서 최호(崔顥)・저광희(儲光羲)・조영(祖詠)・왕지환(王之渙)・기무잠(綦毋潛)・전기(錢起) 등의 시를 시탐(試探)하는 자세가 필요한 시점에 이르렀다고 본다.3) 그러

---

3) 필자는 10여년 전부터 시탐적인 작업에 주력하여 이교(李嶠), 최융(崔融), 융욱(戎昱), 설능(薛能)・한굉(韓翃), 대숙륜(戴叔倫), 노륜(盧綸) 등 20여 작가의 시를 정리한 바 있다. 졸저 『中國唐詩研究』(1994), 『中國詩歌研究』(1997), 『中國中晚唐詩 論

나 성당시의 주된 연구는 이백·두보·왕유 등에 집중되었고 또 될 것이기에 이제 3인의 시에 대해 개관할 필요가 있다.

(1) 이백(李白) 시

두보 시에 비해 이백 시의 역본은 늦게 나온 편이니, 장기근의 『李白詩傳』(1972)과 허세욱의 『李白』(1987)이 대표적인 예라 하겠다. 논문으로는 두보와 비교한 것이지만 허세욱의 「李杜詩比較硏究」(1963)를 위시하여, 이석호(李錫浩)의 『李白詩硏究』(1981)는 도교(道敎)를 기본사상으로 한 이백 시의 풍격을 치밀하게 고찰하여 국내의 이백 시 연구수준을 제고(提高)시켰으며 곽이부(郭利夫)의 「李白詩의 思想性연구」(1994), 그리고 진옥경(陳玉卿)·황선재의 악부시와 시의 현실반영(現實反映)에 관한 연구는 (이들은 모두 박사학위논문) 이백 시의 포괄적인 안목에서 심층적인 세찰을 가한 한 단계 높은 글들인 것을 알 수 있다.

두보와 비교한 연구도 풍부하여서, 차상원의 「李白詩說」(1967)을 비롯하여, 차주환의 「李杜元白詩說」(1974), 허세욱의 앞의 글, 류성준의 「李杜詩의 詩語 구사에 대한 一考」(1987) 등 20여 편에 달하고 있는데, 형식면 보다는 사상적 배경과 현실과 낭만이라는 양면적 비교에 치중되어 있다. 이백 시의 언해본(諺解本)이 내용에 관계없이 공식적으로 소개되어 있지 않은 현재에4), 두시언해본(杜詩諺解本) 및 그 연구와 비교할 수 없지만 상호비교적 견지에서 관심을 가질 필요가 있다.

考』(2000) 참조.
4) 필자는 조선조 한글 언해본의 하나로 볼 수 있는 필사본 자료를 간접적으로 복사수득하였는데, 「遠別離」등 130여 수를 역주해 놓았다. 그 내역을 보면 「七言上」에 20수, 「七言中」에 35수, 「七言下」에 20수, 그리고 「遺響」으로 60수를 담고 있어서, 국어학적으로는 한글체에 대해서, 언해본으로서도 두시언해에는 못 미치지만, 이백 시의 언해본으로서 주시할 만하다.

(2) 두보(杜甫) 시

이 부분은 중국시가에서 가장 많은 연구 자료를 남기고 있다. 해방 후, 장기근의「生活詩人 杜甫의 本領」(1954)이 서울대의 석사논문으로 발표되면서 학계의 주된 연구 대상의 하나로 대두되었다. 그래서 車相轅·車柱環·張基槿·李丙疇·許世旭·李炳漢 등 해방 후 중문학 초기의 학자들이 나름대로 연구소재로 다루었고, 1970년대 이후에 들어서도 殷富基·尹芳烈·洪寅杓·李章佑·柳晟俊·南潤秀·金龍雲·元鍾禮·黃瑄周·李英朱 등이 적지 않은 연구열을 발휘하여 당시연구에서 가장 다각적인 연구성과를 낳았다. 그러나 일관된 연구자세를 취한 두보 연구가는 과연 몇이나 될 것인지. 신진학자 중에 黃瑄周·李英朱 등의 전공 의식에 의한 원천적인 연구에 기대감을 갖는다.

단편적인 추종자세에서 독자적이며 한국문학과 상관시켜서 연찬해 나갈 때, 국제학술활동에서 고유성을 발양할 수 있을 것이다. 두보 시는 단순한 시연구로 그치지 않고 중문학 전체의 위상과도 연결되기 때문이다. 따라서 李丙疇·金在昊·孫八洲 등의 두보 시의 한국한시와의 연계성 연구(언해본연구도 포함)는 국문학계에서도 동참할 의무가 있음을 명시해준다.

(3) 왕유(王維) 시

시선역본(詩選譯本)으로 이병한의『王維詩選』(1976)과 박삼수(朴三洙)의『王維와 그詩』(1993)를 들겠으며 연구저서로는 대만에서 나온 류성준의『王維詩研究』(1987)와 대륙에서 나온『王維詩比較研究』(1999)를 들 수 있다. 왕유 시의 연구를 위해서, 전제되어야 할 기초지식으로 화학이론(畵學理論)·선사상(禪思想), 그리고 고악보(古樂譜) 등을 습득해야 한다. 특히 회화 기법(繪畫技法)(준법(皴法))에서 색과 구도를 시에서 활용한 것은 왕유의 시 작특성이기도 하다. 우리의 입장에서 이 단계를 극복함이 용이치 않은데, 류성준은 단독저서와 20여 편의 관련논문을 시와 음악・회화・불교 등을 바탕으로 발표하여 왔으며 김재승은 망천시(輞川詩) 20수의 원론적인 분석을, 김승심은 시와 자연낭만성(自然浪漫性), 그리고 김억수는 왕유생평과 시의 조합점을 조명했으며, 최근 박삼수의 새로운 연구 방법에 의한 시 연구는 기존자료의 한계를 극복하고 있으며 그 한역 또한 정밀하다고 본다.5)

왕유 시 470여 수는 단순한 시 연구에서 그의 산문에 관한 관심을 병행하므로 해서 보다 정확한 연구가 가능할 것이다. 왕유 시의 한국한시(韓國漢詩)와의 비교는 뒷 절에서 거론하려고 한다.

(4) 맹호연(孟浩然) 시와 기타

이 분야에는 송천호(宋天鎬)의 연구가 돋보이니, 그의 석・박사논문이 일관되게 연계되어 있으며 왕유와의 비교연구도 곁들이고 있다. 송천호는 맹호연의 생평과 시의 교우(交友)・산수전원시(山水田園詩) 등 미문(未聞)의 천착을 가하여 신연구의 여지를 별로 남겨놓지 않았다. 그의 박사논문인『孟浩然詩硏究』(1990)는 시의 내용분석과 형식특성으로 양분하여 시 전체를 철저하게 분석하고 있어서 초당과 성당의 가교적 역할을 여하

---

5) 류성준은 석사논문「王維詩考」(1968)와 박사논문「王維詩與李朝申緯詩之比較硏究」(1978) 이후에「王維之田園山水詩考」(1980)・「王維生平與道佛之關係考」(1994) 등 20여 편의 글을 발표하여『中國唐詩硏究』(上・下, 국학자료원, 1994)와『唐詩論考』(北京 中國文學出版社, 1994) 그리고『王維詩比較硏究』(北京 京華出版社, 1999)에 분산 수록되어 있음. 김재승은 석사논문「왕유시연구」(1975) 등 두 세 편의 관련 논문이 있으며 김억수는 박사논문「王維硏究-宗敎・藝術與自然之融合」(1985)을 위시하여 10여 편의 글들을 발표하였고, 김승심은 석사논문「王維詩硏究」(1980) 이후, 박사논문「盛唐山水田園詩之硏究」(1987)에서 왕유시를 집중 거론하는 등 많은 관련된 글을 발표하고 있다. 박삼수는 박사논문「왕유시연구」(1994)를 전후하여 역서와 논문들을 꾸준히 발표하고 있다.

히 하였는지 개관할 수 있다. 어느 한 개인의 집중연구의 성과로 인해 국내외의 연구평가대상이 된 분야로서 당시가 비교적 두드러지는데, 그 한 예가 맹호연일 것이며 왕유·한유(韓愈)·유종원(柳宗元)·초당사걸(初唐四傑)·백거이(白居易) 등도 포함시킬 수 있을 것이다.

성당시로서 상기 작가들 외에 고적(高適)·잠삼(岑參)에 대해 최완식의 「岑參詩의 特性考」(1981)와 최근 박사논문을 쓴 최경진(崔庚鎭)의 「高岑변새시비교연구」(1995) 등을 들겠는데 후자는 장래가 기대되는 당시학자의 면모를 보여주고 있다. 그리고 위응물(韋應物) 시에 대해 김현주(金賢珠)의 「韋應物擬古詩研究」(1987)와 배다니엘의 「韋應物詩研究」(1996·박사논문)을 들 수 있다. 후자의 경우 근년에 보기 드문 역작으로서 위시(韋詩) 400여 수를 총체적으로 집중 분석하여 향후 국내외의 위시 연구에 크게 보탬이 되리라 믿는다.

4) 중당시(中唐詩)

중당시는 고문운동(古文運動)계통의 한유(韓愈)·유종원(柳宗元)과 사실파(寫實派)이며 신악부(新樂府)를 발전시킨 백거이(白居易), 그리고 상징시인(象徵詩人) 이하(李賀)를 중심으로 연구가 진행되어 왔다. 초성당에 비해서 풍격이 다양하게 표출되고 연구 내용이 체계적이며 수준이 높아서 당시연구의 대표적인 학자들이 포진되어 있으니, 그 대상과 그 연구자들을 대비해 보면 다음과 같다.

韓　愈－李章佑, 高八美
柳宗元－洪寅杓, 吳洙亨
白居易－金在乘, 兪炳禮
劉禹錫－兪聖濬
李　賀－李東鄕, 河運淸

權德輿·大曆十才子 - 金時俊, 柳晟俊

그리고 주요 대상에 대한 연구 발표의 빈도수를 도표화하면 다음과 같다.

賈孟	大曆十才子	張籍	劉禹錫	李賀	白居易	柳宗元	韓愈
5	7	5	10	28	56	37	57

이상에서 이장우의 한유 시 연구와 홍인표의 유종원 시 연구는 국내의 당시연구에 획기적인 업적인 동시에 중문학계에 큰 기여를 했다고 평가하겠다. 이장우는 일관된 한유 연구가로서 서울대와 대만대학에서 두 번의 석사논문으로 각각 「韓退之散文研究」(1965), 「韓昌黎文體研究」(1968)를 발표하였고 박사논문으로 『韓愈의 古詩用韻』(1981)을 출간하였을 뿐만 아니라, 부단한 한유에 대한 연구정리를 해 온 바, 「中國語文學」을 통하여 『續唐詩話』, 「韓愈條」를 12회에 걸쳐 역주하였으며, 이것을 『韓愈詩 이야기』(1988)로 출판하여 학문연구의 정밀함과 견실함을 본보기로 삼게 하였다. 이장우는 대구를 거점으로 소위 영남학파(嶺南學派)를 형성시켰으며, 국내의 중문학계에서 서울과 함께 가장 연구 활동이 활발하고 〈詩學〉연구의 제자들을 수다히 배출한 공로 또한 높이 사야 할 것이다.

한편, 유종원 시에 대해서는 서울대의 홍인표의 업적을 먼저 기려야 하겠다. 「柳宗元研究」(1968)로 석사를, 그리고 「柳河東詩研究」(1981)로 박사학위를 취득하는 과정에 발표된 자료들은 시만이 아니라 산문과 부(賦)에도 천착을 지속한 바, 그의 연구 성과는 탁월하다고 하겠다.

백거이 연구는 김용섭이 「白樂天研究」(1957)를 처음 발표한 후, 이동향·김재승·유병례 등이 상당한 수준의 연구물을 집필한 것으로 보겠다. 그 중에 김재승과 유병례는 박사논문으로 작성하면서 백거이 연구가로 양분된 활동을 하고 있음은 극히 다행스럽다고 하겠다. 백거이 시는 아직 고찰되어야 할 테마가 많은 만큼, 정확한 역주부터 시작하여 조직적인 주제 설정에 의한 사승(師承)관계의 연구자들이 많이 나와야 할 것이다. 아울러 이하(李賀)와 유우석(劉禹錫)의 연구는 청년학자들의 열의가 강한 만큼, 그 가능성이 기대되는 것이다. 이밖에 류성준은 이익(李益)·설능(薛能)·융욱(戎昱)·육지(陸贄)·황보식(皇甫湜)·한굉(韓翃)·이기(李頎)·대숙륜(戴叔倫)·노상(盧象) 등의 시를 초탐(初探)하면서 뒤에 재언하겠지만 당시작가연구의 폭을 넓히고 당시사(唐詩史)의 정리차원에서 다년간 관심을 기울인 바가 있다.6)

5) 만당시(晩唐詩)

초당시에 비해 관심이 크고 연구수준도 높다고 하겠다. 그러나 폭에 있어서 단지 두목(杜牧)과 이상은(李商隱)에 치중되어 있으며 시론에 있어서 사공도(司空圖)의 〈二十四詩品〉에 대한 개술(槪述)이 뒤따르고 있을 뿐이다. 이것은 만당시를 유미적으로만 보려는 관점에서 벗어나야 함을 의미한다. 즉 방림십철(芳林十哲)이나 삼라(三羅)를 중심한 고담파(古淡派)의 사실적인 풍격에 대해 아직 우리의 연구열이 미치지 못하는 데에 있다. 중요한 것은 우리 한문학의 비조(鼻祖)인 최치원(崔致遠)과 빈공재자(賓貢才子)들이 고운(顧雲)과 삼나, 그리고 방림시인(芳林詩人)과 교왕이 이루어졌고 그의 시 또한 그 각도에서 조명할 필요가 있음을 강조하고자 한다.7)

두목 시 연구를 보면, 단독논문으로는 조종업(趙鍾業)의 「杜牧之七言絶句試探」(1977)이 처음이겠으니, 이홍진(李鴻鎭)의 「杜牧詩考」(1979)와 류성

---

6) 「李益과 그 詩 小考」(1997·中國文學 4집), 「薛能詩試探」(1991, 중국연구 6집), 「융욱과 그 시」(1991, 중국학보 31집), 「中唐陸宣公之文學與詩三首試探」(1993, 외대논집 26집), 「韓君平詩의 풍자와 非戰意識」(1991, 중국문학 19집), 「李頎의 詩交 考」(1992, 외대논집 25집), 「皇甫湜과 그 詩三首 析」(1994, 중국어문학지 1집) 등.
7) 졸문, 「羅隱과 崔致遠의 시 비교 考」(1993, 中國文學 21집).

준의 「杜牧詩의 憂國的 豪健風」(1980) 등은 각각 시 전체의 특성과 시의 우민애국성(憂民愛國性)(劉大杰은 『中國文學發展史』에서 〈色情詩人〉으로 썼음)을 부각시키려 하였다. 오수형(吳洙亨)의 「杜牧之硏究」(1983) · 서석국(徐錫國)의 「杜牧詩硏究」(1984)라는 대만(臺灣)에서의 석사논문이 발표되면서 객관성 있는 자료를 보게 되었으며, 마침내 김성문(金成文)이 박사논문인 「杜牧詩硏究」(1993)를 발표하여 두목 시의 총체적인 분석 정리가 가능하게 되었다. 이 논문은 두목 시 400여 수를 모두 분석하였고, 시 전체를 연구하여 향후 연구자에게 큰 도움을 줄 것이다.

이상은 시도 1970년대에 와서, 류성준의 「李商隱詩風考」(1976)와 이장우의 「李商隱詩硏究」(1978)가 발표되고 이어서 하운청(河運淸)과 장남희(張南姬)가 전공자로서 석박사 논제로 택하여 본격적인 연구 정리를 가해 오고 있다. 하운청의 박사논문 「李商隱詩硏究」(1985)는 책으로도 출간되어 참고 자료로 다용되고 출생 년대도 고증하는 연구를 지속하고 있으며, 장남희는 무제시(無題詩) · 금슬시(錦瑟詩) · 용사(用事), 시의 정치성에 이르는 지속적인 연구를 더해 오고 있다. 杜 · 李 양 시인의 연구는 한 전공자의 일관성 있는 집중 정리가 더 요구되고, 이백 · 두보 · 왕유 · 한유 · 유종원 · 백거이처럼 학술학회의 구성도 고려되어야 한다. (상기 시인들에 관한 학회가 중국을 위시하여 설립되어 있음)

사공도는 우리에게 있어 시보다는 시품에 대한 연구가 되어 있을 뿐이다. 차주환의 「司空圖와 그의 詩觀」(1965)을 위시하여 10여 편의 논문이 있고 팽철호는 이십사시품(二十四詩品)을 석사논문(1985)으로 발표하고 그것을 계기로 『文心雕龍』 등 문학이론 연구에 정진하고 있다. 그러나 사공도의 시론은 그의 시문을 근거로 한만큼 시 자체에 대한 고찰이 선행되어야 할 것이다.[8]

---

8) 사공도의 시는 『全唐詩』 권292, 293에 수록.

杜・李 시에 편중된 마당의 타 시인 연구는 국내외 모두 미진하지만, 대륙에서부터 200여 편 이상의 시작을 남긴 연구되어져야 할 대상에 대한 탐구가 활발히 전개되어 1996년 시안(西安)의 당대문학 국제대회에서 120여 편의 논문 중에서 섭이중(聶夷中) 등 30여 편의 새로운 테마의 논문들이 발표되었다. 국내에서도 독자적인 신주제(新主題)의 글들이 보이기 시작하여, 설도(薛濤)(최완식, 1970)・허혼(許渾)(류성준, 1985)・장호(張祜)(상동, 1987)・나은(羅隱)(상동, 1984)・피일휴(皮日休)(상동, 1988) 등에 관한 단편적인 시탐이 진행되고 있다.

6) 돈황시(敦煌詩)

국내에서는 아직 미미한 상태인데, 〈敦煌學會〉가 활동하고 있으며, 차주환의 「雲謠集硏究」(1982)를 계기로 하여 이수웅(李秀雄)의 『西域詩選』(1986)이 선보이게 되었으며, 권영학(權寧學)의 「敦煌寫本葉淨能詩硏究」(1985)는 돈황시 연구의 국내에서의 길을 열어 주었다. 그러나 돈황시에서 당대의 것으로 추정되는 것은 왕범지시(王梵志詩) 390여 수(項楚의 『王梵志詩校注』1991에 의거), 위장(韋莊)의 「秦婦吟」・이상(李翔)의 「涉道詩」 28수・「馬雲奇」 13수・「敦煌二十詠」・殘詩 59수(王重民의 『補全唐詩』에 의거) 등이다. 그 중에 이홍진은 「秦婦吟」을 역주한 바 있으며, 왕범지 시의 연구가 대륙의 짱시호후(張錫厚) 주본(注本)(1983)과 시앙추(項楚) 주본(1991), 그리고 대만의 주펑위(朱鳳玉)의 『王梵志詩硏究』(1988)가 출간되면서, 국내에서도 1990년대에 와서 류성준의 「敦煌寫本王梵志詩와 그 倫理意識考」(1993)를 위시하여 관련 논문 5편이 발표됐고, 석사논문(李愚鏞・1996)과 박사논문도 곧 나올 단계에 이르렀다.

한편, 당오대(唐五代) 돈황민가(敦煌民歌)연구는 류성준이 단편적으로 『中國學報』(20집・1979)에 발생과 결구에 대해 논술한 후에, 간헐적으로 부분 기술이 있었지만 이렇다 할 자료를 찾기 힘들었다. 그것은 민가 자료의 수집 정리가 완정치 못하고 국외에서도 한산한 분야였기 때문이다. 그런데 김현주가 타이완사대에서 「唐五代敦煌民歌之硏究」(1993)로 박사학위를 취득함으로 해서 새로운 전기(轉機)를 마련하였다고 하겠다. 이 논문은 돈황 민가의 범위와 자료의 내원(來源)·내용·형식, 그리고 악무(樂舞)와의 관계까지 치밀한 분석을 가하고 있다. 특히 악무의 악보를 민가 연구에 활용한 것은 외국인으로서는 용이치 않는 경지에 이르렀음을 인정하게 된다.

II. 한중시(韓中詩) 비교

이 분야는 우리의 입장에서 매우 중요한 책임감을 가져야 할 것이다. 한국인이 중국문학을 연구함은 단순한 '모의(模擬)'적 단계에 머물게 될 가능성이 많기 때문이다. 나름대로의 독자성을 갖기 위해서 한국 한문학이라는 우리의 것이 있으니 이 또한 타국학자들이 따를 수 없는 궁극적인 학문세계가 아닌가. 따라서 중문학자 못지 않게 국문학과 한문학의 학자들이 비교 연구 참여도가 높게 나타나고 있다. 그 연구발표는 비교문학회·동방문학비교연구회·한국한문학회 등 어느 모임이든 두루 가능하며, 동방시화학회는 그 대표적 활동무대가 된다. 국외에는 〈中國唐代文學會〉를 위시하여 수다한 국제학술활동에서 주목의 대상이 되는 분야가 바로 이 비교연구인 것이다.

한중시 비교는 정학모(鄭鶴模)의 「漢文學과 國文學」(1949)·이능우(李能雨)의 「韓中律文의 비교」(1959) 등 초기의 문학일반론적인 시기를 지나서 1960년대의 이병한의 「詩話에 散見되는 李朝文人의 문학관」(1967)은 시

비교연구에 불을 당기는 중요한 계기를 제시해 주었다. 이어서 허세욱은 「韓中詩話淵源考」(1968, 臺灣師大 博士논문)를 발표하여 학계에 큰 자극을 주어 본격적인 중문학자의 韓國漢詩에 대한 연구 참여가 시작되었다고 본다.

한편 차주환은 「시가를 통해본 韓中文學思想」(1973)을 발표하기 앞서 한국한시화(韓國漢詩話)를 선역(選譯)한 『詩話와 漫錄』(1966)을 출간한 것은 중문학자가 국문학에 직접적으로 기여한 본보기가 된다. 이것은 홍인표가 『서포만필(西浦漫筆)』의 역주와 『홍만종(洪萬宗) 詩論 研究』 같은 대작을 산출시키는 동기를 마련해 주었으며, 국문학자의 중문학 연구의 풍토 또한 비상하여서, 이병주(李丙疇)의 두시(杜詩)연구, 그 제자인 손팔주(孫八洲)가 신위(申緯) 시를 원호문(元好問)·왕사정(王士禎)과의 비교한 것은9) 혁혁한 연구 업적이라고 평가된다. 여기서 당대를 전후한 비교연구 상황을 개관하겠다.

1. 당대 이전

그 비교대상이 시경(詩經)·초사(楚辭)·도연명(陶淵明) 등에 치중해 있는데, 시경과 관련하여 서수생(徐首生)의 용비어천가(龍飛御天歌)와의 관계(1965), 김원경(金圓卿)의 시조문학(時調文學)과의 관계(1982), 그리고 심경호의 조선 시경학(1987)과 차주환의 「丁若鏞의 시경 강의」(1985)를 들 수 있으며, 초사와 관련하여서는 전영란(田英蘭)의 굴부(屈賦)와 정철가사(鄭澈歌辭)의 관계(1981)와 이창용(李昌龍)의 김시습(金時習)의 굴원(屈原) 수용관계(1984) 등을 열거할 수 있다. 순수문학적인 시초(詩楚)와 연관성을 우리 문학에서 더 찾을 수 있는 소재가 적지 않으리라고 보아, 이런

---

9) 손팔주, 『申紫霞 시문학 연구』(이우출판사, 1984) 참고.

비교연구의 분발을 촉구한다.

그리고 도연명과의 관계는 우선 남윤수(南潤秀)가 한국한시 속에서 화도시(和陶詩)를 수집정리하고 분석한 업적을 높이 평가해야 할 것이며 이창용의 고려와 이조한시의 총체적인 비교고찰(영향관계)(1973, 1974)과 송정헌(宋政憲)의 이색(李穡) 및 삼은시(三隱詩)와의 연관(1985, 1986) 등 두 사람의 종합적인 개관은 특기 할만 하다. 당 이전의 비교대상인 조식(曹植)·사령운(謝靈運)·유신(庚信) 등과 죽림칠현(竹林七賢) 등과의 관계도 향후 고찰되어야 할 것이다.

2. 당대

이 시점의 비교연구는 역시 당시연구자들의 활동이 두드러지고, 그 범위도 한국한시와의 비교인 만큼, 두보·이백·왕유·한유·백거이 등에 한정되어 있다.

예컨대, 두보와의 비교로는 이병주가『杜詩諺解抄』(1959)부터「韓國之杜詩」(1963) 등 20여 편의 논저를 발표하여 국내의 두시와 그 비교 분야에 단연 다대한 업적을 쌓았고, 이어서 이창용은「高麗詩人과 杜甫」(1976)·「한국시문학에 대한 杜詩영향 연구」(1980)·「退溪의 杜詩 受容樣相」(1982) 등 10여 편의 체계적인 연구물을 내놓아 이병주와 함께 주된 연구자로 평가된다.

그리고 이어서 김영란(金英蘭)도「韓國詩話中有關杜甫及其作品之研究」(1989·타이완사대 박사논문)를 전후하여 다수의 관련 논문을 발표하여 그 맥락을 잇고 있다.

이백과의 관계로는 이석호의「李白이 한국 문단에 끼친 영향」(1984) 등 여러 편의 논문과 이창용의「鮮代詩에 대한 이백시 수용양상」(1983) 등 5

편의 유관 자료를 볼 때, 이조의 유학(儒學) 숭상의식이 이백에 대한 홀시(忽視)로 작용한 것이 보이고, 기설(旣說)한 바와 같이 이백 시의 언해(諺解)가 두시에 비해 거의 전무한 것으로 이해된다.

왕유 시와의 관계는 류성준이 「王維與申緯詩之比較硏究」(1978)를 위시하여 진화(陳澕)・김구용(金九容)・성간(成侃)・이달(李達)과 왕유관계 논문들을(1977, 1981, 1983, 1985) 발표하여 왕유 시가 이두(李杜)(李白과 杜甫)・한유(韓柳)(韓愈와 柳宗元)・구소(歐蘇)(歐陽修와 蘇軾)의 영향 못지 않음을 조명해 주었다. 류성준은 「全唐詩所載新羅人詩」(1979)과 「羅唐詩人交遊考」(1981)를 통하여 『全唐詩』에서 20여 수의 신라인 시를 추출(抽出)하였고, 나당시인(羅唐詩人)의 교류시를 30여 수를 수집하여 정리한 바, 최치원(崔致遠) 이전의 한국한문학의 공간을 다소 보충하였다.

그리고 최근 최치원 시를 만당 나은(羅隱)詩와 접맥시켜 시도한 「羅隱詩와 崔致遠詩 비교」(1993)와 「李白과 李朝 鄭斗卿詩의 風格比較」(1999)도 주목할만한 자료로 본다.

한유 시와의 관계는 허권수(許捲洙)의 「韓愈詩文의 한국에서의 수용」(1985)과 이창용의 「退溪詩의 한유시 수용」(1992)이 자료로 보일 뿐이며, 백거이와의 관계는 김경동(金卿東)의 「白樂天과 高麗文人」(1992)이 보인다.

3. 당대 이후

이 시기는 역시 송대의 소식(蘇軾)과 주희(朱熹)와의 비교가 주류를 이루고 그 이후로는 원호문(元好問)・왕세정(王世貞)・왕사정(王士禎) 등이 보인다. 소식과의 관계에 대해서는 이창용의 「蘇東坡의 投影」(1975) 등과 장기근의 「和陶飮酒二十首에 나타난 東坡와 退溪의 정취」(1985), 그리고 허권수의 「소동파시의 한국적 수용」(1988) 등은 상당히 주목을 끌만 하고,

주자와의 관계는 이수웅의 「宋代朱熹詩與李朝退溪詩之比較硏究」(1991)는 대만문화대학의 박사논문으로 그 내용상의 천착이 깊고 객관성을 갖추고 있어서 관심의 대상이 된다. 그리고 김주한의 「朱子와 退溪의 문학관」(1987)등 연관된 세 편의 자료 또한 이수웅과 함께 거론 할만 하다.

　그 외에 손팔주는 원호문(元好問)과 왕사정(王士禎)을 신위시(申緯詩)에 비교하여『申紫霞詩文學硏究』(1984)와 「신위와 원호문」(1992)에서 논리정연하게 논거를 제시하였고, 송영주(宋永珠)는 「王士禎과 이덕무의 시론 비교」(1992)라는 미문(未聞)의 글을 통해 이덕무(李德懋) 시를 명대시론과 연계시키려고 시도하였다. 아울러 김학주의 「朝鮮刊 黃山谷集考」(1989)는 시와 간접적인 관계가 있기에 참고로 지적함이 좋을 듯하다.

당시 연구의 올바른 길

중국문학에서의 당시의 위상은 새삼스럽게 강조할 필요가 없을 만큼 절대적인 것이라고 할 것이다. 더 말할 나위 없이 당시라는 것을 이해하지 않고서는 중국문학 자체의 바탕을 올바로 이해할 수 없다고까지 해도 지나친 억설이 아니기 때문이다. 그런데도 최근에는 특히 국내에서 대학원의 연구 분위기가 연구 분야의 세분화현상인지, 기초학문에 대한 외면인지, 또는 수련의식의 부족 때문인지는 몰라도, 균형 있는 기초학문의 배양의식이 희박해지면서, 대학원생이 『시경(詩經)』이나 『초사(楚辭)』를 거의 읽어보지 않았다던가, 또는 문언문(文言文)의 독해력이 매우 부족하던가 하는 중문학 전문가로서의 소양이 부족한 현상을 적지 않게 찾아볼 수 있다.

그러면서도 어떤 면에서는 전공의 세분화에 따라서 시 자체의 비중이 〈詩文〉 위주의 연구범주에서 폭을 넓혀서, 소설과 희곡(戲曲)은 물론이고, 백화문(白話文)의 현대문학까지 균형 있는 폭의 확대가 그 나름대로 필요한 현상일 수도 있다고 수긍해 본다. 이러한 시점에서, 이 글에서는 당시

연구의 폭과 대상의 한계를 벗어버리고, 동시에 당시의 사적(史的)인 면과 이론적인 면 등에 대한 과감한 재론이 있어야 하겠다는 데에 그 초점을 맞추고자 하는 것이다.

필자의 소견으로는 당시에 대한 일반적인 이해와 활용에 비해서, 그에 대한 체계적이며 논리적인 탐구는 오리려 훨씬 미치지 못할 뿐만 아니라, 당시의 4시기 분류에서 〈文學史〉나 〈詩史〉에서 극히 한정된 작가들만 그 연구의 대상이 됐을 뿐이지, 실질적으론 연구의 폭이나 그 심도가 바람직한 방향으로 진행되었다고 볼 수가 없었다. 그러나 중국 대륙을 위시하여 타이완(臺灣), 일본, 그리고 구미(歐美) 각지에서 당시에 대한 관심과 연구가 재연되기 시작하면서, 중국 대륙에서는 당대문학회(唐代文學會)를 중심으로(격년으로 국제학술토론회가 열림) 푸쉔중(傅璇琮), 탄유쉐(譚憂學), 왕따쩐(王達津), 리우카이양(劉開揚), 천뽀하이(陳伯海), 조우쉰추(周勛初), 한리조우(韓理洲), 위쉔하오(郁賢皓), 중전전(鍾振振), 천상쥔(陳尙君) 등 장년학자(壯年學者)들의 활동이 두드러지면서 1980년대에만 1000여 종의 글들이 발표되고[1] 미국이나 유럽에서도 닌하우저(Nienhauser), 오웬(Owen), 케인(Kanne), 클롭쉬(Klopsch)같은 중진학자(中進學者)들의 논저들이 끊임없이 깊이를 더해 가고 있다.

한편, 국내의 상황은 어떠한가를 보게 되면, 전공의 세분화와 특히 현대문학에 대한 관심이 점증(漸增)하면서 상대적으로 양(量)과 질(質)에 있어 시의 연구자가 급격히 적어지는 경향을 보이고 있다. 이러한 추세는 학문의 생활화와 함께 중문학도의 수련시기와 교과과정상의 비중이 어디에 있느냐 하는 문제점이 제기되는 데에서 그 원인을 찾아보아야 할 것이다. 우선 교수들의 의식이 학문 지향적인 면에서 확고하지 못하다는 것이다.

---

[1] 천윈지(陳允吉)의 〈十幾年來國內唐詩詩硏究綜述〉(『中國社會科學』, 1993年 5期). 中國唐代學會會刊(제9기, 臺灣)의 최근 5년 간 「唐代文學硏究槪況」을 참조.(1998. 11)

고전문학이니 현대문학이니 하면서 우리 학문의 성격을 마치 서양문학의 장르개념에다 맞추어서 학부와 대학원의 기초과정시기부터 전공을 세분해서, 그 학문적 바탕에 있어서 체계적인 해독능력의 결여와 엄격한 수련과정을 밟지 않은데서 오는 편견과 호도의식 등이(1970년대 후반과 1980년대, 그리고 1990년대 초에 걸쳐서 급증하는 대학에서의 중문과의 개설로 인해 교수 수급에 큰 불균형이 있음 싹트게 되었다.

이 때문에 학문적 진지성(眞摯性)이나 정통적인 연구자세가 적지 않게 변질되었고 학문연구의 사승(師承)관계와 기본학습과목(예컨대, 현재 중문과에서 『시경(詩經)』이나 『초사(楚辭)』를 전혀 개설하지 않는 곳이 있음. 고로 대학원생 중엔 『관저(關雎)』나 『이소(離騷)』를 읽어보지도 못한 학생이 많은데 그에 대한 수치감이 없음.)에 대한 중요성의 인식부족 현상이 늘어났다. 그리고 전통적인 연구안목과 방법(청대 훈고학파적(訓詁學派的)인 소위 타이완식(臺灣式)이라고 함)을 대신하여 흔히 문예미학이론(文藝美學理論)이니, 서양문학이론이니 하면서 참신한 이론을 도입하여 응용하고 비교하는 새로운 노정에 들어서 있는 것도 고전시가에 대한 거리감을 갖게 할 수 있다고 볼 수 있을는지 모르겠다.

그러나 그 나라의 그 문학이 지닌 나름대로의 정신을 바르게 이해하는 데는 그 나라대로의 전통방법(傳統方法)이 소홀히 되어서는 안 된다고 본다. 따라서 여기에서는 위에서 기술한 여러 상황을 통하여 근년에 필자가 동서양의 여러 학교와 학회를 다니면서 느꼈던 점을 필자의 졸문 몇 개를 열거하여, 당시에 대한 연구 폭과 그 방법상의 소회를 적으면서, 필자 자신에 대한 반성과 가편(加鞭)의 기회로 삼고자 한다.

I. 다루어져야 할 작가의 시에 대한 연구

윗글에서 이미 밝힌 바와 같이 틀에 박은 듯 한정시킨 몇몇 작가에 대한 탐구에만 집착할 것이 아니라 앞으로 정리되어야 할 『전당시(全唐詩)』상의 작품세계의 선정과 발굴작업이 가하여져야만 공정한 당시의 역사와 작가론이 나올 수 있는 것이다. 현 상태의 시사(詩史)나 통론서(通論書)로는 당시에 대한 객관적인 평가를 내리기에는 부족하며, 비교적 많은 작가를 거론하고 있는 리우카이양(劉開揚)의 『당시통론(唐詩通論)』에서도 기존 관계서보다는 풍부한 작가가 등장하지만 이 역시 절대부족의 단계에 머물러 있다. 따라서 리우카이양 자신도 그 책의 서문에서 기술하기를,

    초당대의 시문집은 모두 152 작가인데, 그 중에 이름난 시인은 20명에 불과하고 성가가 비교적 높은 사람은 12명일 뿐이다.[2]

    初唐詩文集共一百五十二作家, 其中著名的詩人不過二十人, 成就較大的僅有十二人.

라고 하여 왕규(王珪), 위징(魏徵), 우세남(虞世南), 태종(太宗), 왕적(王績), 왕범지(王梵志), 상관의(上官儀), 초당사걸(初唐四傑), 심전기(沈佺期), 송지문(宋之問), 두심언(杜審言), 상관완아(上官婉兒) 등을 열거(列擧)하고 있다. 그러나 여기서는 최융(崔融)·이교(李嶠) 등 문장사우(文章四友)를 위시하여 하지장(賀知章)·장욱(張旭) 등을 비롯한 오중사사(吳中四士) 등 검토되어야 할 대상이 적지 않다. 이러한 현상은 초당시(初唐詩)에만 국한되어 있지 않고 당시 전반에 걸쳐서 드러나고 있는 연구대상의 편협적인

---

2) 리우카이양(劉開揚), 『唐詩通論』 p.19(臺灣木鐸出版社, 1983).

한계성의 노출이라고 할 수 있는 것이다. 이러한 중에도 푸쉔쭝(傅璇琮) 의 『당대시인총고(唐代詩人叢考)』(中華書局, 1980), 짱인(蔣寅)의 『대력시 인연구(大歷詩人研究)』(中華書局, 1995)같은 전론서가 오고 있음은 매우 바람직한 일이다. 필자는 이러한 아쉬운 마음을 가지고서 미력하나마, 지 난 20여 년간 연구대상의 폭을 확대하는 작업을 전개하여 왔는 바, 그 글 들의 목록을 열거하면 다음과 같다.

(1) 「이익(李益)과 그 시 소고」(『中國文學』 4집, 1977) ; 중당시의 대언자적 인 입장과 시의 재평가.
(2) 「두목(杜牧) 시의 우국적(憂國的) 호건풍(豪健風)」(『中國文學』 7집, 1980) ; 유미적이며 색정문학으로 분류된 오해를 수정.
(3) 「한산(寒山)과 그 시고」(『外大論文集』 15집, 1982) ; 선(禪)과 시와의 관 계를 창랑시화의 시론을 가미하여 새로운 시도하고 도선작(道仙的)인 풍격을 구명.
(4) 「초당 이거산(李巨山) 시 논고」(『中國研究』 7집, 1983) ; 초유의 분석으 로 그의 시풍 (특히 영물시 120수)를 구명.
(5) 「나소간시지평어집석(羅昭諫詩之評語輯析)」(『中國學研究』 1집, 1984) ; 고문체(古文體)의 논문으로 나은(羅隱)시에 대한 평석을 재분류.
(6) 「허혼시시고(許渾詩試考)」(『葛雲文璇奎博士華甲紀念論文集』, 1985) ; 허 혼 시의 초탐적 분석으로 고문체.
(7) 「장호(張祜) 시 시고(試考)」(『中國研究』 10집, 1987) ; 타이완(臺灣) 당대 문학 국제학술대회(唐代文學國際學術大會)(臺灣大學, 1988)에서 필자가 발표한 장호의 시문에 이어지는 연구로서 시에 대한 본격적인 연구.
(8) 「피일휴(皮日休) 시고」(『中國學研究』 4집, 1988) ; 문예에서의 피일휴 사 상을 바탕으로 그의 시 전체에 대한 초탐.
(9) 「최융(崔融)과 그 시고」(『外大論文集』 23집, 1990) ; 18수의 시와 시론을 초탐.
(10) 「설능(薛能) 시 시탐」(『中國學研究』 6집, 1991) ; 설능의 생존시기 및 시 에 대한 초탐.
(11) 「융욱(戎昱)과 그 시」(『中國學報』 31집, 1991) ; 융욱(740~801)의 졸년

재론과 시풍 고찰은 탄유쉐(譚優學)이나 푸쉔중(傅璇琮)의 논조를 수정.
(12) 「이기(李頎)의 시고 고」(『外大論文集』 25집, 1992) ; 이기의 교유 관계에 대한 초탐. 142수 고찰에 대한 초보 단계.
(13) 「한군평(韓君平)과 그의 시교 고」(『中國硏究』 13집, 1992) ; 중당대 시인으로서 그의 생평과 교우에 대한 초탐.
(14) 「한군평 시의 풍자와 비전 의식(非戰意識)」(『中國文學』 19집, 1992) ; 한시에 대한 최초의 분석. 중당의 변새시와 상반된 풍격.
(15) 「만당 나소간(羅昭諫) 영물시의 풍자성 고」(『敎育論叢』 8집, 1993) ; 최치원(崔致遠)의 스승으로서 한국한시(韓國漢詩)에의 입지는 중요한 착상, 그 전단계로서의 분석.
(16) 「중당육선공지문학여시삼수(中唐陸宣公之文學與詩三首)」(『外大論文集』 26집, 1993) ; 변문(騈文) 대가인 육지(陸贄)의 문학과 잔존된 시 3수를 집중분석.
(17) 「오중사사여기시(吳中四士與其詩)」(『蒼石李炳漢先生華甲論集』, 1993) : 초당 하지장(賀知章), 장욱(張旭) 등의 시를 풍격별로 분석.
(18) 「돈황사본(敦煌寫本) 왕범지(王梵志) 시와 그 윤리의식 고」(『中國硏究』 13집, 1993) : 시에 나타난 도덕관을 정리분석.
(19) 「소미도(蘇味道) 시의 상석(賞析)」(『中國學硏究』 8집, 1993) : 시 전체를 역석(譯釋)하고 분석.
(20) 「황보식(皇甫湜)과 그 시 3수 석」(『中國語文學誌』 1집, 1994) : 장편고시 3수만을 집중해석하고 분석.
(21) 「왕범지(王梵志) 시와 종교 타락상 고발」(『中語中文學』 18집, 1996) : 시에서 유불도(儒佛道) 삼교의 부패상을 고발한 부분을 정리.
(22) 「왕범지 시의 사회모순 비판」(『中國學報』 36집, 1996) : 시에서 사회현실에 대한 직설과 풍지를 추출하여 정리.
(23) 「대숙륜(戴叔倫) 격률의 진위(眞僞)와 주제의식 고」(『里門論叢』 18집, 1998) : 대력시인의 체계적 연구의 일환으로 시의 고증과 제재별 내용 고찰
(24) 「피습미(皮襲美)와 그 시의 현실묘사 고」(『外國文學硏究』 5집, 1999) : 피일휴의 생평과 사회시를 중심으로 고찰.

(25) 「중당 노륜(盧綸) 시 고」(『外大論文集』 32집, 2000) : 대력시인에 대한 연구일환으로 시의 소재별 분류와 오율시(五律詩)만을 고찰.

　이들 위의 글들은 계획된 연구의 절차에 의해서 진행되어온 일부의 결과이지만, 부족하나마 이 같은 작업은 향후에도 지속적으로 이어져 나가도록 할 것이다. 그리하여 당대시사(唐代詩史)의[3] 온전한 서술이 가능하도록 하여야 하며 나아가서 다른 분야의 체계적인 연구에도 참고가 되게 하고 싶다. 단순히 자기본위의 지엽적이며 편의적인 연구의식만으로는 어느 한 분야의 포괄적이면서 체계적인 연구가 불가능하다는 점을 깊이 인식하게 된다.

Ⅱ. 다양한 연구내용

　어떤 연구의 테마든 간에 그에 합당한 방법을 통하여 시도되어야 하는 것이 상례인데, 어떤 경우에 따라서는 피상적인 테마에 주력하다가 본의 아니게 그 대상의 진면(眞面)을 미처 파악하지 못하거나 추려내지 못한 것이 아닌가하는 오해를 받기 쉬운 것이다. 그것은 연구자세와 그 내용서술이 바르고 실증적이어야 하는데, 때로는 소홀과 미숙, 그리고 적당주의적인 접근자세에서 오는 이유 때문일 것이다. 문학연구라고 해서 단순한 주관에 흘러서 적당히 다루어져서는 안 될 것이다. 그리하여 어느 학자의

---

3) 국내에는 唐詩에 대한 개론서로서 安炳國의 『唐詩槪說』이 나와 있을뿐이고 일본에는 唐代詩史라는 명칭하에 시대적으로나 내용적으로 계통없이 단지 몇 명의 작가만을 주관적으로 서술하였을 뿐이다.(예컨대, 目加田誠의 『唐代詩史』) 그리고 중국에서 근자에 나온 몇 종의 당시사류도(예를 들어 許總의 『唐詩史』, 江蘇敎育出版社, 1994) 기존의 알려진 작가중심의 범주를 벗어나지 않고 있다. 그 이유는 당연히 선행되어야 할 새로운 작가탐구가 거의 없는 상황의 기존자료만으로 서술하고 있기 때문이다.

경우에 있어, 그가 본래 연구하게된 학연(學緣)과 지연(地緣)을 살펴보게 되고 나아가서 사승 관계(師承關係)를 확인해 보는 소이(所以)를 이해하게 된다.

A라는 테마를 연구하기 위해서는 그에 상응하는 기초능력을 구유(具有)해야 한다. 따라서 자신의 전공선택에 있어서, 독해력이나 자료의 수집 및 분석능력 등 종합적인 자체 평가를 거친 후에 객관적인 자아판단에 의하여 진실하게 결정해야 한다. 현시점에서 볼 때에 혹시 이에 맞지 않는 풍토가 일고 있지나 않는지 돌아보며 바르게 지켜나가야 할 것이다. 우리는 학문의 길을 가면서 영원한 위선자가 되어서는 안 된다. 우리 한국의 중국문학계에 혹시 있을 수 있는 졸속주의나 적당주의, 자기편견의식(, 그리고 학문연구의 선후배간 존중심 박약 등을 사전에 견제하므로 해서, 바라는 바 정통적인 학문의 맥을 이어나갈 수 있는 것이다.

그러기 위해서는 연구에 필요한 기초역량을 배양하는데 최선의 노력을 경주해야 한다. 연구에는 학문하는 목표와 근성이 철저하게 요구된다. 그 이상과 현실, 곧 실현은 공리공담(空理空談)에서 나오는 것이 아니라 끈질긴 집념에서만 가능하다. 그 속에서만이 바로 어느 한 분야에 대한 연구소재를 파악하여 구명하는 진정한 성과를 기대할 수 있다. 당시의 연구에 있어서도 한정되어 버린 테마를 쫓다간 오히려 편벽된 연구결과를 낳을 수 있다.

비록 평면적인 일차적 방법론에 지나지 않다 해도 인증자료에 근거를 두고 접근 분석하는 것이 제일요건이다. 각종 현학적(玄學的)인 무슨 논(論)이니 설(說)이니 하는 논리를 적용하여 시 자체의 의취(意趣)를 올바로 간파하지 못하고 자기본위의 편법이 개입될 수 있기 때문이다. 시라고는 하지만 정감의 진실성 여부가 그 시의 가치를 좌우하는 것이기 때문이다. 따라서 연구방향의 전개는 정통적인 안목(여기서는 가능한 한 중국적인 것에 먼저 근거하여 연구함을 말함)에서 정해져야 하니, 그런 관점에서 그들을 다음과 같이 예거해 볼 수 있다.

1. 작가의 생평(生平)관계

 당대의 시인들은 일부를 제외하고는 생평이 확실치 않은 것이 대부분이다. 따라서 직·간접적인 자료를 통하여 연보의 작성이 가능할 경우에 그 시인의 시세계의 이해가 용이해질 것이다. 실제로 생평이 매우 애매하므로 해서 그 문학세계를 높이 평가받지 못하는 작가를 흔히 본다.(뒤에 열거하는 작가의 상당수가 이에 해당됨) 그러나 이것은 단순한 문학적인 의식으로만 접근하기가 불가능하다.
 그만큼 역사적인 배경과 함께 하기 때문에 이의 구명은 작품 자체의 연구만큼 중요한 과제인데, 단지 작품에만 비중을 두려는 경향이 우리에게 생평 연구로는 학위논문을 작성할 수 없다는 고정관념을 낳았다.(일본 京都대학에서 吉川幸次郎 교수의 지도로 박사학위를 취득한 入谷仙介의 『王維硏究』는 시사하는 바가 있음) 그러니까 그 연구는 마땅히 문학 자체의 연구로 평가되어져야 한다. 생평 고찰이 여하튼(비록 만족치는 않아도) 선행된다면 시 자체의 객관성 있는 고찰도 어느 선까지는 가능해지는 것이다. 예컨대, 설능(薛能)의 경우를 보면, 원이두어(聞一多)가 817년(憲宗 元和 12년)에 출생했다고(『당시대계(唐詩大系)』) 하였지만 이렇다할 근거가 부족하여 그의 시에 대한 연구가 매우 여의치 않았었다. 그러나 탄유쉐(譚優學)에 의하여 개괄적이나마 고증되면서4) 필자에 의해 시작계년(詩作繫年)이 미진하나마 작성되고5) 그 시의 풍격도 고찰할 수 있게 된 것이다.

---

4) 탄유쉐(譚優學)는 『唐詩人行年考續編』(巴蜀書社, 1987)에서 「薛能行年考」를 기술함.
5) 졸문, 「薛能詩試探」(『中國學硏究』 6輯, 1991)에서 315수(『全唐詩』 권558~561)중에서 98수의 作詩年代를 구명했음.

2. 교유(交遊)관계

이 문제는 생평에서 다루어지는 것이지만 작품과 직결되므로 별도로 설정한다. 이 부분은 사서(史書)와 작품, 그리고 시화(詩話)나 잡기서(雜記書)에서 상호 교류의 예증(例證)을 추출하여 시인의 위치나 의식을 탐색하는 것인데, 작품상에 제시된 인명과 시 속에서의 내용, 그리고 시의 주제가 동시에 참증(參證)되어야 한다. 한굉(韓翃)의 교유를 보면 그의 시 165수에서 증별류(贈別類)가 아닌 것은 단지 13수뿐이며 그 외는 모두 대인관계의 시들로 구성되어 있으니, 이는 누구보다도 교유가 빈번했음을 알 수 있고 또 교유관계를 파악하지 않고는 그의 시를 올바르게 구명할 수 없는 것이다. 그리고 대력(大歷)시대의 문단까지도 그 흐름을 유추할 수 있으므로, 한굉의 경우 필히 교유관계를 선결해야 하는 것이다. 따라서 한굉 시에 나타난 30여 명의 인물 가운데에서 영호원(令狐垣)(『全唐詩』권253), 전기(錢起)(722~780, 상동 권236~239), 후심(夏侯審)(상동 권295), 이가우(李嘉祐)(719~781, 상동 권206~207), 이길보(李吉甫)(758~814, 상동 권318), 낭사원(郞士元)(727~780, 상동 권248), 황보염(皇甫冉)(723~767, 상동 권249~250), 유태진(劉太眞)(상동 권252), 냉조양(冷朝陽)(상동 권305) 등 10인을 추출하여 상교(相交)한 면모를 살핌으로써 시의 정확한 이해로 들어갈 수 있는 것이다. 영호원(令狐垣)과의 관계는 한굉에게는 다음 「영호 원외의 댁 연회에서 중승에게 부침(令狐員外宅宴寄中丞)」이 있어 영호원에 대한 순수한 정을 잘 표출하고 있다.

쓸쓸한 빛내음 비단 장막에 맺혀 있는데
그대와 함께 청명한 밤에 기약했다네.
옥잔 남은 곳에 술취하고

은촛대 지는 곳에 그대 보내네.
홀로 천리 밖에 앉아서
쓸쓸히 눈을 보며 시를 읊노라.

寒色凝羅幕, 同人淸夜期.
玉杯留醉處, 銀燭送歸時.
獨坐隔千里, 空吟對雪詩.

 영호원에게도 두 수의 시가 있으나 한굉을 두고 쓴 시가 아니다.[6] 그러나 그 의취는 담허(淡虛)한 맛과 통하고 있다. 또 전기(錢起)와의 관계를 보면, 이들은 그 당시의 여러 문인들과 어울린 것을 알 수 있다. 대력(大曆) 3년(768)에 왕진(王縉)이 유주(幽州)로 부임할 때 송별연이 열렸는데 동제(同題)의 송별시를 남긴 자리에 황보염(皇甫冉), 황보증(皇甫曾)도 동석했었고[7], 냉조양(冷朝陽), 낭사원(郞士元) 등도 별도의 자리에서 어울린 것이다.[8] 여기서 전기와 한굉의 사이에 초탈적인 정분을 나눈 것을 알 수 있는데, 한굉의 「저주부 댁에서 전원외랑에게(褚主簿宅會畢庶子錢員外郞使君)」를 보면,

항아리 열어 보니
섣달에 빚은 술 익었으니
주인네 흔쾌한 이 마음 나와 같겠지.
석양이 댓가지에 뉘엿이 걸친 중에

---

6) 영호원(令狐垣)의 두 수의 시는 「硤州旅舍奉懷蘇州韋郞中」, 「釋奠日國學觀禮聞雅頌」.
7) 황보염(皇甫冉)은 「送王相公之幽州」(『全唐詩』 권249), 황보증(皇甫曾)은 「送王相公赴幽州」(『全唐詩』 권310)이 있으며 전기(錢起)는 「送王相公赴范陽」(『錢考功集』 卷七), 한굉(韓翃)은 「奉送王相公縉幽州巡邊」 등이 있어 동석(同席)의 증거가 된다.
8) 냉조양(冷朝陽)을 전송하며 전기(錢起)는 「送冷朝陽還擢第後歸」(上同), 한굉(韓翃)은 「送冷朝陽還上元」이 있으며, 낭사원(郞士元)이 鄭州刺史로 부임할 때 전기는 「寄郢郞士元使君」, 한굉은 「送郢州郞使君」을 써서 증송(贈送)하였다.

하늘에는 흩뿌리는 눈만 어지럽네.

開甕臘酒熟, 主人心賞同.
斜陽疏竹上, 殘雪亂天中.

이 시는 소탈한 이심전심(以心傳心)의 우정을 토로하고 있다. 문인의 기품이 있고 청아(淸雅)한 정감이 깃들어 있다. 전기의 시 「정호·한굉 등과 안국사를 제함(同王錥起居程浩郎中韓翃舍人題安國寺用上人院)」의 일단을 보아도 그 깊은 정분의 상통함을 볼 수 있다.

날이 새도록 화로 연기 꺼지지 않고
날 밝은데 층계의 빛에 공허함이 깃들었구나.
미친 사람 방에 들어 할 일 없어서
오직 흰 눈과 벗하며 같이 웃는다네.

曙後爐煙生不滅, 晴來階色幷歸空.
狂夫入室無餘事, 唯與天花一笑同.

여기서 하나 더 예를 든다면, 낭사원(郎士元)과의 관계인데, 이들은 대력십재자의 재자(才子)들로서 낭사원의 시도 73수 중에 33수가 송시(送詩)인 만큼 대인관계가 빈번하였다. 따라서 나이로나 성격으로나 관로(官路)에 있어서 처지가 비슷하였으니 한굉의 「영주 낭사군을 보내며(送郢州郎使君)」에서,

많은 사람 깃털 꽂고 맞거늘
뉘가 하니 범선성(낭사원)이네.
저녁에 내린 눈에 초산은 차고
봄강에 한수는 맑구나.
깨끗한 쌀로 나그네 밥해 주고

푸른 죽대로 쪽배를 끌고 가누나.
한번 헤어지면 언제 만날 건가.
그리는 마음 방초에 돋아 나누나.

千人挿犽迎, 知是范宣城.
暮雪楚山冷, 春江漢水淸.
紅鮮供客飯, 翠竹引舟行.
一別何時見, 相思芳草生.

라고 한 것이나, 낭사원의 「한사직이 연능 가는 길을 전송하며(送韓司直路出延陵)」에서,

오땅에 놀다가 월땅으로 떠나거늘
가고 오는 것 세상 풍파에 맡기리라.
그대 다시 떠나 보내면
향긋한 봄풀 어이 할거나?
강가에 뚜렷이 눈 자욱 그대로인데
출렁이는 밀물에 석양이 짙기도 하다.
그대 저 묘당에 머물면서
배 멈추고 한 번 들러가려무나.

遊吳還適越, 來往任風波.
復送王孫去, 其如春草何.
岸明殘雪在, 潮滿夕陽多.
季子留遺廟, 停舟試一過.

라고 하여 위의 두 시의 소재가 상통하며 또 담백(淡白)한 시흥(詩興)이 넘치는 점에서 양인의 심리상태를 엿볼 수 있으며, 삶의 길을 서로 격려하는 면모를 보여준다. 이러한 시교(詩交)를 통하여 어느 한 시인의 내면세계(內面世界)를 파악하고 시인의 시 자체에 대한 객관적 평가가 가능한

것이다.

3. 시 자체에 대한 분석

시에 대한 연구의 본령이 되는 부분인데, 연구대상이 안 되었던 한소(罕少)한 시인의 작품에 있어서는 접근하기가 쉽지 않다. 기존의 자료가 부족하기도 하지만, 있다 하여도 그 불충분한 자료로 인해서 오히려 주관에 치우치기가 쉽다. 거기에다 또 단순한 시의 감상에 흐르기 쉽기 때문에 시의 풍격을 논함에 있어 기존의 시평(詩評)에 관한 인증이 수반되어야 하며, 그 근거 하에서 혹시 주관적인 논술이 가미될 수 있다. 따라서 시의 분석에 있어서도 생평과 교유 등의 자료가 필수적인 요건이 될 수밖에 없다.

예컨대, 융욱(戎昱)의 경우를 보면, 탄유쉐(譚優學)의 「戎昱行年考」(『唐詩人行年考續編』)와 푸쉔중(傅璇琮)의 「戎昱考」(『唐代詩人叢考』) 등 두 편의 생평에 대한 상이한 자료 외엔 기존의 문학사 자료에조차 거의 거명되지 않았던 시인이다.9) 융욱은 탄유쉐가 말한 바, "자연히 우리는 융욱을 성당대의 시로 높이 들어올릴 수 없었다. 이러한 시인이 과거에는 홀대받았지만, 사실은 그에게 일정한 시인으로서의 역사적인 지위를 부여해야 한다."(自然我們不能要求戎昱還高唱盛唐之音. 這樣的一位詩人, 過去是被忽略的, 其實應該給他一定的歷史地位.)(「戎昱行年考」)라고 밝힌 대로 시 자체에 있어서도 상당한 가치를 지니고 있는 것을 그의 시에 대한 분석에서 확인할 수 있다.

그의 시 120수(『全唐詩』 권270)에서10) 변새시(邊塞詩)가 23수, 영회시

---

9) 리우카이양(劉開揚)의 『唐詩通論』이나 리위에깡(李日剛)의 『中國詩歌流變史』(p.354, 臺彎 文津出版) 등에 한 페이지 할애할 뿐 국내 서적에는 전무.
10) 수록되기는 127수이나 7수는 타인 작으로 부기(附記)되어(「全唐詩原注」) 있기도 하니

(詠懷詩)가 23수를 차지하고 이미 소개한 자료에서도 잠삼(岑參)의 영향권에 넣고 있는 것으로 보아서, 정통적인 변새시인(邊塞詩人)이 되겠으나, 탈속의 은일낭만성(隱逸浪漫性)을 지닌 면이 더욱 강하고[11], 또 종군의식도 비전(非戰)사상에 차 있음을 소홀하게 다루어서는 안된다는 점도 보완해야 한다, 비록 시화상(詩話上)에서 보잘것없는 평가를 내리고 있지만[12], 이것도 하나의 주관적인 평가일 수 있기 때문에 현재의 관점(주어진 모든 자료를 체계적으로 정리하는 것)에서 재조명할 수 있다. 필자는 융욱을 기존의 연구에서 이익(李益)의 뒤에 놓고 시풍 그의 아류(亞流)로 보는 논조[13]에서 생평상 이익(李益)보다 빠르고, 독자적인 시파(詩派)를 형성했음을 구명하였고(「戎昱과 그 詩」, 『中國學報』 31집, 1991), 미진하나마 그 시의 특성을 삼분화(三分化)하여 고찰한 바 있다. 이제는 당시연구의 개척적인 대상 선택과 접근을 시도하는 용기가 필요할 때이다. 국내의 사계(斯界)도 독자적인 학로(學路)를 열어야 한다.

　필자는 지난날에 구미, 대만, 대륙 등 여러 당대문학 국제학술토론회에 참가해 보고, 여러 대학과의 상호 연구와 교류를 통해 볼 때, 그들의 학적인 자세와 수준을 보면서 더욱 자신감을 갖게 되고 우리도 그들과 학문적으로 대등한 수준을 지니고 있으며 나아가서는 비교문학적 입장에서는 우위의 위치에 설 수 있고, 또 있도록 해야 한다고 절감하고 있다. 더구나 우리는 한국한문학(韓國漢文學)이라는 그들이 접근하기 어려운 무한한 연구자료를 공유하고 있기에, 더욱 분발의 끈을 굳게 당겨야 할 줄 안다. 융

120수로 보는 것이 가함.
11) 그의 시에는 영물(詠物)이 9수, 서정(抒情)이 21수, 그리고 도선시(道禪詩)가 19수나 된다.
12) 『滄浪詩話』는 "戎昱在盛唐爲最下, 已濫觴晚唐矣. 戎昱之詩, 有絶似晚唐者"(「詩評」)라 하고, 『石洲詩話』는 "戎昱詩亦卑弱. 滄浪詩話謂昱在盛唐最下, 已濫觴晚唐, 是也"(卷二)라 함.
13) 리위에깡(李日剛)『中國詩歌流變史』 p.354 참조(臺灣 文津출판사, 1987)

욱 시에 있어서의 비전사상(非戰思想)은 그의 시적 가치를 제고(提高)시키는 새로운 면으로서, 그 예로서 「변방의 노래(塞下曲)」 제3수를 보면,

    북방 변경에 초목이 없고
    까마귀, 솔개는 시체에 둥지를 쳤구나.
    넓은 사막은 텅 비었는데
    종일 두고 삭풍만 부는구나.
    군사들 고생만 많으니
    그 고생 사시절이 따로 없구나.

    塞北無草木, 烏鳶巢僵屍.
    決潒沙漠空, 終日胡風吹.
    戰卒多苦辛, 苦辛無四時.

이것은 전장(戰場)의 참상과 고통을 부정적으로 묘사하고 있다. 주전(主戰)과 승전(勝戰)의 고취보다는 암울한 현실에 초점을 맞추고 있다. 그리고 융욱(戎昱)의 시에서 전혀 관심을 두지 않았던 그의 성당적(盛唐的)인 낭만풍을 제시하고 있다는 점이다. 그에게 이 특성이 없다고 보았기에, 그의 시를 "최하(最下)니 만당의 남상이니"라고 폄하 했을 것이다.14) 그의 시에는 정경교융(情景交融)이 넘치고 시중유화(詩中有畵)의 홍취가 돋보이는데, 다음의 「적상인의 선방(寂上人禪房)」은 그 예시가 된다.

    속세의 먼지며 뜬 찌꺼기가
    선방의 문을 막아 버렸으니
    백세의 늙은 이 몸과 맘
    언제나 한가함을 얻을 건가?

---

14) 『滄浪詩話』 詩評에 "戎昱在盛唐爲最下, 而濫觴晚唐矣, 戎昱之詩, 有絶似晚唐者."라 함.

어떻게 하면 이 삶이
산천초목을 더불어 하여
꺼릴 것 없이 사시절을
오래 두고 누릴 수 있으리오?

俗塵浮垢閑禪關, 百歲身心幾日閑.
安得此生同草木, 無營長在四時間.

　속세의 허무와 오욕에서 초탈하고픈 희구는 변새시인의 의식에서 찾아보기 어려운 것인데, 이 시에서는 삶 자체의 숭고미를 사실적으로 표출해준다. 이러한 음욱의 특성을 구명하는 자세가 향후의 당시연구의 독자성을 형성케 하는 착점(着點)의 일례가 될 수 있다. 시의 분석과 연관시켜서 지적하고 싶은 것은 분석의 근거자료는 가능하다면 시화 등 중국의 것에서 찾아야 한다는 것이다. 근년에 서양문학이론을 인증자료로 활용하는 예를 쉽게 보는데 이것도 필요에 따라서는 가능한 일이지만 우리가 연구 대상으로 삼는 소재의 대부분은 역대의 각종 시화류에서 거의 거론되고 있기 때문에 우선 원래의 자료에서 해결하려는 연구자세가 요구되는 것이다. 최소한 송대(宋代) 이후의 시화에 대한 근거자료의 수집을 중시할 필요가 있다. 필자는 이에 대한 절실한 필요성을 인식하여 『淸詩話硏究』를 펴낸 바가 있다.

4. 한국 한시(漢詩)와의 비교

　이 분야는 더 이상 강조할 필요가 없을 만큼 국내에서의 연구의 주요한 대상이다. 중문학을 하는 궁극적인 목표이며, 우리가 가장 바람직하고 보람있는 성취의 효과를 발양 할 수 있는 유일한 진로이기 때문이다. 한문학(漢文學)을 국문학도나 한문학도의 전유물로 맡겨서는 우리의 한문학의 정도를 제대로 정립시킬 수 있을는지 의문이 된다. 단순한 한·중문학의 비교적인 차원이 아니라, 중문학도의 한문학(漢文學) 연구에의 자리매김을 의미한다. 중문학도가 아니어서는 객관적인 연구가 어려운 점이 적지 않기 때문이다. 이와 연관하여 필자는 『全唐詩』상에서 신라인(新羅人)의 시를 찾아 구명하였고15), 신위(申緯)와 왕유(王維)를 대등한 입장에서 비교하였으며16), 이조(李朝)의 당시풍(唐詩風) 재현의 핵(核)인 이달(李達) 등 삼당시인(三唐詩人)을 논구하고17), 그리고 성간(成侃)·이달(李達)·김구용(金九容)·진화(陳澕) 등의 시를 당풍(唐風)의 영향권에 넣어서 객관성을 부여한 바 있다.18) 또한 이백시(李白詩)의 도가풍(道家風)을 이조문단에서 찾아보기 어려운 중에도 정두경(鄭斗卿)의 악부시를 이백과 연관시킬 수 있다는 근거를 다음의 예문에서 확인할 수 있었다.

  1) 정두경은 높은 재주가 빼어났다 …… 세상의 명리에 급급하지 않았고 …… 시에서는 오직 이백과 두보 그리고 성당의 여러 명가를 취하여 표준으로 삼았다.
    尹新之 「東溟集序」: "公有高才逸 …… 不汲汲於世路名利 …… 於詩則獨取李杜及盛唐諸家爲之標準"(『東溟集』)

  2) 동명의 준일하고 호장함은 마치 맑고 밝은 하늘에 뇌성벽력이 치는 것과 같으니 동명의 「海上雲日間」에서 "푸르른 개골산에 산승이 지팡이 쥐고 가누나." 구는 준일한 중에 우아함이 있다. 시의 정신과 풍격이 이백과 흡사하다.

---

15) 졸문,「全唐詩所在新羅人詩」(『韓國漢文學硏究』3·4合輯, 1979)과「羅唐詩人交遊考」(上同 5집, 1981).
16) 졸저,『王維詩與李朝申緯詩之比較硏究』(亞細亞文化社, 1980),『王維詩比較硏究』(北京 京華出版社, 1999)를 참조.
17) 졸문,「蓀谷 李達의 盛唐風 試考」(『韓國學論集』7輯, 1980)·「李達과 王維詩 比較考」(『外大論文集』18輯, 1985).
18) 졸문,「眞逸遺藁 와 成侃詩風 略考」(『韓國漢文學硏究』2輯, 1977)·「惕若齋 金九容詩 散見」(『韓國漢文學硏究』5輯, 1981)·「陳澕詩의 盛唐風」(上同 16輯, 1982).

洪萬宗『洪萬宗全集下』:〈束溟發越俊壯如晴天白日霹靂轟轟, 至若東溟之海上日雲間; 蒼蒼皆骨山, 山僧飛錫去. 俊逸中極閒雅, 風神骨格酷似太白.〉

이러한 근거에 의하여 비교논문이 나오게 되는데[19] 그 타당한 논증이 곧 중문학도의 한문학(漢文學)에 관여하는 역할인 것이다. 그리고 중국문집에서 한문학자료를 찾아서 정리하는 일 또한 적지 않은데 이것이야말로 중문학도의 몫이 된다. 당시에만 국한되지 않고 전시대에 걸쳐서 그 발굴을 기다리고 있는 것이다. 예컨대,『全唐詩』소재(所載) 신라인 시,『명시종(明詩綜)』소재 고려·조선인 시, 그리고『청시회(淸詩匯)』소재 조선 문인시 등은 매우 유익한 소재가 된다.[20] 이러한 작업은 항구적으로 지속되어야하며 그 중요한 사명에 성실히 임하는 것이 우리의 도리이다. 중문학의 기초를 더욱 다져야 한문학에의 신관찰이 가능하며 한문학도에게 일조를 가할 수 있기 때문이다. 이것에 대한 일조의 대상은 삼국시대부터 특히 통일신라의 문학, 여조(麗朝)의 미진한 자료, 그리고 명청대와 이조의 부단한 교류의 진면(眞面)을 시적인 입장에서 계속 상관시켜 나가야 한다. 당(唐)과 신라, 여말(麗末)의 시, 임란(壬亂)의 교류관계는 우선적으로 상호근접을 절실히 필요로 한다. 신라인의 시를『全唐詩』에서 더 찾아야 하고, 여말의 시들을 더욱 분석하여야만 이조의 방대한 자료들을 비교할 수 있으니 가정(稼亭), 목은(牧隱), 인재(麟齋), 제정(霽亭), 기우(騎牛), 둔촌(遁村), 유항(柳巷), 석탄(石灘), 도은(陶隱) 등의 문집들을 필히 검토·분석해야 할 것이다. 그리고 이조에서는 임란전후(壬亂前後)부터 영정조(英正朝)시대까지의 시를 당시와 비견해 보면 명말(明末)과 청대(淸代)의 맥(脈)과 상차점(相差點)을 인식하게 될 것이다.

---

[19] 졸문,「李朝 鄭斗卿詩의 道仙風 考」(『中國硏究』第 24卷 외대 중국연구소, 1999).
[20] 필자는『全唐詩』소재 신라인 시에 이어,「『淸詩匯』所載 朝鮮文人詩 考」(『中國硏究』23집. 1999. 6)에서 117수의 시를 고찰하였으며『明詩綜』소재 고려·조선인 시 137수를 정리.

5. 돈황사본(敦煌寫本) 당대(唐代)시가

왕범지(王梵志)의 시집과[21] 위장(韋莊)의 「진나라 여인의 노래(秦婦吟)」 외에 왕쭝민(王重民)이 「보전당시습유(補全唐詩拾遺)」(리우시우예(劉脩業) 정리, 『중화문사논총(中華文史論叢)』, 1981년 제4집)에서 127수의 시를 보충했으니[22] 그 시제(詩題)를 열거하면 다음과 같다.

    권일(卷一) 잔시집(殘詩集)(『보전당시루편(補全唐詩漏編)』)
    이상(李翔) 섭도시(涉道詩)(p.3866) 28수
    마운기(馬雲奇) 시집잔권(詩集殘卷)(p.2555) 13수

    권이(卷二) 일명시(佚名詩)
    잔시집(殘詩集)(p.2555) 59수
    왕소군원제사인연구(王昭君怨諸詞人連句)(p.2748) 1수
    알법문사진신오십운(謁法門寺眞身五十韻)(p.3445) 1수
    무제(無題)(p.5558) 1수

    권삼(卷三) 돈황인작품(敦煌人作品)
    돈황이십영병서부(敦煌二十詠竝序附) 1수 모두 21수
    영돈황시(詠敦煌詩)(p.5007) 3수

---

21) 왕범지 시집은 장시호우(張錫厚)의 『王梵志詩校輯』(中華書局, 1983)과 시앙추(項楚)의 『王梵志詩集校注』(上海古籍, 1991) 등 교주본(校注本)이 나왔고 80여 편의 각종 연구자료가 있으며, 국내는 졸문「敦煌寫本 王梵志詩와 그 倫理意識考」(『中國研究』, 1993) 등이 있음.
22) 왕중민(王重民)의 『補全唐詩』 서언에는 「這裏補出的詩凡九十七首, 又殘者三首, 附者四首, 共百四首. 作者五十人, 三十一人見全唐詩, 十九人全唐詩未載.」라 하니 후에 보충됐음.

이상에서 열거된 작품들은 향후에 집중적으로 정리가 될 것이로되, 특히 왕범지 시는 당시보편(唐詩補編)의 중심부분이 될 것이다. 장시호후(張錫厚)의 교집본(校輯本)에는 329수, 시앙추(項楚)의 교주본(校注本)에는 390수가 각각 수록되었으니 이것은 시집서문(詩集序文)에서 "지은 시가 삼백여 수이다.(制詩三百餘首)"라 한 것과 상통하다. 지금은 왕 시의 거의 대부분이 돈황사본(敦煌寫本) 28종에서 정리 수집되었다고 볼 것이다. 『全唐詩』에 수록되지 않았지만, L 1456호의 원권제기(原卷題記)에 "대력 6년(771) 5월□일에 왕범지 시 110수를 베낌(大歷六年五月□日抄王梵志詩一百一十首)"라고 기재되어 있어서 왕 시가 이 때에 서역(西域)까지 유행하였음을 분명히 하고 있다. 그럼에도 전당시에 미재(未載)된 이유라면 왕범지(王梵志) 자신에 대한 출신불명과 저속한 표현과 기탄없는 직설에 있지 않을까 추측해 본다. 원서(原序)에 보았듯이, 다음의 왕 시를 숙독해 보면,

　　　부모의 뜻을 어기는 자식이 반성하여 효도하게 될 것이며
　　　게으른 며느리가 아침저녁으로 시부모를 모시게 될 것이다.
　　　불량자와 탕자가 부끄러워하게 될 것이며
　　　온 나라의 떠돌이꾼이 고향을 그리워하게 될 것이다.

　　　逆子定省翻成孝, 嬾婦晨夕事姑嫜.
　　　査郞湯子生慙愧, 諸州遊客憶家鄕

라고 하여 이 시에 직언(直言)과 비판의 핵(核)을 담고 있음을 알 수 있다. 그리고 불효를 통렬히 비판한 다음 시를 보면,

　　　어머니가 자식을 사랑함만 보일 뿐,
　　　자식이 어머니를 사랑함은 보질 못했네.

장성하여 장가들어서는,
되려 부모가 추하다고 싫어하누나.
부모 말은 듣지도 않고,
오로지 색시 말만 듣는 그 마음보
생존 시에 봉양치 않다가,
죽은 후에 진흙에다 제사를 지낸다고!
이러한 도둑놈을 보거들랑,
때려죽인들 그 누구라서 말리겠는가?

只見母憐兒, 不見兒憐母.
長大取得妻, 却嫌父母醜.
耶娘不採括, 專心聽婦語.
生時不恭養, 死後祭尼土.
如此例見賊, 打煞無人護. (項楚校注本 卷二)

라고 하여 이 시의 직설적인 표현이 보는 자로 하여금 두렵고 부끄러운 마음을 떨칠 수 없게 한다. 더구나 불자(佛者)의 타락에 대한 비판의 독설을 다음 시에서 더하고 있다.

살아 있는 부처님께선 예불은 하지 않고,
재물과 여색에만 오로지 빠져 있구나.
낮에는 공명을 쫓아다니다가,
밤이 되면 쾌락을 쫓는 게 능사로다.
은인자중 하여 해탈의 수행은 하려 않고,
일부러 고뇌의 굴레에 매여 있구려.

生佛不拜禮, 財色偏染箸.
白日趨身名, 乘能夜逐樂.
不肯逍遙行, 故故相纒縛.

왕범지의 시는 당대(唐代)의 선시(禪詩)의 사표가 되고 그에 따라서 승려는 물론 문인의 선시에도 선도적 역할을 하였음을 부인할 수 없다. 백화시의 소재로는 최상품임을 확인할 수 있다.

Ⅲ. 앞으로의 연구대상

상기한 바, 돈황사본(敦煌寫本) 당대시가의 철저한 정리와 연구가 필요하다. 왕범지의 시는 당시 전반에 끼친 영향 때문에 집중적인 연구 대상이 되어야 하며, 그 당시의 당음(唐音)과 속어(俗語)를 연구하는데 중요한 자료가 될 것이다. 예컨대, "세상에 어느 물건이 귀한가, 가치없는 것이 시서로다.(世間何物貴, 無價是詩書)"(張氏 校注 306호)에서 書(shu)는 왕범지 당시에는 지금과 같은 독음이 없이 'shi'나 'zhi'로 발음 내어, '知'나 '兒'와 협운(協韻)하며[23], "늘상 술에 취해 있도다.(尋常打酒醉)"(상동 274호)에서 '打'자는 당대의 속어로는 '喫'(먹다, 마시다)의 뜻이며, "길거리엔 온통 뚱보로다.(滿街肥統統)"(상동 275호)에서 '肥統統'도 당대의 속어로는 살이 쪄서 볼록한 모양이니 살이 통통하다의 성음(聲音)과 상관이 있는지, 그리고 「閑無呼喚」(상동 286호)에서도 '閑'는 閉의 속어이며 「急手攝你脚」(상동 288호)에서 끝 세 자는 당대의 '너를 잡아가다'의 방언이었음을 규지할 수 있다. 그리고 왕범지 시의 표현법은 전무후무할 정도의 직설(直說)이어서 그것이 각종 자료에는 그의 시가 인용되고 평가되었는데도[24] 『全唐詩』에는 단 한 수도 실리지 않은 이유의 하나로 추정하고자 하는 것이다.[25] 이와 더불어 현존하는 『全唐詩』상에 한 권 이상의 작품을

---

23) 바이치중(白滌中)의 「關中方音調査報告」 p.184.
24) 장시호우(張錫厚)의 교집본 부록을 참고.
25) 졸문, 「敦煌寫本王梵志詩와 그 倫理意識考」 참조.

남기고 있으면서 시의 가치가 상당하다고 평가되는 시에 대한 고찰이 미진한 작가들을 다음에 도표로 열거한다. 이 도표에서 □표 한 것은 당시의 총체적인 시론적이며, 시사(詩史)적인 개관을 위해서 시급한 연구대상임을 밝혀 둔다.(괄호 안의 숫자는 권수임)

魏徵(1),	褚亮(1),	楊師道(1),	虞世南(1),	上官儀(1),	李百藥(1),
郭震(1),	李適(1),	劉憲(1),	蘇頲(1),	徐彦伯(1),	劉希夷(1),
張說(5),	武平(1),	趙彦昭(1),	鄭愔(1),	張子容(1),	孫逖(1),
崔國輔(1),	盧象(1),	盧鴻一(1),	祖詠(1),	常建(1),	陶翰(1),
顔眞卿(1),	李華(1),	蕭穎士(1),	崔曙(1),	王翰(1),	孟雲卿(1),
張謂(1),	包佶(1),	李嘉祐(2),	包何(1),	皇甫曾(1),	賈至(1),
獨孤及(2),	郎士元(1),	皇甫冉(2),	秦系(1),	嚴維(1),	戴叔倫(2),
盧綸(5),	李端(3),	楊憑(1),	楊凝(1),	楊凌(1),	司空曙(2),
崔峒(1),	劉商(2),	朱灣(1),	于鵠(1),	朱放(1),	武元衡(2),

羊士諤(1), 楊巨源(1), 裴度(1), 令狐楚(1), 王涯(1), 陳羽(1),

張仲素(1), 皇甫湜(2), 呂溫(2), 盧仝(3), 楊衡(1), 牟融(1),

劉言史(1), 李德裕(1), 熊孺登(1), 李涉(1), 陸暢(1), 鮑溶(3),

舒元輿(1), 殷堯藩(1), 施肩吾(1), 周賀(1), 鄭巢(1), 章孝標(1),

顧非熊(1), 裴夷直(1), 朱慶餘(2), 雍陶(1), 李遠(1), 喻鳧(1),

劉得仁(2), 薛逢(1), 趙嘏(2), 盧肇(1), 姚鵠(1), 項斯(1),

馬戴(2), 韓琮(1), 李群玉(3), 段成式(1), 劉駕(1), 劉滄(1),

李頻(1), 李郢(1), 崔珏(1), 曹鄴(2), 儲嗣宗(1), 司馬札(1),

于武陵(1), 高駢(1), 于濆(1), 李昌符(1), 汪遵(1), 許棠(1),

邵謁(1), 林寬(1), 周繇(1), 聶夷中(1), 顧雲(1), 張喬(2),

曹唐(2), 來鵠(1), 李山甫(1), 李咸用(3), 胡曾(1), 方干(6),

|羅鄴| (1), |羅虯| (1), 高蟾 (1), 章碣 (1), |秦韜玉| (1), |唐彥謙| (2),

周朴 (1), |鄭谷| (4), 許彬 (1), 崔塗 (1), |韓偓| (4), |吳融| (4),

|杜荀鶴| (4), 王貞白 (1), |張蠙| (1), 翁承贊 (1), |黃滔| (3), 殷文圭 (1),

|徐夤| (4), 錢羽 (1), 喩坦之 (1), 崔道融 (1), |曹松| (2), 蘇拯 (1),

裵說 (1), |李洞| (3), 唐求 (1), 于鄴 (1), 周曇 (2), 李九齡 (1), 和凝 (1),

王仁裕 (1), 李建勳 (1), 張泌 (1), 伍喬 (1), |陳陶| (2), 李中 (4),

|徐鉉| (6), 孟貫 (1), 成彥雄 (1), 譚用之 (1), 王周 (1), 劉兼 (1),

花蘂夫人 (1), 靈一 (1), 淸江 (1), |無可| (2), 廣宣 (1), 子蘭 (1),

|貫休| (12), |齊己| (10), 杜光庭 (1), |呂巖| (4),

　　이상은 온당하고 형평한 당시사(唐詩史)를 정리하는데 필요한 최소한의 연구대상으로서 그동안 다양하게 연구된 자료들과 연계되어 정리하면 차후에『唐代詩史』하나만은 거의 객관적인 틀을 갖추리라고 믿는다.(지금까지 중문학의 장르사에서 제 모습을 제대로 정리한 것이 없음) 그런고

로 위의 □ 안의 대상은 나름대로 중요한 가치를 지녔다고 볼 수 있으니, 사계(斯界)에 종사하는 제현의 참여와 학문의 확고한 객체의식(客體意識)을 다지는 계기가 될 수 있기를 바라는 것이다.

　현재 국내의 당시를 비롯한 당대문학 연구 상황은 고전문학 모든 분야와 함께, 대학에 중문과도 많고 대학원에 중문학도는 날로 늘어가고 있다. 중문과에 몸담고 있는 우리로서, 비록 시대조류가 실생활적인 추세를 요구한다고 해도 순수학문의 기틀마저 무너뜨리도록 방관할 수는 없는 것이다. 더구나 당시연구는 본래의 위치에서 밀려나서 뒤뚱거리며 표점을 잃어서는 결코 안될 것이다. 우리에게는 아직 唐代文學會도 없고 唐詩學會도 없으며, 두보 연구회나 이백 연구회 같은 것도 없다. 연구를 주도하고 모아서 더불어 같이 하는 구심체가 아직도 없다. 당시를 중문학도라면 아무나 할 수 있는 교양적 수준의 시 몇 수 읽는 것이려니 하고 생각하지 말기 바란다. 당시야말로 중문학의 정화이기 때문에 학문적 심도와 그 위상을 회복하고 타 분야와의 연계를 공고히 해야 한다. 주어진 연구 테마를 통하여 온당한 「唐詩史」한 권 없는 사계의 처지를 극복하고 음풍영월(吟風詠月)의 대상으로서 만의 이백과 두보가 아니라, 학술성의 그들이 되도록 하고 중문학 전체를 선도하는 완전한 논총과 시사(詩史)를 만들어내는 것이 전세계의 사학동우(斯學同友)의 의무이며 책임인 것을 재삼 인식하고 분발할 시점에 서 있는 것이다.

절구(絶句)의 작법상의 연법(鍊法)

　절구의 출현은 초당과 성당대의 중간에 두드러지니, 이것은 절구가 한 조대(漢代)나 육조(六朝)에 이미 지어졌다는 통설이 있으나 실제로는 당대에 와서 일반화되어 대개 율시를 임의적으로 잘라서 만든 절구(截句)형식을 다용하면서도 사실은 본래의 율시 보다 더 함축미(含蓄美)와 공교로움을 요하는 시체(詩體)인 것을 유의해야 한다. 특히 당대 절구에서 작법상의 시어(詩語)와 구어(構語)상의 형식을 바르게 이해하기가 매우 어려운 대상으로 여겨왔기에, 이에 대한 어느 정도의 정리가 필요하다고 생각되어 본문을 다루게 된 것이다.
　본문에서는 우선 당대절구의 작법상에 요점이 되는 연법에 대해 살펴보는 것이 적절하다고 판단된다. 여기서의 연법이란 시를 짓는데 있어서 기교와 성정을 어떻게 구사하여야 하느냐하는 점을 말한다. 연법에는 연자(鍊字), 연구(鍊句), 모편(謀篇), 연의(鍊意) 등의 4개 항목으로 분류하고, 여기에 용운(用韻)과 평측(平仄)을 추가할 수 있지만 후자의 경우는 성조(聲調)에서 다루어 지게되어야 할 성격이므로 작법상의 개념에서 볼 때에 위의 4개 항목을 주제로 하는 것이 바람직하다고 본다. 따라서 본문에서는 용사(用事)를 제외한 순수한 연법(鍊法) 관계만을 개관하는데 초점을 맞추려고 한다. 본문에서 인용되는 시구(詩句)는 어느 일부 시인에 국한하지 않고 넓게 폭을 정하였음을 밝혀 두고자 한다.

Ⅰ. 절구의 연자(鍊字)

연자(鍊字)의 용법은 송대 인에게서 정밀하게 다루어졌다. 홍매(洪邁)는 『용재수필(容齋隨筆)』에서 왕안석(王安石)의 절구 「봄에 푸른 강남 언덕에서(春又綠江南岸)」를 가지고 '푸른(綠)'이란 한 글자를 '로, 에서(到)', '지나다(過)', '차다(滿)'자 등으로 뜻풀이하고 싶지만 결국은 '綠'으로 확정시킨 내력을 기록하였으며, 그리고 『용재시화(容齋詩話)』에서는 두보의 시에서 '受'의 용례로, "산뜻한 제비 바람 받아 기울고(輕燕受風斜)", "수죽은 더위를 타지 않는다(修竹不受暑)"를 들고, 또 '覺'자 용례로는, "더욱 늙어감을 느낀다(更覺老隨人)", "아무도 왕래를 알지 못한다(無人覺來往)", "매화 피려 하는데 스스로 깨달아 알지 못한다(梅花欲開不自覺)"를 들면서 그 기법의 절묘함을 강조하였다. 아울러 섭소온(葉少蘊)은 『석림시화(石林詩話)』에서,

> 시인이 글자 하나로 공교로움을 다루는 것은 세상이 다 알고 있는 바이다. 오직 두보의 변화무쌍함과 묘사의 기묘함만은 거의 그 자취를 포착하기 힘들다. 예컨대 〈파촉의 강산이요, 제량의 가옥이라.〉하니 원근이 수 천리요, 상하로 수 천리라. 단지 有와 自 두 자 사이에, 산천의 기상을 들이키고, 고금의 품을 오르내리니, 모두 표현된 말로는 다 알 수 없다.

> 詩人以一字爲工, 世固知之. 惟老杜變化開闔, 出奇無窮, 殆不可以形迹捕. 如『江山有巴蜀, 棟宇自齊梁』. 遠近數千里, 上下數千里. 只在有與自兩字間, 而呑納山川之氣, 俯仰古今之懷, 皆見於言外.[1]

라고 자(字) 하나에 대한 운용의 묘(妙)를 얼마나 중시하였는지를 알 수 있게 한다. 이제 그 연자에 대한 당대 절구의 특징을 살펴보도록 한다.

먼저 당인은 연자에 있어서 평담(平淡)에 주안점을 두어서 기피(忌避)를 중요시하지 않았다. 즉 당인의 절구에 있어서의 장점이란, 상용어를 사용하되 소위 언어로 표현된 이상의 담긴 의미, 즉 그 언외(言外)에서 느껴지는 의취(味外味)를 강구하였다는 데에 있는 것이다. 보건대,

> 들은 넓고 하늘엔 나무 드리운데,
> 강은 맑고 달은 가까이에 있다.
> 野曠天低樹, 江淸月近人. (孟浩然, 「宿建德江」)

> 이별 후에 산의 달은 차고,
> 맑은 원숭이 소리 끊이지 않는다.
> 別後冷山月, 淸猿無斷時. (儲光羲, 「江南曲」)

> 산의 달이 새벽까지 떠 있고,
> 숲의 바람은 싸늘히 끊이지 않는다.
> 山月曉仍在, 林風凉不絶. (王縉, 「別輞川別業」)

> 공허한 여관에서 밤드리 그리는데,
> 외로이 등잔 비추는 속에 빗소리 난다.
> 空館相思夜, 孤燈照雨聲. (李群玉, 「寄韋秀才」)

이들은 모두 연자의 공교(工巧)가 깃든 시구들인데, 세분해 보면, '하늘

---

1) 『石村詩話』卷中(『歷代詩話』).

에 나무 드리우다(天低樹)'가 아니면 들이 넓다(野曠)를 묘사할 수 없으며, '달이 사람에 가까이 있다(月近人)'가 아니면 강이 맑다(江淸)를 묘사할 수 없다. 그리고 '차다(冷)'자가 아니면 이별 후의 쓸쓸한 심정을 그려내기에 미흡하며 '여전히, 아직도(仍)'자가 아니면 산수의 예와 같이 의구함을 표현하기에 부족할 것이다. 아울러 '비추다(照)'자가 아니면 외로운 등불에 비를 대하고 있는 작막감(寂寞感)을 묘사하기에는 시의 흥취가 덜 날 것이다. 이것이 평담(平淡)의 의취이며 자연스러운 묘사법의 묘미인 것이다. 황정견(黃庭堅)은 「생질 홍구보에게 주는 글(與洪甥駒父書)」에서,

스스로 시어를 지어 내기란 가장 어려운데, 두보가 시를 짓고 한유가 시를 지으매 어느 한 자도 출처가 없는 것이 없다.

自作語最難, 老杜作詩, 退之作之, 無一字無來處.

라 하고 또 이르기를,

예부터 문장에 능한 사람은 진정 만물을 도야할 줄 안다. 비록 고인의 진부한 말을 취한다 해도 일단 붓과 먹 곧 글쓰기에 들면 영단 한 알처럼 쇠를 달궈 금을 만들어 내듯이 좋은 글을 지어내는 것이다.

古之能爲文章者, 眞能陶冶萬物. 雖取古人之陳言, 入於翰墨, 如靈丹一粒, 點鐵成金也.

라고 하여 연자에 대한 내력(來歷)을 강조하고 있지만 당인의 절구에서는 전혀 내원(來源)에 구애받지 않고 자유로이 구사하고 있으니 송기(宋祁)가 말한 바, "유우석이 구일시를 지으매 떡 고자를 쓰고 싶었으나, 육경에 이 글자가 없다고 하여 다시는 쓰지 않았다.(夢得作九日詩, 欲用餻字, 思六經無此字, 不復用.)"라 한 것은 당과 송의 시작상의 의식 차이를 비교할

수 있는 표현이라 하겠다.

다음으로는 연자의 아정(雅正) 표현이다. 절구의 특질은 아정(雅正)에 있으며 미를 추구하는(求美) 하나의 큰 표적(標的)인 것이다. 예컨대,

① 꿈속에서 군왕을 가까이 뵌다.
夢裏君王近. (劉方平「長信宮」)

② 동작대에 봄이 깊은데 동오의 두 미인이 갇혔다네.
銅雀春深鎖二喬. (杜牧「赤壁」)

③ 서시가 취하여 사뿐히 춤추며,
동창의 백옥 침상에 웃으며 기대네.
西施醉舞嬌無力, 笑倚東窓白玉牀 (李白「口號吳王美人半醉」)

여기에서 ①에선 「근(近)」자, ②에선 「쇄(鎖)」자, ③에선 「의(倚)」자가 각각 아정미(雅正美)를 발휘하고 있으니, 왕사정(王士禛)은 『사우시전록(師友詩傳錄)』에서,

> 시는 우아한 도구이니, 우아한 것이 시를 좋게 해 주는 것이다. 그래서 일체의 섬려, 기교, 천속, 이속, 경박, 궤변, 음란, 화미 등을 경계하는 것이 마치 짐새의 독을 피함과 같은 것이라.
>
> 詩雅道也, 雅者爲之可也. 而一切涉纖, 涉巧, 涉淺, 涉俚, 涉佻, 涉詭, 涉淫, 涉靡者, 戒之如避酖毒可也.[2]

라고 한 말을 위에 인용한 시구와 비교하면서 유의 할만 한 것이다.

그리고 연자는 동사, 형용사, 부사에 많이 사용되는데, 동사에서의 연자(鍊在動詞)의 경우는, "들은 넓고 하늘엔 나무가 드리우다(野曠天低樹)",

---

2) 王士禛『師友詩傳錄』16조.

"강은 맑고 달이 가까이 있다(江淸月近人)", "외등잔이 비추는데 빗소리 난다(孤燈照雨聲)", "꿈속에 군왕을 뵌다(夢裏君王近)", "달이 뜨니 산새가 놀란다(月出驚山鳥)", "동창의 백옥침상에 웃으며 기댄다(笑倚東窓白玉牀)", "아이가 옷깃을 끌며 묻는다(稚子牽衣問)" 등을 들 수 있으며, 형용사에서의 연자(鍊在形容詞)의 경우는 "진대의 명월이 한 대의 국경에 비추다(秦時明月漢時關)", "외로운 달이 마침 배회한다(孤月正徘徊)", "맑은 달이 빈 뜰에 비친다(澹月照空庭)" 등을 들겠고, 부사에서의 연자(鍊在副詞)의 경우는 "산달이 새벽까지 떠 있다(山月曉仍在)", "온 산에 새가 날아다님이 끊겼다(千山鳥飛絶)", "군왕의 귀밑 털이 이미 희끗하구나(略識君王鬢已班)" 등의 구를 들 수 있겠다.

Ⅱ. 절구의 연구(鍊句)

구(句)는 자(字)가 모여서 형성된 것이지만, 자 하나 하나가 미려(美麗)하다고 해서 구가 훌륭한 것이 아니며, 구 전체가 또한 미려하지 않으면 자 하나의 미려함만으로는 그 한계를 극복할 수가 없는 것이다. 시에 있어서 구의 비중은 시의 성패(成敗)에 절대적인 역할을 하기 때문에 연구(鍊句)의 중요성은 강조되어져야 한다. 따라서 여기에선 연구상의 구식(句式)과 절주(節奏), 그리고 어법(語法) 면으로 그 인식을 정립해야 할 것이다.

먼저 구식을 보면, 5언에서는 간단식(簡單式)이라는 것이 있어서 29대류(大類), 60속류(小類), 108대목(大目), 135세목(細目)으로 나누어진다. 예컨대, 제1대류에서 전 4자(前四字)가 명사어이면 끝자(末字)는 형용사나 물동사(物動詞)가 오며, 제1소류에서는 제3·4구가 평행어(平行語)가 되며 제1대목의 결구(結構)는 형용사수식명사(形容詞修飾名詞), 즉 평행명사(平行名詞)가 되는 것인데 예구를 들면,

옛 나라에 운산은 그대로이고,
세해의 풍경이 한가롭다.

舊國①雲山②在③, 新年④風景⑤餘⑥ (李頎「送人歸」)

여기에서 보면, ①, ②, ④, ⑤는 명사어이며 평행명사(平行名詞)이면서 ①과 ④는 각각 ②와 ⑤를 수식하며 ③과 ⑥은 형용사적인 끝자(末字)로서의 기능을 지니고 있는 간단식의 구식이다.

그리고 복잡식(複雜式)의 경우를 보면, 49대류, 89소류, 123대목, 150세목으로 나뉘는데, 예컨대 제1대류는 전 4자(前四字)가 구식형식(句式形式)이면 끝자(末字)는 위어(謂語)가 되고 제1소류는 제1자가 주어가 되면 제1대목의 결구는 「명사-동사-명사수식명사(名詞修飾名詞)-형용사」의 형식을 지닌다. 예구를 들어보면,

학이 소나무에 두루 깃드는데,
가시덤불 문엔 찾는 이가 드물다.

鶴①巢②松樹③徧④, 人⑤訪⑥蓽門⑦稀⑧. (王維「山居卽事」)

여기에서 ①과 ⑤는 주어가 되고 결구상(結構上) 「명사(①, ⑤)-동사(②, ⑥)-수식명사(③, ⑦)-형용사(④, ⑧)」 형식을 완연히 갖추고 있는 것이다.

다음으로, 불완전구(不完全句)를 들 수 있는데, 이는 17대류, 54소류, 109대목, 115세목으로 나뉘는데, 제1대류는 전 2자(前二字)가 명사어(名詞語), 후 3자(後三字)는 구자형식(句子形式)을 이루며, 제1소류는 후 3자가

명사어 대위사어(名詞語帶謂詞語)로 된다. 그리고 제1대목은 「명사수식명사－전명수식명사(專名修飾名詞)－형용사」의 결구를 갖추니, 예컨대,

　　　가을바람에 초 땅의 대나무가 차고,
　　　밤눈에 단단한 매화엔 봄기운이 난다.

　　　秋風①楚竹②冷③, 夜雪④鞏梅⑤春⑥ (杜甫 「送孟十二」)

위의 구를 보면, ①과 ④는 명사어이며, ②, ③과 ⑤, ⑥은 구자형식을 지니면서 ②와 ⑤는 전명수식명사(專名修飾名詞)의 역할을 하고 있다.

둘째로 절주(節奏)의 경우는, 5언과 7언에 따라 각각 다음과 같이 세분할 수 있다.

1. 5언의 경우

　① 2·1·2절주; "매미 소리 옛 절에 모인다(蟬聲·集·古寺)", "새의 그림자 찬 못에 드리다(鳥影·度·寒塘)" (杜甫, 「和裵迪」)
　② 2·2·1절주; "명월이 솔새로 비친다(明月·松間·照)", "맑은 샘 돌 위로 흐른다(淸泉·石上·流)" (王維, 「山居秋暝」)
　③ 1·2·2절주; "빛은 숲으로 등진다(色·因林·向背)", "가는 길 땅따라 오르내린다(行·逐地·高卑)" (李頎, 「籬笋」)
　④ 1·3·1절주; "행여 썩은 풀에서 나온다(幸·因腐草·出)", "감히 태양 가까이 날은다(敢·近太陽·飛)" (杜甫, 「螢火」)
　⑤ 1·1·3절주; "파룻이 바람이 대순을 건든다(綠·垂·風折笋)", "발갛게 비가 매화를 움티운다(紅·綻·雨肥梅)" (杜甫, 「陪鄭廣文」)
　⑥ 2·3절주; "돌아가려니 뭇 새가 떠든다(欲歸·群鳥亂)", "가지 않으니 아이가 서둔다(未去·小童催)" (杜甫, 「晩晴」)
　⑦ 3·2절주; "바다갈매기는 아전의 우쭐댐을 안다(海鷗知·吏傲)", "모래

밭 학은 인생 노년을 본다(砂鶴見・人衰)" (劉長卿, 「酬張夏」)
⑧ 4・1절주; "학이 소나무에 깃들어 두루 차다(鶴巢松樹・徧)", "가시덤불
문 찾는 이 드물다(人訪蓽門・稀)" (王維, 「山居卽事」)
⑨ 1・4절주; "맛이 어찌 금국화와 같으리오(味・豈同金菊)", "향내가 푸른
아욱에 비길 만하다(香・宜配綠葵)" (杜甫, 「佐還山後」)

이와 같이 9분류 할 수 있지만, 상용되는 것은 ①,②,⑥ 등의 절주(節奏)
뿐이다.

2. 7언의 경우

① 4・3절주; "어려서 집을 떠나 늙어서 돌아오다(少小離家・老大回)",
"고향의 소리 바뀌지 않았는데 귀밑 털이 세었다(鄕音無改・鬢毛衰)"
(賀知章, 「回鄕偶書」)
② 2・2・3절주; "이름난 꽃과 미인 모두 다 즐겁다(名花・傾國・兩相歡)"
(李白, 「淸平調」) "달이 지고 까마귀가 울며 서리가 하늘에 가득하다(月
落・烏啼・霜滿天)" (張繼, 「楓橋夜泊」)
③ 2・5절주; "황하는 멀리 흰 구름 위에 있고, 춘풍은 옥문관을 건너지 못
한다.(黃河・遠上白雲間, 春風・不度玉門關.)" (王之渙, 「出塞」)
④ 3・4절주; "친구의 집은 도화 언덕에 있다(故人家・在桃花岸)" (常建, 「三
日尋李九莊」) "어제밤 바람에 우물가의 복사꽃이 피다(昨夜風・開露井
桃)" (王昌齡, 「春宮曲」)

다음으로 구의 어법인데, 절구의 어법은 사(詞)가 활용되어 명사가 동
사화 하는 경우("어찌 봄이 되면 여름이 오는 걸 묻는가(寧問春將夏)"), 명
사가 형용사 화하는 경우("매화와 버들에는 강 건너온 봄 내음이 나다(梅
柳渡江春)"), 그리고 동사가 형용사 화하는 경우("눈물을 훔치며 잔 비우
라 권하다(淚逐勸杯下)")가 있으며, 그리고 형용사가 동사화 하는 경우

("뜸한 종소리 청월전에 들리다(疏鐘淸月殿)", 동사가 부사화 하는 경우(同調嗟誰惜) 등을 들 수 있다.

이 외에 〈도장도자법(倒裝倒字法)〉(운율이나 묘사의 묘를 살리기 위해서 자구를 시의에 맞지 않아도 서로 도치시키는 법)의 예를 보면,

  봄날에 고기와 새들이 분주히 노닐다(春日繁魚鳥)(杜甫 「暮春陪李」) : 이것은 「春日魚鳥繁」의 倒置이다.

  대소리 나더니 빨래하는 여인 돌아가다(竹喧歸浣女)(王維 「山居秋暝」) : 이것은 「竹喧浣女歸」의 倒置이다.

그리고 어법에 있어서 생략법(省略法)을 들 수 있는데, 예컨대 성명을 생략한 경우로,

  노련의 공에 보답 못하다(魯連功未報)(王維 「送崔二」) : 이것은 본래 '魯仲連'을 생략한 것이다.

'於'자를 생략한 경우로는,

  한산 밖에 해가 떠오른다(日出寒山外)(杜甫 「客亭」) : 이것은 '日出於寒山之外'이어야 한다.

그리고 '則'자를 생략한 경우로는,

  헤어지어 바다 조류를 따라 북산에 돌아오다(散逐海潮還北山)(劉長卿 「秋夜」) : 이것은 '散則逐海潮而還北山'이어야 한다.

'而'자를 생략한 경우로는,

    남산이 개인데 눈이 남아 있다(南山晴有雪)(儲光羲「秦中送人」) : 이것은 본래 '南山晴而有雪'이어야 한다.

그리고 '之・有'자의 생략인 경우로,

    이제는 백발 노인이다(而今白髮翁)(杜甫・「九日登高」) : 이것은 '而今白髮之翁'이어야 함.

    강가에 두 마리 흰 학이라(河間雙白鶴)(杜甫・「獨立」) : 이것은 '河間有雙白鶴'이어야 함.

한편, 동사를 생략한 것으로는,

    고담은 아직 대빛이라(古牆猶竹色)(杜甫・「滕王亭子」) : 이것은 '古牆猶存竹色'이어야 함.

등을 예로 들 수 있는 것이다.

  당대에 이르러 고체(古體)와는 달리 근체에는 허자(虛字)의 활용이 두드러지고 이러한 현상은 송대에 와서 일반화하는 현상을 볼 수 있는데, 절구에서도 상당한 용처(用處)를 발견하게 된다. 예를 들어보자면,

    영척은 소 먹이다가 무슨 일을 이루었나.
    寧戚飯牛成底事. (元稹「放言」)

    붉은 분으로 회를 못 만들다.
    爭敎紅粉不成灰. (白居易「燕子樓」)

첩으로 이에 꾸미도록 하다.
敎妾若爲容. (杜荀鶴,「春宮怨」)

의외로 버들섬이 솜 보다 더 희다.
生憎柳絮白於綿. (杜甫,「送六侍御入朝」)

흰 옷깃의 한가한 나오리 사리를 모른다.
白領閑司了無事. (張籍,「贈王秘書」)

또한 처자를 돌아보니 근심 어디에 있나,
멋대로 시서를 들추며 기뻐서 미치겠다.
却看妻子愁何在, 漫卷詩書喜欲狂. (杜甫,「聞官軍收河南河北」)

전혀 비녀를 이기지 못하다.
渾欲不勝簪 (杜甫,「春望」)

간사한 마음 식힐 만 하다.
耐可機心息. (劉長卿,「赴宜州」)

몹시 그대를 따르려 하나 늙음을 어찌 할 수 없다.
强欲從君無那老. (王維,「酬郭給事」)

그건 그러하다 해도 강가에 버들색이 덮이다.
遮莫江頭柳色遮. (鄭谷,「曲江紅杏」)

차례대로 전쟁을 논하지 말지라.
取次莫論兵. (杜甫,「送元二適江左」)

등을 들어서 그 다용(多用)된 것을 알 수 있다. 당대 절구의 연구(鍊句)는 정간(精簡)하면서 변화가 풍부하며 창신(創新)한 면을 높이 살 수 있으니,

이는 다음 당송시구의 비교를 통하여서도 알 수 있는 것이다.

어지러이 변방의 수심 그지없는데,
높이 가을달이 장성을 비춘다.
撩亂邊愁彈不盡, 高高秋月照長城. (王昌齡「從軍行」)

오랑캐의 피리 어찌 양류지곡 속에 한이 어린가,
봄바람이 옥문관을 넘지 못한다.
羌笛何須怨楊柳, 春風不度玉門關. (王之渙「凉州詞」)

양 언덕의 원숭이 소리 끊이지 않는데,
가벼운 배는 이미 겹겹산을 지나왔다.
兩岸猿聲啼不住, 輕舟已過萬重山. (李白「早發白帝城」)

뽕가지엔 쓸쓸히 꽃이 활짝,
바람맞은 향내는 슬쩍 담을 넘는다.
桑條索漠楝花繁, 風斂餘香暗度坦. (王安石「書湖陰先生壁」)

샘 소리에 바람은 푸른 옥패를 흔들고,
달 높은 구름이 수정비녀에 스며든다.
泉響風搖蒼玉佩, 月高雲揷水晶梳. (黃庭堅「觀化」)

가을 침상에 돌아와 누우니 근심에 매이지 않고,
병과 노쇠가 늙은 몸을 조인다.
秋牀歸臥不緣愁, 病與衰謀作老仇. (陳師道「絶句」)

이상의 예구에서 보자면 당인은 자연공연(自然工鍊)한 풍격 위에 범어(凡語)의 활용을 피하지 않았는데, 송인은 범근(凡近)한 일반 언어를 쓰지 않으려는 흔적을 읽을 수 있다. 연구(鍊句)의 묘를 살리는 것이 작법에 가장 긴요한 것을 강조하지 않을 수 없다.

Ⅳ. 절구의 모편(謀篇)

시의 모편(謀篇. 시 전체의 구성미)은 여인의 성장(盛裝)과 비교할 수 있다. 따라서 시가 아름다우려면 자구가 아름다워야 한다. 명대 사진(謝榛)은 『사명시화(四溟詩話)』에 「精鍊成章, 自無敗句.」(잘 다듬어져서 글이 만들어지면, 절대로 못쓰는 구절이 없게 된다.)라고 한 것이다. 이것은 절구에 있어서 4구 시 전체에 흐르는 일관된 종지(宗旨)가 유기적으로 연결되어야함을 선행요건(先行要件)으로 해야한다는 의미이다. 예컨대, 이상은(李商隱)의 「비 내리는데(滯雨)」를 보면,

    장안의 밤에 비가 푹 내리니,
    가물거리는 등잔에 홀로 객수에 젖었네.
    고향은 비구름 많은 곳,
    돌아갈 꿈 가을에 맞추지 못하리라.

    滯雨長安夜, 殘燈獨客愁.
    故鄕雲水地, 歸夢不宜秋.

이 시는 구절마다 귀향의 그리움(思歸)의 심정을 담고 있어서 일관되게 사향(思鄕)의 주제가 표출되어 있다. 이러한 모편이 중요하지만 그래도 양재(楊載)는 제3구를 핵으로 하여 모편하는 것을 중시하면서 다음과 같이 기술하였다.

    절구의 작법은 곱고도 부드러워 옥을 두른 듯 하며 잡된 것을 제거하고 간결하게 할 것이며 구절은 끊겼어도 그 담긴 의취는 끊기지 않아야 한다. 다분히 제3구를 위주로 하여 제4구에서 그것을 드러낸다. 대저 기

승 두 구는 실로 어려우나 단지 기의 서술은 직설함이 좋고, 조용히 승에 넘김이 옳다. 미화시키고 변화를 주는 기교에 있어서는 오로지 제3구에서 할 것이니, 만약 여기서 변화가 좋게 되면, 제4구는 물 따라 배 띄우는 것처럼 부드럽게 된다.

> 絶句之法, 要婉轉廻環, 刪蕪就簡, 句絶而意不絶. 多以第三句爲主, 而第四句發之. 大抵起承二句固難, 然不過平直敍起爲佳, 從容承之爲是. 至於婉轉變化之工夫, 全在第三句, 若於此轉變得好, 則第四句如順水推舟矣. (『詩法家數』)

그러면 모편의 원칙은 어떠한 것인가?

첫째, 4구의 균형을 들 수 있다. 각 구의 내함(內涵)과 수식, 그리고 운미(韻味)와 경계(境界)가 조화를 이루어야 한다. 왕부지(王夫之)는 일찍이 이르기를,

> 진나라 때의 밝은 달이 한대의 변방에 떠 있다에서 시구가 정연하지 않은 게 아니며, 격조가 높지 않은 것이 아니로되, 율시의 첫 구로는 가하지만 작은 시에 쓸 때는 서두가 무거운 단점을 면할 수 없다.
>
> 至若秦時明月漢時關, 句非不鍊, 格非不高. 但可作律詩起句, 施之小詩, 未免有頭重之病. (『薑齋詩話』)[3]

라 하고 왕세정(王世貞)은 이르기를,

> 가련구나, 정처 없는 강가의 이 몸, 깊은 규방의 꿈에 잠긴 그대여. 이 시구는 의취를 구사하고 공교한 기법을 운용함이 이 지경에 이르게 되면, 절창이라 할 수 있겠다.

---

3) 王夫之, 『薑齋詩話』 卷下 39조.

可憐無定河邊骨, 猶是深閨夢裏人, 用意工妙至此, 可謂絶唱矣. (『藝苑巵言』)

라 하여 각 구의 중요성을 강조하였다.

다음으로, 신기(神氣)의 일관성이 있어야 한다는 것이다. 즉 하나의 뜻이 수미상응(首尾相應)하여야 한다. 두보의 「절구(絶句)」에서 보면,

    지는 해가 강산에 아름답고,
    춘풍에 화초는 향기롭도다.
    진흙은 나는 제비에 묻어 있고,
    모래는 따사로운데 원앙이 졸고 있다.

    遲日江山麗, 春風花草香.
    泥融飛燕子, 沙暖睡鴛鴦. (「絶句」제1수)

여기에서 봄의 흥취(興趣)가 구절마다 서려 있고 각 구의 다른 묘사에서 전체의 시와 하나가 된 맥락이 이어지고 있다.

그리고 또 두보의 다른 절구시를 보면,

    두 마리 꾀꼬리 푸른 버들에 울고,
    한 갈래 백로는 푸른 하늘에 오르도다.
    창가에 맺힌 서녘 산엔 천년의 눈이 서려 있고,
    문에 멎은 동오의 만리 길에 배가 머물러 있다.

    兩個黃鸝鳴翠柳, 一行白鷺上靑天.
    窓含西嶺千秋雪, 門泊東吳萬里船. (「絶句」제3수)

여기에서도 한 편의 시 속에 4계절이 조화를 이루면서 나그네의 정(客

情)이 하나로 이어져 펼쳐지고 있는 것이다.

V. 절구의 연의(鍊意)

시를 짓는 데에 있어서 사어의 빼어남〔詞秀〕이 담긴 뜻의 빼어남〔意秀〕만 못한 것은 주지의 사실이다. 그래서 왕부지(王夫之)는 이르기를,

> 성정을 모두어 표달할 수 있고 경물을 통해 마음에 흥이 나며 사물을 접하여 신묘함을 터득한다면, 절로 신통한 구절이 나오고 공교로운 묘법을 찾게 될 것이다.

> 含情而能達, 會景而生心, 體物而得神, 則自有靈通之句, 參化工之妙. (『薑齋詩話』)[4]

라 하였고 번지후(樊志厚)는 더 구체적으로 말하기를,

> 문학하는 일에서 안으로는 자신의 터득과 밖으로는 타인의 감화에 족한 것은, 의취와 경계가 있을 뿐이다. 으뜸은 의취와 경계가 하나로 어울림이요, 다음은 때론 경계가 좋고, 때로는 의취가 좋은 때가 있지만, 진정 그 어느 하나라도 결하게 되면 진정한 문학이라 할 수 없다.

> 文學之事, 其內足以攄己, 而外足以感人者, 意與境而已. 上焉者意與境渾, 其次或以境勝, 或以意勝, 苟缺其一, 不足以言 文學.(黃盛雄本에서 재인용)

---

4) 상동, 卷下, 27조.

라고 시의 내의(內意)상의 선행요건을 강조하였다. 그러면 이제 당인의 연의법(鍊意法)을 네 가지로 나누어 다음과 같이 약술하고자 한다.

① 속(俗)된 것을 아(雅)하게 함 : 연악(宴樂)·송별(送別)·증답(贈答)·궁규(宮閨) 등의 속정(俗情)이나 속언(俗言)에 젖기 쉬운 시작상의 속성을 단아(端雅)의 경지로 승화시키는 것이다. 예컨대, 왕창령(王昌齡)의 다음 시를 보면,

  오강에서의 이별하는 마음 묻는다면,
  청산의 명월을 꿈속에서 보노라고

  若問吳江別來意, 靑山明月夢中看. (「李倉曹宅夜飮」)

이 구는 그 속됨을 제거한 예이며 맹지(孟遲)의 다음 시를 보면,

  몸이 가볍기가 제비만 못한 것이 절로 한스러우니,
  봄이 오면 날아서 어전의 주렴 발에 감돌고지고.

  自恨身輕不如燕, 春來還繞御簾飛. (「長信宮調」)

이 구는 그 남(濫)함을 제거한 예이며, 또 왕유(王維)의 다음 구의,

  그리움이 봄빛 같으니,
  강남·북으로 그대를 보내노라.

  唯有相思似春色, 江南江北送君歸. (「送沈子福之江東」)

이 구는 송별(送別)에서 올 수 있는 유속(流俗)을 제거한 예인 것이니, 이 모두가 시의 아화(雅化)를 시도한 것이다.

② 정(正)한 것을 측(側)으로 쓰임이다 : 이것은 시의 공령(空靈)이나 운미(韻味)의 불가시적인 특성을 강조함이다. 이것은 유희재(劉熙載)가 다음에 말한 바,

> 문으로 표현할 수 없는 것을 시로는 표현할 수도 있다. 대개 문으로 잘 취하면, 시로도 잘 취한다. 취한 중의 말도 깨어서는 말못할 수도 있으니, 천성의 뛰어난 재능의 표현은 불가사의한 일이다.
>
> 文所不能言, 詩或能言之. 大抵文善醉, 詩善醉. 醉中語亦有醒時道不到者, 蓋其天機之發不可思議也. (『詩槪』)

라 하니, 타고난 재능을 어떻게 발로하느냐하는 사려가 절구의 묘를 살리는 여부를 좌우하는 것을 강조한다. 고로 절구의 운사(運思)가 분명하지 않으면 그 결과도 그에 따라 좋지 않게 된다. 그러면 운사를 어떻게 하는 건가? 청말 진연(陳衍)은 이르기를,

> 옅은 뜻을 한층 깊게 표현하고, 직설적인 뜻을 한층 구벼서 표현하며, 바른 뜻을 한층 역으로 그리고 한층 빗겨서 표현할지라.
>
> 淺意深一層說, 直意曲一層說, 正意反一層、側一層說. (『石遺室詩話』)

라 하니 이 말은 정반합(正反合)의 조화를 유도하는 시적인 묘사의 기법을 풀어서 말하고 있다. 두목(杜牧)의 다음 시를 보기로 한다.

> 아이가 옷을 잡고 묻기를,
> 집에 돌아감이 왜 이리 늦냐고
> 뉘와 세월을 다툴 것인가,
> 귀밑 털이 실같이 늘었어라.

稚子牽衣問, 歸家何太遲.
共誰爭歲月, 贏得鬢如絲. (「歸家」)

이 시는 삶의 성취가 없이 세월을 보낸 허무한 심정을 역설적으로 표출한 것이며, 이익(李益)의 다음 시를 보면,

이슬 맺힌 맑은 꽃 춘전에 향기롭고,
달 밝은 소양전에서 노래를 부르네.
바닷물처럼 궁궐에 물이 스미는데,
장문에 뜯는 물소리에 한 밤은 길기만 하다.

露濕晴花春殿香, 月明歌吹在昭陽.
似將海水添宮漏, 共滴長門一夜長. (「宮怨」)

이 시는 궁아(宮娥), 즉 궁녀의 쓸쓸한 애원(哀願)을 노래한 것인데, 직설하지 않고 춘전의 꽃향기(花香)나 소양전(昭陽)의 노래로 표현하고서는 제2연에서 밤새도록 쉬지 않고 뜯는 물소리로 애환의 사무침을 대신하고 있다.

③ 얽혀 맺혀있는 시의 기(氣)를 영활(靈活)하게 함이다 : 이는 곧 시의 점화지법(點化之法)이며[5] 환골탈태(換骨奪胎)이다. 이것은 고사립(顧嗣立)이 말한 바,

이죽란이 말하기를, 이가우의 시「논에 백로가 날고, 여름나무에 꾀꼬리 우네.」에서 왕유는 단지 漠漠과 陰陰 넉자만을 보탰는데 그 기상이

---

5) 謝榛 『四溟詩話』 卷二云 ;「王維曰, 春草年年綠, 王孫歸不歸. 詩人往往沿 襲淮南之語, 而無新意. 孟遲曰, 蘼蕪亦是王孫草, 莫送春香入客衣. 此作點化 而有餘味.」라 하니 시의 점화는 시의 가부를 결정할 수 있는 요건의 하나다.

살아났다.

> 秀水李竹嫺曰；李嘉祐詩『水田飛白鷺, 夏木囀黃鸝』, 王摩詰但加漠漠陰陰四字而氣象鬪生. (『寒廳詩話』)6)

라 한 것에 대하여서 섭소온(葉少蘊)은 왕유 시를 더하여 풀이하기를,

> 이 두 시구의 장점은 바로 漠漠・陰陰 녁자를 더 추가한데 있는데, 이것이 즉 왕유가 이가우 시에 점화를 한 것으로 절로 그 오묘함을 보여준다.

> 此兩句好處正在添漠漠陰陰四字, 此乃摩詰爲嘉祐點化, 以自見其妙. (『石林詩話』)7)

라고 한 것은 바로 시를 짓는 묘수(妙手)를 터득한데서 나온 논리적 서술이라 할 수 있다.

④ 시의 의취(意趣)가 웅대함이다: 이 뜻은 시가 청신(淸新)하고 기려(綺麗)하며 영교(靈巧)하면서 전중(典重)한 의미를 말함이다. 그 소재도 다양하여서 산수자연과의 조화(山林氣)・관가와 제예의 격식(鐘鼎味)・원정의 심사(征人之思)・규방여인의 마음(閨閣之憶)・궁녀의 원한(宮嬪之怨)・자녀에의 정(兒女之情) 등이 담겨져 있다. 예를 들어서 두보(杜甫)의 다음 두 수의 절구를 보면,

> 금성의 음악이 날로 성대하니,
> 강바람에도 들고 구름에도 드누나.
> 이 노래 천상에만 있으리니,

---

6) 『寒廳詩話』 17조.
7) 『石林詩話』 卷上.

속세에선 몇 번 들을 수 있으리오?

錦城絲管日紛紛, 半入江風半入雲.
此曲祗應天上有, 人間能得幾回聞. (「贈花卿」)

집 서쪽에 부드러운 뽕잎 딸만 하고,
강가의 가는 보리 다시 하느적 거리네.
인생에 그 얼마나 봄이요 여름인가,
향기로운 막걸리 꿀같이 달구나.

舍西柔桑葉可拈, 江畔細麥復纖纖.
人生幾何春已夏, 不放香醪如蜜甛. (「漫興」9수 중 제8수)

그리고 이상은(李商隱)의 원앙시와 동아왕 시를 보면,

암수가 쌍쌍이 이리저리 만리 하늘에 나는데,
구름비단이 눈을 가려 눈물에 젖은 듯.
길게 풍파에 얽매여,
쇠 조롱에 갇혀 있지나 말 것을.

雌去雄飛萬里天, 雲羅滿眼淚潸然.
不須長結風波願, 鎖向金籠始兩全. (「鴛鴦」)

나랏일 모두 정성껏 공평히 해야 하리니,
서능의 혼이 이 밤에 드는구나.
군왕이 천자 못되고서,
오히려 그 때 낙신부를 지으시다.

國事分明屬灌均, 西陵魂斷夜來人.
君王不得爲天子, 反爲當時賦洛神. (「東阿王」)

이들 시들은 연의(鍊意)가 서정(抒情)에 어려 있고 사의(寫意)가 분명한 특색을 지니고 있다. 이상의 여러 연법에서 다음 두 가지 면을 생각할 수 있다.

하나는, 시의(詩意)를 표달하는데 있어서의 정밀(精密)하면서 매우 적절한 특성을 지닌 것이다. 이것은 심덕잠(沈德潛)의 이른 바,

> 사실을 밝히 서술하기 어려우며 이치를 다 말하기 어려우니, 매양 사물에 기탁하고 유사한 것을 연용하여 표현하게 된다. 우울한 감정을 표현하려면 참된 마음이 따라 일어나서 매양 사물을 빌리고 감회를 끌어냄으로써 표현되는 것이다. 비유와 은유로 서로 표현하고 반복하여 가락으로 읊어내면, 속마음에 감춘 기쁨과 슬픔이 은밀히 드러나 전해지는 것이니, 그러면 그 말이 깊지 않아도 그 담긴 정감은 깊어진다.
>
> 事難顯陳, 理難言罄, 每託物連類以形之. 鬱情欲舒, 天機隨觸, 每借物引懷以抒之. 比興互陳, 反覆唱歎, 而中藏 之歡愉慘戚, 隱躍欲傳, 其言淺, 其情深也. (『說詩晬語』)[8]

라고 한 표현에서 절구의 표달 의미를 잘 알 수 있다.

그리고 다음으로 수식(修飾)의 자연미인 것이다. 작시(作詩)란 조탁이 불가피한 것이며 필수적이로되 도끼자국이 있어서는 안 된다. 이것은 조사(造辭)가 지나치게 장려(壯麗)하면 진사(眞事)와 어긋나고 변언(辨言)이 지나치게 설리(說理)적이면 진의(眞意)와 배치되며 지나치게 공려(工麗)하면 시정을 다치는 격과 서로 같은 의미이므로 작시의 자연스러운 묘법(妙法)을 터득하는 것이 그 중요한 요소가 아닐 수 없는 것이다. 따라서 육시옹(陸時雍)은 이른 바,

---

[8] 『說詩晬語』 2조.

성정을 잘 표현함이란 깊고 옅은 정을 머금다가 토해내고 드러내려다가 감추기도 하는 것이니 이런 마음의 간절함이 끝이 없음을 느끼게 된다. 또 경물을 잘 표현함이란 그 형상을 잘라내어 잘 다듬으면 참된 모습이 밝히 드러나고 살아있는 운율이 흘러나오는 것이다.

　善言情者, 吞吐深淺, 欲露還藏, 便覺此衷無限. 善道景者, 絶去形容, 略可點綴, 卽眞相顯然, 生韻亦流動矣. (『詩鏡總論』)

라고 한데서 시의 골력(骨力)이 견고하고, 흥미(興味)가 고묘(高妙)하며, 재사(才思)가 횡일(橫溢)하고 구법이 초일(超逸)한 절구의 장점을 더욱 극명하게 피력하고 있음을 알 수 있다.

한산(寒山)의 시대와 그 선시(禪詩)의 탈속의식

한산은 확실한 생평도, 생존한 시대도 불투명할 만큼 전설적인 인물로 다루어졌으니 후스(胡適)와 리우따찌에(劉大杰)이 비교적 신중한 평가를 가하였고 양인선(楊蔭深)이 열전을 할애한 것 외에는 극히 단편적인 서술을 했을 뿐이다.[1] 근대에는 천후이찌엔(陳慧劍) 등의 본격적인 연구가 있으나, 그 또한 시에 대한 전문 연구라기보다는 한산 일반에 대한 개설서로서 역할을 했을 뿐이었다. 이와 같은 점을 고찰할 수 있는 계기를 마련하려는 의도는 이미 1976년에 졸문「王維詩與李朝申緯詩之比較硏究」라는 국립대만사범대학 박사논문을 작성하는 과정에서 시작했다 할 것이다. 당시에 상기 논문의 제3장「王維詩之承續與開展」의 제1절「王維與田園山

---

[1] 후스,『白話文學史』p.164 이후, 리우다지에(劉大杰),『中國文學發展史』pp.380~381. 楊蔭深의『中國文學家列傳』p.148 등에 한산을 서술하였고, 정전두어(鄭振鐸)의 文學史 p.287, 기타 치우시에유(邱燮友) 등의『中國文學史初稿』등에 부분설명이 있다. 그러나 이른바「不知何許人」인 만큼 당대 어느 년대에 놓아야 할 지는 미결된 입장이었기 때문에 구체적인 가필을 주저할 것으로 본다. 예컨대, 劉大杰은 "寒山子是王梵志詩派的直接承者. 他的時代, 我們無法確定. 據寒山詩集積後序, 說他是貞觀詩人, 據太平廣記寒山子一條, 又說他大歷年間人, 總之因爲他那種超人的地位, 極容易被後人塗上仙人菩薩的神話色彩, 而掩汲其生活歷史的眞實性"라 하였다.

水詩」에서 초당시인이 왕유 시에 준 영향관계를 따질 때 거론(아세아문화사간, 1980, p.92)하면서 한산의 연대에 대한 불명한 점과 문학(詩)적 특성을 정리할 것을 생각했던 것이다. 그 후에 천학의 입장이지만 당시의 맥류를 초당부터 따져보고 또 그에 전심하려는 초지를 실현시키고 한문학과 상관시켜 나가면서 한산에 대한 연정을 더욱 강하게 느꼈다.[2] 이제 그 난제를 몇 안 되는 자료와 3백여 수의 무제게시(無題偈詩)를 숙독하면서 이해가 가능한 한도 내에서 추려서 당시론(唐詩論)을 체계화시키는데 보탬이 되도록 하려는 것이다.

한산의 생평은 지금까지의 여러 설을 개술하고, 나아가서 고증이 가능한 내용을 한산의 재세(在世)와 상관된 그 당시의 타 시인의 작품과 일문(逸文)을 통해서 나름대로 한산의 생존 연대를 규명해 보고, 그의 사상과 시의 연원에서 일반적으로 왕범지의 계승자라든가, 도연명(陶淵明)에서 배운 것이라는 등의 논술에 대한 예증을 구하려 한다.[3]

한산 시를 고찰하는데 있어서, 그의 시를 '선시(禪詩)'와 '도선시(道仙詩)'로 대별하여 청대 왕어양(王漁洋)의 '신운설(神韻說)'을 논할 때에 그 연원을 왕유(王維)는 물론 한산까지 거슬러 올라가야 하므로 시와 선(禪),

---

[2] 당시와 한문학을 상교한 졸문으로는 「紫霞詩의 畵學的 考察」(『韓國文學硏究』一輯, 1976), 「眞逸遺稿와 成侃詩風略攷」(『韓國漢文學硏究』二輯, 1977), 「全唐詩所載新羅人詩」(『韓國漢文學硏究』三·四輯, 1979), 「王維詩論에 依據한 申緯詩의 比較硏究」(『東西文化』十輯, 1977), 「王維詩와 申緯詩의 風格比較」(『中國硏究』4輯, 1979), 「蓀谷李達詩의 盛唐風略攷」(『韓國學論輯』 七輯, 1980), 「惕若齋金九容詩散見」(『韓國漢文學硏究』五輯, 1981), 「羅唐詩人交遊攷」(『韓國漢文學硏究』五輯, 1981), 「陳澕詩의 盛唐風」(『韓國漢文學硏究』六輯, 1982), 「李達과 王維의 詩比較」(『外大論文集』18輯, 1985) 등을 들겠으며, 최근 『韓國漢詩와 唐詩의 비교』(푸른사상, 2000)을 낸바 있다.
[3] 한산이 왕범지의 영향을 받은 대표적인 개괄적 서술로는 鄭振鐸의 문학사와 胡適의 『白話文學史』의 수처에 지적하고 있음. 예컨대, 鄭氏는 "梵志的影響很大, 較他略後的和尙寒山拾得豊干, 都是受他的感化的."라 하고 胡氏는 "但我總覺得寒山拾得的詩是在王梵志之後, 似是有意模倣梵志的. 梵志生存河南, 他的白話詩流傳四方, 南方有繼起, 寒山子便是當時的學梵志的一個南方詩人"라 함.

시와 선(仙)의 관계를 따지면서 한산 시의 요점을 파악하는 데에 그 초점을 맞추려 한다. 그의 기본적인 판본으로는 『三聖二和詩集』(揚州藏經院)의 307수, 『天台山國淸禪寺三隱集』(南宋淳熙十六年釋志南)의 309수, 『全唐詩』(권806, 中華書局)의 303수, 『寒山詩』(汲古閣本)의 311수를 자료로 하고, 최근 출간된 『全唐詩補編』내『全唐詩續補遺』(권2)에 1수와 『全唐詩續拾』(권14)(이상 中華書局, 1991)에 2수를 참고하되, 편간 연대가 청대인 『全唐詩』본을 주로 하고 무제시인 것은 편의상 수구(首句)를 시제로 해서 매수에 편호를 붙여 구분하려 한다.

한산 시의 파악은 그의 '참선시(參禪詩)'와 '구도시(求道詩)'가 주류를 이루고 현존한다고 보는 작품수가 311수까지 추산되지만4), 객관성과 시대적 연대로 보아 흠장(欽定)과 같은 『全唐詩』본이 한산의 시를 논구하는 모체가 되는 것이 타당하다고 본다.

본고에서는 한산의 생평과 사상을 집약하여 제설을 정리하는데 불과하겠으나, 시의 본격적인 분석연구가 총괄되지 않은 현시점에서 그의 시의 풍격을 비록 주관적 의식이 많이 가미된다 해도 다루지 않으면 안 될 것이다. 그런데 그의 시가 의외로 단순하며 선으로 시에 드는(以禪入詩) 경향을 보여, 이른바 돈오(頓悟)의 경지를 이루고 있으니5), 여구윤(閭丘胤)

---

4) 천후이젠(陳慧劍)은 『寒山詩重組竝註』에서 한산시를 314수까지 수록하였는데(華新出版, 1974), 이는 꼭 믿을 수 없다 해도 참고할만 하다. 최근(1992) 나온 추가 자료를 보면, 통양니엔(童養年)의 『全唐詩續補遺』 卷二에 「雜詩」; 「無嗔卽是戒, 心淨卽出家. 我性與汝合, 一切法無差.」(『五燈會元』 卷二에서 수집)와 천상쥔(陳尙君)의 『全唐詩續拾遺』 卷十四에 二首詩; "梵志死去來,魂識見閻老. 讀盡百王書, 未免受捶拷. 一稱南無佛, 皆以成佛首.", "井底生紅塵, 高峰起波浪. 石女生石兒, 龜毛寸寸長. 若要學菩提, 但看此牓樣." 등이 있음.
5) 頓悟, 妙悟는 창랑이 이미 갈파한 바이나 錢鍾書가 근래에 동서양의 시와 상관시켜 다음과 같이 말한 것은 창랑의 주창을 더욱 증명한 것이다. 즉 (克洛臺(Paul Claude) 語吾人天性中, 有妙明之554(Animou), 有智巧之心(Animus ou lésprit),詩者神之事, 非心之事, 有我(Moi) 在而無我(Ze)執, 皮毛落盡, 洞見眞實, 與學道者寂而有感, 感而遂通之境界無以異(Un état mystique), 見(ch, x, xii 按實本 Lucrutius 來……) 神秘詩秘(Le

이 말한 바,

> 보아도 알지 못하고 알아도 보지 못한다. 보려 한다면 모습을 얻지 못하고 곧 보게는 된다.
>
> 見之不識, 識之不見, 若欲見之, 不得取相, 乃可見之. (「寒山子集序」)

라고 한 것은 이를 두고 한 말이다.

이러한 그의 시의 맥락은 주필대(周必大)가 그의 탑명(塔銘)에서 말한 바, '명리와 작록의 생각이 없음(無名利爵祿之念)'의 생애에서 연유된 것이겠으니, 주필대는 이르기를,

> 당대 이래로 선학이 날로 성행하니 재사들이 왕왕 그 속에 출입하여 부모의 보양을 버리고 처자식의 애정을 갈라놓고는 명리와 작록의 생각이 없이 날마다 산천의 인적이 드문 곳에서 소위 하늘에 사라지는 낙을 추구하고 있으니 이 또한 어려운 일이다. 마땅히 총명하게 도리를 알아야 할 것이며 마음에 맺힘이 없이 하여야 할 것이다.
>
> 自唐以來, 禪學日盛, 才智之士, 往往出乎其間, 迹夫捨父母之養, 割妻子之愛, 無名利爵祿之念, 日夜求其所謂長空寂滅之樂於山巔水涯人迹罕至之處, 斯亦難矣. 宜其聰明識道理, 胸中無滯礙. (『文忠集』・「寒山巖什禪師塔銘」)

라고 하였으니, 가히 그 고행구도(苦行求道)를 알 수 있다. 송대 창랑(滄浪) 엄우(嚴羽)에서부터 현재의 치엔쭝수(錢鍾書)는 학선(學仙)도 학시(學詩)와 같다고 비교하였는데[6], 한산의 시는 이런 두 가지 면을 동시에 겸

---

mystere Poetique), 其揆一也. 藝術之極致, 必歸極原, 上訴眞宰, 而與造物者遊, 詩聲也 而通於宗敎矣」(『談藝錄』 p.322)

전하고 있음을 본문에서 추구하려 한다.

한산 시가 성당 이후의 자연가영(自然歌詠)과 속탈의식(俗脫意識)을 지향한 맹호연(孟浩然), 왕유시파(王維詩派),7) 그리고 위응물(韋應物), 유장경(劉長卿), 유종원(柳宗元), 송대의 육유(陸游), 양만리(楊萬里), 범성대(范成大) 등에 영향을 주었다는 것은8) 당시 뿐 아니라, 중국 시단에서 관심을 두어야 할 사항이다.

Ⅰ. 한산의 생존 시기는 언제인가

한산의 생존시기는 한 마디로 말해서 불명하다고 할 것이다. 통상적인 열전과 인명사전 등의 자료에는 한결같이 "한산은 어떤 사람인지 모르는데 정관년간에 천태 광흥현의 승려였다.(寒山, 不知其何許人. 爲貞觀中天台廣興縣僧.)"이라든가9), "한산자는 누구인지 모르는데 천태 당흥현의 한암에 거하였다.(寒山子不知何許人, 居天台唐興縣寒岩.)"라고10) 하여 당대의 어느 시대에 놓아야 할 지 애매한 입장이다. 그러나 한산을 다룬 대표적인 문학사류서들이 초성당 간에 열입시켜 놓은 것을 따라 왔다.11) 이런

---

6) 錢鍾書는 "詩家皆重學詩之工夫, 比之參禪可也, 比之學道學仙, 亦無不可也. 山谷贈陳師道云; 陳侯學詩如學道, 後山答秦少章云; 學詩如學仙, 時至骨自換"(『談藝錄』 p.310)라 하여 "學詩如學仙"이라 밝힘.
7) 許文雨의 『唐詩集解』(中冊卷三, 正中書局)에 王維派라 칭하여 "裵迪, 丘爲, 祖詠, 儲光羲, 常建, 孟浩然, 韋應物, 劉長卿, 錢起, 皇甫曾, 張繼, 韓翃, 皇甫冉, 嚴維, 耿湋, 李端, 暢當, 司空曙, 朱灣秋, 武元衡, 羊士諤, 柳宗元, 姚合, 章孝標, 裵夷直, 盧肇, 馬戴, 曹鄴, 周朴, 王駕" 등을 소속시켰음.
8) 졸저, 『王維詩與李朝申緯之比較硏究』 第五節, 「王維在盛唐詩之地位及其貢獻」(pp.238~273) 참조.
9) 楊蔭深, 『中國文學家列傳』 p.147(中華) 참조.
10) 譚嘉定, 『中國文學家大辭典』 No.1259(世界) 참조
11) 鄭振鐸, 劉大杰, 胡適 등은 王梵志의 일파로, 邱燮友 등의 『中國文學史初稿』는 王績

점을 결론 내릴 수는 없다 해도 가능한 선까지 객관성 있는 연대의 파악을 강구하려고 한다.

1. 한산 시대에 대한 여러 설

한산의 생존시대에 대해선 여러 설이 있어, 금세기에 들기 전에는 초당시에 대주자사(臺州刺史)인 여구윤(閭丘胤)이 국청사(國淸寺)로 방문한 것이 그의 『寒山詩』서(序)에 기록되어 있어 이에 근거하는 설과 북송 석도원(釋道原) 『경덕전등록(景德傳燈錄)』(권37)의 사전(史傳)내용에 의한 설, 그리고 청대 강희(康熙) 61년판의 『대주부지(臺州府志)』에 등재되어 있는 이른바 여구음(閭丘蔭)의 주석에 의한 설이 한산의 연대를 설명해 온 한편, 근년에는 후스(胡適)의 「정관대의 시인이 아니다는 설(非貞觀詩人說)」, 짜오즈판(趙滋蕃)의 「절충설(折衷說)」, 웨이즈윈(魏子雲)의 「종합설(綜合說)」, 그리고 천후이지엔(陳慧劍)의 「한산시서(寒山詩序)」와 3수 시 중의 「어구고증설(語句考證說)」 등 모두 7종류의 제설이 유전되니, 여기서 개괄적인 각기의 주창을 검토하고 나름대로의 타당한 사항으로 시대정립을 시킬까 한다.

1) 여구윤의 한산시서

이 서는 한산의 연대를 연구하는 첫 자료인데, 먼저 서에서 한산의 인품을 쓴 내용을 보겠다.

　　　　한산자란 사람을 살피건대 누구인지를 알지 못한다. 예부터 보건대

과 함께 성당 이후의 자연시파의 종으로 놓은 한편, 陸侃如의 『中國詩史』, 胡雲翼의 『唐詩研究』, 蘇雪林의 『唐詩槪論』 등에선 거명조차 않았다.

모두 가난한 미치광이라고들 말한다. 천태에 은거하니 당흥현에서 70리인데 한산암이라 부른다. 때로 국청사에 오는데 절에 습득이 있어서 식당을 아니 항상 죽통에 남은 밥과 반찬 부스러기를 저장해 놓았다가 한산이 오면 지고 갔다. 혹은 긴 목으로 천천히 걸으며 쾌활하게 소리 지르고 혼자 말하고 혼자 웃곤 하였다. 때론 스님이 욕하고 쫓으면 곧 멈추어 서서 손바닥을 만지면서 깔깔 웃다가 한참만에 가버리곤 하였다. 행상은 거지같았으며 모습은 초췌한데 말 한 마디가 불게 한 가락이거늘 그 이치가 뜻에 맞고 깊이 생각해 보면 심정을 은연히 담고 있었다.

詳夫寒山子者, 不知何許人也. 自古老見之, 皆謂貧人風狂之士, 隱居天台, 唐興縣七十里, 號爲寒山巖. 時來國淸寺, 寺有拾得, 知食堂, 尋常收貯殘飯菜滓於竹筒內, 寒山若來, 卽負之而去. 或長廊徐行叫喚快活, 獨言獨笑. 時僧捉罵打趁, 乃駐立撫掌, 呵呵大笑, 良久而去. 且狀如貧子, 形貌枯悴, 一言一偈, 理合其意, 沈而思之, 隱況道情. (『寒山詩集』附豊干楚石拾得石樹) p.5 (文峰出版社)

여기서 서술방법이 "예부터 그를 보고 모두 가난뱅이, 미치광이라고 말하였다.(自古老見之, 皆謂貧人風狂之士.)"구와 같이 후인의 가탁인 듯한 표현이 있고, 서에 연호가 없으며 여구윤이 『신구당서』에 등재되지 않은 점과 그가 국청사로 한산을 보러간 때가 정관초(630)라 한 것이 자신의 설파인 만큼 신뢰가 없이 유전해 왔다. 후스(胡適)가 추출한 정관시대의 내용을 보면[12], '정관 7년설(633)'(宋僧 志磐의 『佛祖統紀』), '정관 16년설(642)'(元僧 熙仲의 『釋氏資鑑』), 그리고 '정관 17연설(643)'(宋僧 本覺의 『釋氏通鑑』) 등인데, 이것이 객관성이 결여되어 있다는 것이다. 그리고 후스가 동서에서 '先天中설(712년 전후)', '貞元末설(840)', 『태평광기(太平廣記)』의 「선전습유(仙傳拾遺)」에 기록된 '大歷中설(766~779)'까지 인술한 것을 보면 한산이 정관 초에서 정원 말까지 즉 초성 중당대의 인물로 처

---

12) 胡適, 『白話文學史』 pp.173~180 참조

하게 되니 여구윤의 서에 대한 진위 여부가 우선 가려져야 할 것이다. 서의 내용이 사실이라면 한산은 정관 초의 승려일 것이겠다.

2) 『경덕전등록(景德傳燈錄)』의 삼전기(三傳記)

석도원(釋道原)은 동서(권37)에서 천태(天台) 삼성(三聖)이라 하여 풍간(豊干), 한산자(寒山子) 및 습득(拾得)에 대한 사전(史傳)을 상세히 기술하였다. 단지 출신에 대해선 3인 모두 불쌍하다고 하고 은거처사라 한 공통성을 지적하였다. 보건대,

> 천태의 풍간선사는 누구인지 모른다. 천태산 국청사에 거하면서 머리를 자르고 눈섶을 가지런히 하고 털옷을 걸쳤다. 누가 불교의 이치를 물으면 단지 〈수시로〉라는 두 글자로만 답하였다.(풍간)
> 천태의 한산자는 본래 씨족이 없이 시풍현 70리에 차고 어두운 두 바위가 있는데 그 찬 바위 속에 거하매 명칭을 얻은 것이다.(한산)
> 천태의 습득은 이름을 말하지 않는데 풍간선사가 산 속을 가다가 적성 길가에 이르러 우는소리가 들려서 찾아보니 한 아이가 보이거늘 겨우 두세 살 되니 처음엔 소치는 아이라 하거늘 따져 물으니 여기에 외로이 버려졌다 한다.(습득)

> 天台豊干禪師者, 不知何許人也. 居天台山國淸寺, 剪髮, 齊眉, 布裘, 人或問佛理, 止答隨時二字.(豊干)
> 天台寒山子者, 本無氏族, 始豊縣西七十里, 有寒暗二岩, 以其於寒岩中居止得名也.(寒山)
> 天台拾得者, 不言名氏, 因豊干禪師山中經行, 至赤城道側, 聞啼聲, 遂尋之, 見一子, 可數歲, 初謂牧牛子, 及問之云, 孤棄於 此(拾得)

여기서 한산 등 3인이 근본이 없는 빈씨(貧氏)라는 점과, 국청사에서 3인이 동락하곤 했다는 점을 알 수 있고, 3인의 전기에서 대주자사라는 여

구윤이 방문한 내용이 상세히 기재되어 있으니, 인용해 보면, 「豊干篇」에서는,

> 처음 여구공이(윤은 태조의 휘명이므로 피함) 목단구로 나가서 수레를 가까이 하려는데 갑자기 두통이 나거늘 의사가 고치지 못하자 선사가 급히 나아가 말하기를 빈도는 지금 천태에서 오는데 나으리를 뵙습니다 하거늘. 여구는 정중히 인사하고 곧 가다가 이어서 산사에 이르러 묻기를 이 절에 풍간선사 계십니까? 한산과 습득은 누구입니까 하니 그때에 승도견이 대답하기를 풍간은 경장 뒤의 구원에 있는데 지금은 아무도 없습니다. 한산과 습득은 부엌에서 일 합니다 라고 하더라. 여구가 선사 방에 드니 오직 호랑이 자취만 보일 뿐이어서 다시 도견에게 묻기를 풍간은 여기에서 무엇을 합니까 하니 도견이 말하기를 단지 춘곡을 스님에게 공양하는 일만 하며 한가로우면 시를 읊습니다 라고 하더라. 곧 주방에 들어가 한산과 습득을 찾았다.

> 初閭丘公(胤避太祖諱), 出牧丹丘, 將議巾車, 忽患頭痛, 醫莫能愈, 師造之曰:『貧道今天台來, 謁使君』…… 閭丘拜辭乃行, 尋至山寺, 問此寺有豊干禪師否? 寒山拾得復是何人? 時有僧道翹, 對曰;『豊干舊院在經藏後, 今閴無人矣. 寒拾二人見在僧廚執役』, 閭丘入師房, 唯見虎跡. 復問道翹;『豊干在此作何行業?』翹曰;『唯事春穀供僧, 閑則諷詠』乃入廚尋訪寒拾.

라고 하여 여구윤이 풍간을 찾은 후에 주방에서 한산과 습득을 만난 일을 상술하였고 「한산편(寒山篇)」에서는,

> 이미 풍간이 입적한 후에 여구공이 입산하여 그를 찾아서 한산, 습득 두 사람을 만나 화로를 둘러서 담소를 하는데 여구가 인사 드릴 것을 잊자 두 사람이 연이어 소리치며 질타하였다. 절 스님이 놀라서 말하기를 대관께서 어찌 미치광이에게 절하리오 하니 한산이 후에 여구의 손을 잡고 웃으며 말하기를 풍간의 혀 놀림이 오랜만에 풀렸도다 라고 하였다. 이로부터 한산, 습득 두 사람은 손잡고 솔문을 나가서 다시는 절에

들지 않았다. 여구가 다시 한산암에 이르러 예방하고 의복과 음식을 보내니 두 사람이 고성으로 외치며 말하기를 우리를 도적질 한다하며 곧 축신하여 바위 틈새로 들어가면서 단지 너희들은 각각 노력 할지라란 말만 하였다. 그 바위틈은 홀연히 닫혔다. 여구가 슬프고 사모하여 승도 견으로 숲새에서 그 유물을 수습케 하고 잎에 쓴 가사와 집 벽에다 새긴 300여 수를 모아서 세상에 전하도록 하였다.

既豊干滅後, 閭丘公入山訪之, 見寒拾二人團爐語笑, 閭丘不覺致拜, 二人連聲咄叱. 寺僧驚愕曰;『大官何拜風狂漢邪』寒山後執閭丘手, 笑而言曰;『豊干饒舌』久而放之. 自此寒拾二人相携出松門, 更不復入寺. 閭丘又至寒山嚴禮謁, 送衣服藥物, 二士高聲喝之曰;『賊我』便縮身入岩石縫中, 唯曰;『汝諸人各各努力』其石縫忽然而合. 閭丘哀慕, 令僧道翹尋其遺物於林間, 得葉上所書辭頌及題村墅人家屋壁共三百餘首, 傳布人間.

라고 하여 한산과 여구윤의 상면을 고사적으로 묘술해서 시서를 보충한 경향이 보이는데 결국은 상동한 설로 간주된다.

3)『대주부지(臺州府志)』의 여구음의 주(閭丘蔭注)

강희(康熙) 61년에 나온『대주부지』(권5)에 기재된 역대의 대주자사는 당대 290년간 모두 108명인데, 이 중에 방회(房瓌), 이번(李璠), 표광정(裵光庭), 위탄(韋坦), 이가우(李嘉祐), 이봉(李逢), 두여(竇餘), 이조(李肇), 요곡(姚鵠) 등『전당시』상의 시인명도 있는데, 이른바 여구윤이란 명칭은 없고 여구음이라 하여 "한산자의 시서가 있고 예문에 뛰어나다.(有寒山子詩序, 見藝文.)"라고 병기한 것으로 보아 이 사람이 바로 한산을 만난 대주자사로 보는 것이다. 부지(府志)에서 여구음은 자사를 지냈는데, 그 명단의 기록을 보면,

헤어 보면 조규, 원의조, 엄덕, 필조, 위경, 방회, 여구음, 정신거 ……

計有趙逵, 元義修, 嚴德, 畢操, 韋慶, 房瓌, 閭丘蔭, 鄭神擧 …….

라고 하여 조규(趙逵)는 무덕(武德) 7년(624)까지 지냈고, 이하 7인은 정관년간(627~649)에 자사를 역임한 것을 알 수 있으니 여구음 이외에 다른 여성(閭姓)이 없고 정관 년간에 지냈으며, 주(注)에 '한산의 시서가 있다(有寒山詩序)'라고 한 자료내용을 통해서 한산시대를 정관 전후에 귀착시켰다. 이 설 또한 이 같은 단편적인 기록만으로 나온 결론이므로 한산의 평생을 서술하는데 문제가 있었다.

4) 비정관시인설(非貞觀詩人說)

후스(胡適)는 한산에 대한 재료 가운데서 비교적 믿을 만한 것은 다음 두 가지 송이전의 것뿐이라고 기록하였다. 그는 쓰기를,

> 첫째는 오대시에 선종선사 풍혈 정소선사가 인용한 한산의 시구이다. 풍혈의 어록(속장경 23투 2책 12쪽)에 한 가지 설이 있는데 마루에 올라 한상의 시를 들고 말하기를 "왕범지가 죽은 후에 혼이 관노를 알아보네. 백왕의 책 다 읽어도 채찍질을 면치 못 하리라. 오직 나무아미를 부르면 모두 불도를 이루리라." 하더라.

> 第一件是五代時禪宗大師風穴廷沼禪師引的寒山詩句. 風穴語錄(續藏經 二三套, 二冊, 頁一二〇)有一條說；上堂, 擧寒山詩曰；梵志死去來, 魂識見閻老. 讀盡百王書, 未免受捶拷. 一稱『南無佛』, 皆以成佛道. (『白話文學史』 p.176)

라고 하여 첫째 자료를 제시하고 한산과 범지의 관계를 암시한다고 하였고, 또 하나의 내용으로는,

둘째는 태평광기 권55의 한산자조이다. 태평광기는 송대 초에 편찬된 것인데 수집은 모두 송 이전의 소설과 잡기에서이다. 이 조의 주에 이르기를 선전에서 주운 것이다 한데 이 글은 다음과 같다. "한산자는 그 성명을 모른다. 대력년 간에 천태 취병산에 은거하였다. 그 산은 매우 깊어서 글을 써서 한암이라 하고 자호를 한산자라 하였다. 시 짓기를 좋아하여 매양 한 편 한구를 지으면 곧 나무 사이나 돌 위에 새기면 호사가들이 따라서 기록하니 무릇 300여 수이다. 대개 산림에 은둔하는 흥취를 묘사하고 혹은 시태를 풍자하여 속세를 경계하였다."

第二件是太平廣記卷五十五的寒山子一條. 太平廣記是宋初(978)編成的, 所收的都是宋以前的小說雜記. 這一條注云, 『出仙傳拾遺』, 其文如下 ; 寒山子者, 不知其名氏. 大歷中(766~779), 隱居天台翠屛山. 其山深邃, 當署有雪, 亦名寒岩, 因自號爲寒山子. 好爲詩, 每得一篇一句, 輒題于樹間石上, 有好事者隨而錄之, 凡三百餘首, 多述山林幽隱之興, 或譏諷時態, 能警勵流俗. (상동, p.177)

라고 해서 한산이 대력 시기에 천태에 은거한 내용을 주시하여 한산의 시기를 중당기로 보았다. 더구나 서영부(徐靈府)(武德 시인, 840전후)가 "서를 짓고 모으다(序而集之)"라고 한 『寒山集』의 서를 쓴 사람이라는 점을 가지고 후스는 한산이 700~780년간에 재세했음이 옳다고 주장하였다. 그러나 이 설도 단편성을 면치 못하고 후스의 두 자료가 사실이라고 믿기 어려운 만큼 역시 문제가 되었다.

5) 절충설(折衷說)

짜오즈판(趙滋蕃)이 발표한 「한산자 그 사람과 그 시(寒山子其人其詩)」[13]란 논문에서 한산의 시대를 정관에서 개원천보(開元天寶)까지로 보

---

13) 臺灣中央日報副刊(一九七○年三月末之四月四日).

고 642년에서 742년까지로 잡아서, 구설과 후스의 설을 절충하였는데, 논지가 막연하여 한산 자신이 부랑하는 신세를 면치 못했다.

6) 종합설

웨이즈윈(魏子雲)이 발표한 「한산자 그 사람 그 시에 대한 나의 관점(寒山子其人其詩之我觀)」(臺灣 聯合報 副刊)에서 치엔무(錢穆)의 「한산시를 읽고(讀寒山詩)」와 우지아시(余嘉錫)의 「사고제요변증(四庫提要辨證)」[14]을 인술하여 한산의 생존여부를 논술하고 한산이 실재했다면 천보 이후이든가, 아니면 존재를 부인한다는 것이며, 그의 시는 후인의 집체창작(集體創作)이라고 서술하였다. 이것은 원만한 입장에서 한산을 다룬 것이라고 호평할 수 있을지 몰라도 한산의 문학적 지위로 보아 마치 굴원(屈原)의 「실재부인설(實在否認說)」과 같은 학술적 의미가 없는 설이라 할 것이다.

7) 여구윤서(閭丘胤序)와 한산삼수시(寒山三首詩)의 어구 변증설(辨語證說)

천후이찌엔(陳慧劍)은 최근 그의 『寒山子硏究』라는 저서에서 상당히 신빙할만한 논증을 전개하였으니, 이것은 역대의 한산시대 연구 중 가장 합리적인 분석이 아닐 수 없다. 본고는 그의 주장을 약설하고 주관적인 한산시대에 대한 결말을 지으려 한다.

천후이찌엔(陳慧劍)은 한산 시 「절로 양조의 날을 듣는다(自聞梁朝日)」(『全唐詩』상에 붙인 임의적인 편호 165, 이하동), 「어느 것이 큰가(箇是何措大)」(편호 115), 「나는 승요의 성품 기이함을 본다(余見僧繇性希奇)」(편호 185)등 3수 중에 나오는 시어인 「萬廻師」, 「南院」, 「道子」등을 분석하

---

14) 錢穆의 글은 香港新亞書院學術季刊第一期에 登載.

여 한산의 연대와 결부시켰다.15)

먼저 '만회사(萬廻師)'에 관해서 보면, 천후이찌엔(陳慧劍)은 만회사(萬廻師)란 인명에 대해「담빈록(談賓錄)」과「양경기(兩京記)」에서 인술하였는데, 그 중에,

> 만회사는 문향인이다. 속성은 장씨이며 처음 모친이 관음상에 기도하여 그로 인해 성이 회가 된 바, 회가 나면서 어리석어 8, 9세야 겨우 말할 수 있어서 부모 역시 돼지나 개처럼 키웠다. 경룡년 간에 시시로 출입하고 사서인 귀천 누구나 다투어 예배드리니 만회는 솜옷을 걸치고 혹은 웃고 혹은 욕하며 혹은 북을 치고 그런 후에 일에 따라 징험하였다. 태평공주가 자기 집 우편에 집을 지어 주니 경운년 간에 이 집에서 졸하였다.

> 萬廻師, 閬鄉人也, 俗姓張氏, 初母祈於觀音像, 而因姓廻, 廻生而愚, 八九歲乃能語, 父母亦以豚犬畜之 …… 景龍中, 時時出入, 士庶貴賤競來禮拜, 萬廻披錦袍, 或笑或罵, 或擊鼓, 然後隨事爲驗, 太平公主爲造宅於己宅之右, 景雲中, 卒於此宅.

라고 기록하였는데, 여기서 경용(景龍)(中宗 年號, 707~709)과 경운(景雲)(睿宗 年號 710~711)을 볼 때, 한산시대는 712년 이후라는 것이다.

그리고 '南院'에 대해서는, 이 시어가 들어 있는 시가 한 고생(考生)의 불우한 과거낙제의 고사를 읊은 서사시인데 남원이란 예부(禮部)의 방을 내붙이는(放榜) 곳으로 회시주관처(會試主管處)이다. 남원이란 관명이 쓰

---

15) 이 들 삼수의 시를 참고로 제시하면 다음과 같다.
「自梁朝日, 四依諸賢士, 寶之萬廻師, 四仙傳大士, 顯昜一代敎, 作時如來使.」
「箇中何措大, 時來省南院, 年可三十餘, 曾經四五選, 囊裏無靑蚨, 箇中有黃絹, 行到食店前, 不敢暫廻面.」
「余見僧繇性希奇, 巧妙間生梁朝時, 道子飄然爲殊特, 二公善繪手毫揮, 逞畫圖眞意氣異, 龍行鬼走巍巍, 饒邈虛空寫塵跡, 無因畫得志公師.」

인 시기가 문제인데, 오대(五代) 왕정보(王定保)는,

> 정관 초에 과거 급제의 명단의 방을 내걸고 공고하기를, 상께서 몰래 단문을 순행하시다가 진사가 방 아래에서 서있는 것을 보시고 나오셔서 기뻐서 시신에게 일러 말씀하시기를, 천하의 영웅은 나의 북 안에 들어 있도다 하셨다. 진사의 방 머리에 황지 넉 장을 부치어 털붓과 먹물로 글을 써서 이르기를, 예부공원 넉자라 하였다.

> 貞觀初, 放榜日, 上私幸端門, 見進士於榜下綴行而出, 喜謂侍臣曰 ; 天下英雄, 入吾鼓中矣. 進士榜頭, 竪貼黃紙四張, 以氈筆淡墨衮轉書曰 ; 禮部貢院四字.(『唐撫言』권25 「雜記」)

라고 하여 정관 년간에는 남원이라는 명칭은 쓰이지 않았음을 알겠고, 이조(李肇)가 개원 22년에 이부(吏部)에 남원을 설치했다[16]라 하고, 『당회요(唐會要)』에는,

> 개원 28년 8월 고공공원지와 공리부남원으로 인문서를 고르게 되니 때로는 이를 선원이라 하였다.

> 開元二十八年八月, 以考功貢院地, 置吏部南院, 以置選人文書, 或謂之選院. (卷七十四 「吏曹條例」)[17]

이라고 기록한 것을 통해서 시차가 6년이지만 개원 년간에 남원이 처음 설치된 것을 두 개의 믿을만한 자료에서 얻을 수 있으니, 이로써 한산의 시대는 늦게 잡아서 734년 이후일 가능성을 제시했다.

---

16) 李肇는 『國史補』에서 "自開元二十二年吏部置南院, 始懸長名, 以定留放"라 함.
17) 陳慧劍이 『唐會要』를 인용한 부분인데, 참고로 원문을 더 부술하면, "或謂之選院, 其選院本銓之內, 至是移出之, 東部都至二十一年七月, 以太堂園置之"라 함.

또한 한산의 칠고시 중의 '道子'라는 시어에서는 도자(道子) 즉 오도원(吳道元)은 진대(晉代) 장승요(張僧繇)처럼 당대(唐代)의 대화성(大畫聖)으로서 한산이 오도원과 같이 생존했었다는 한 증거가 되니, 도자의 생존이 700년 전후부터 시작해서 792년에 졸하였으므로18) 한산의 생존도 그 때를 전후했을 것이라는 추정이 나온다. 천후이찌엔(陳慧劍)은 삼수시(三首詩)의 이런 논거를 통해 한산이 700년대의 인물이 확실하다는 것이다.

천씨는 한산의 3수 시의 어구만으로는 부족하였던지, 여구윤의 서 말미의 직함에서 나타난 "조의대부 사지절이 대주제군사로 자사직을 지켜서 행하니 상주국이 비어대를 하사하였음. 여구윤 찬.(朝議大夫使持節臺州諸軍事守刺史, 上柱國, 賜緋魚袋. 閭丘胤撰)"이란 행문의 '使持節'과 '緋魚袋'라는 어사를 문제로 제기했다. '使持節'에 대해서는 자사가 사지절(全權印信 같음)을 지닌 연대는 고종(高宗) 영휘(永徽)(650~655) 이후의 일이므로 여구윤의 직관칭호에 문제가 있으며, 이를 인정한다면 사지절이 진대부터 있었지만 당대에는 영휘부터 자사에 가한 것이기 때문에 마땅히 여자사는 정관 이후의 인물이어야 한다는 것이다.19) 그러나 여구윤(胤)은 태주자사(台州刺史)로서 정관 이후에는 그런 인명이 없다. 따라서 한산의 정관 시대는 인정하기 어렵다는 것이다. '비어대(緋魚袋)'에 대해서는 『설문(說文)』에 "절이란 죽약이다.(節, 竹約也.)"라 하고, 단옥재(段玉裁)

---

18) 張彦遠, 『歷代名畫記』 卷九 ; "吳道玄, 陽翟人, 好酒使氣, 每欲揮毫, 必須酣飮. 學書於張長史旭賀監知章, 學書不成, 因工畫. 曾事逍遙, 公韋嗣立爲小吏, 因寫蜀道山水之體, 自爲一家, 其畫迹似薛少保, 亦甚便利. 初任兗州瑕丘縣尉. 初名道子, 玄宗召入禁中, 改名道玄, 因授內教博士, 非有詔不得畫, 張懷瓘云 ; 吳生之畫, 下筆有神, 是張僧繇後身也"라 하여 도자의 생평을 쓰고, 명대 楊愼의 『畫品』 卷一에 도자가 승요를 얼마나 사모했는지를 다음과 같이 쓰고 있다. "吳道子始見張僧繇畫曰 ; 浪得名耳. 已而坐臥其下, 三日不能去."

19) 錢穆은 『國史大綱』에서 歷代職官簡釋의 "無論州之等級如何, 刺史之官銜中始終猶帶持節軍事字樣, 例如蘇州刺史之全銜卽爲使持節蘇州諸軍事蘇州刺史, 直至宋代猶如此 雖是虛文, 亦因本州皆有州兵之故"을 인용하면 "高宗永徽以後, 都督帶使持節(猶全權印信), 謂節度使"(上冊)라 함.

의 주(注)에 "약은 묶음이다. 대묶음은 묶어 놓은 모양 같아서 후인은 생사의 소사와 절개 잃는 대사의 부절로 삼은 바, 사자는 이것을 지니고 신표로 제시하였다.(約, 纒束也. 竹節如纒束狀, 後人爲生死事小, 失節事大之節. 符節, 使者持以示信也.)"라고 기술하였다. 『당회요(唐會要)』(권31 語句)에 이르기를,

> 영휘 2년 4월 29일 개부의 삼사와 경관 문무직 4,5품은 아울러 수신어대를 발급되다. 5년 8월 14일 칙령이 내려 은택이 더해지니 풍명에 따라서 어대 패착하는 법은 맡은 일이 중함을 나타내는 것인데 평생 관에 있으면서 장식해 왔거늘 사망하였다고 해서 즉시 거두어들이는 것을 어찌 할 수 있겠는가. 그 시종을 살펴서 인정상 차마 할 수 없도다. 이후로는 5품 이상은 죽은 자라도 그 수신어대를 거두어서는 안 된다라 하다.

> 永徽二年四月二十九日, 開府儀同三司, 及京官文武職事四品五品, 竝給隨身魚袋. 五年八月十四日勒; 恩榮所加, 本緣品命, 帶魚之法, 事彰要重, 豈可生平在官. 用爲褒飾, 纔至亡沒, 便卽追收, 尋其始終, 情不可忍, 自今已後, 五品已上有薨亡者, 其隨身魚袋, 不須追收.

라고 하여 비어대(緋魚袋)를 영휘(永徽) 2년 이후(651)부터 관직을 물러나서도 평생 패대(佩帶)할 수 있었으니, 여자사가 정관시인이라는데 문제가 있고, 따라서 한산의 서는 성립하기 어렵다.[20]

이상 천씨(陳慧劍)의 5종 논고에서 여구윤의 태주자사에 대한 근거가 불명하고 자사의 부절과 어대의 패대 시기가 정관 시에는 없었으며, 한산의 시에서 등장하는 관서와 인명이 모두 700년대 이후의 것인 만큼 한산의 시대는 700년대에서 800년 초에 걸친 시기로 보아 성중당대(盛中唐代)

---

20) 陳慧劍은 『唐書車服志』의 "高宗給五品以上, 隨身銀魚袋, 以防召命之詐出, 納必合之, 三品以上金飾. 垂拱中都督. 刺史始賜魚."라는 기록을 인용하여 『唐會要』의 내용을 보완하였다.

에 생존했음이 가당하다는 것이다. 여기에 대해서, 필자의 견해를 다음에 서 펴고자 한다.

2. 한산 시대는 역시 성중당(盛中唐)

상기의 제설에서 한산의 '정관시인설(貞觀時人說)'은 근거가 미약함이 이미 확인되었으며 후스(胡適)와 천후이찌엔(陳慧劍)의 고증에서 한산이 712년을 전후하여 820년 전후까지 생존했을 것이라는 데까지 접근했다. 이 점을 보다 보충하여 한산의 시기를 정착시키고자 한다. 먼저, 비록 전기류(傳奇類)이지만 남송 석지남(釋志南)의 『천태산국청사삼은집(天台山國淸寺三隱集)』에 지남(志南)이 기록한 공안사칙(公案四則)을 보면, 제1칙은 습득(拾得)에 관한 기록이며, 제2칙은 한산의 사승(寺僧)과의 대화, 제3칙은 한산과 조주(趙州)와의 관계, 제4칙은 한산과 위산(潙山)과의 관계를 기술하였는데 그 중에서 제4칙이 한산의 연대를 잡는데 중요한 역할을 한다고 본다. 이제 제4칙을 보면,

  위산이 절에 와서 계를 받는데 한산과 습득은 솔문 좁은 길로 가서 호랑이 소리를 세 번 내니 위산은 대답이 없었다. 한산이 말하기를 영산에서 한 번 이별하여 지금에 이르니 다시 생각나는가하매 위산은 역시 대답이 없었다. 습득이 지팡이를 잡고 말하기를 노형은 여기서 뭘 하는가 해도 위산은 또한 답이 없거늘 한산이 말하기를 그만, 그만 둬. 물을 거 없네라 하다.

  潙山來寺受戒。寒與拾往松門夾道, 作虎吼三聲, 潙無對. 寒曰;『自從靈山一別, 迄至於今, 還相記麽?』潙亦無對. 拾拈柱杖曰; 老兄喚這個作什麽? 潙又無對. 寒曰; 休. 休. 不用問它.

라고 한데 고승전(高僧傳)의 「위산운우소전(潙山靈祐小傳)」에 보면,

    영우 화상이 23세에 강서에 유력을 갔는데 그 법도를 이어서 호남위산을 개창하여 법문을 크게 떨쳤다. 강서에 유력하는 해에 천태산에 들어가다가 길에서 한산을 만나고 국청사에 이르러 다시 습득을 만났다.

    靈祐和尙, 卄三歲遊江西, 三百丈, 嗣其法, 開創湖南潙山, 大振法門. 遊江西之年, 曾入天台山, 路逢寒山. 至國淸寺, 又遇拾得.

라 하고, 또 이어서,

    회창 법란에 은둔하여 평민이 되었다가 불도가 다시 드러난 후에 문인의 왕래가 끊이지 않아서 배휴, 최군 등이 그에게 귀의하였다. 83세에 입적하니 대원선사라 시호를 내렸다.

    會昌法難, 隱遁爲民. 道譽復顯之後, 文人來往不絶, 裵休, 崔群等歸依之. 八十三歲寂. 諡大圓禪師.」

라고 하여 위산(潙山, 771~853)이 23세에 강서(江西)에 유력하다가 천태산(天台山)에서 한산을 만났다면, 794년의 일로서 제4칙에서의 어귀와 비교할 때 위산이 만난 한산은 이미 일갑자(一甲子) 위인 80여 세시가 된다. 따라서 이 공안이 날조가 아니라면 한산은 800년 초까지 생존했었음을 추측할 수 있다.

  이 설을 더욱 뒷받침하기 위해서 요광효(姚廣孝)(1335~1419)[21]의 『도허자집(逃虛子集)』(권5)에 기록된 다음 내용을 보면,

---

21) 姚廣孝; "初爲僧, 名道衍, 字斯道, 長州人. 生于元惠宗元統三年, 卒於明成祖永樂十七年, 年八十五歲(列朝詩集小傳作『永樂十六年卒, 年八十四』)著有逃虛子集十一卷, 類橐補遺八卷."(『中國文學家大辭典』 p.984).

당 원화 중에 한산자는 자작나무를 머리에 쓰고 관을 걸치고 나무신을 신었는데 남루한 옷을 걸치고 바람 끌고 나타나서 웃고 노래하며 태연자약하였다. 여기에 와서 띠를 엮어서 거하며 천태의 한암에서 노닐면서 습득, 풍간과 벗하다가 마침내 이곳에 은거하였다.

　　唐元和中, 有寒山子者, 冠樺布冠, 著木履, 被藍褸衣, 掣風掣顚, 笑歌自若, 來此縛茆以居, 尋遊天臺寒岩, 與拾得豊干爲友, 終隱於此

라고 하였는데, 원화(元和) (806~820)년간까지 한산이 살았다면, 그의 생애는 위산조(潙山條)와 요씨(姚氏)의 설을 종합할 때, 711년 이전부터 820년 전후까지 추산할 수 있으므로 한산의 활동 시기는 성당과 중당에 걸쳐 있음이 확실한 것이다. 신화와 전설을 가미한 설론이 수다한 입장에서 한산의 생졸 년대를 확실 여부로 결론지을 수 없지만 이런 가능한 정착화가 한산의 문학 및 당대시사(唐代詩史)를 정리하는데 일조가 되리라 본다.

3. 당대(唐代) 여러 시에서의 한산명칭(寒山名稱)
　　─『全唐詩』를 중심으로

기술한 한산의 생졸을 추정하는데 제가의 시에서 표현된 「寒山」의 의미를 음미하는 것도 참고되리라 본다. 더구나 원화(元和) 이후의 시 중에 발현된 내용은 일조가 된다.

1) 보통명사(普通名詞) 용례(用例)

「寒山」이란 추절(秋節), 동계(冬季)의 산 또는 고원한 산경(山景)을 유심하게 조사하는 물상의 백묘법(白描法)으로 인용되곤 하였다. 예컨대,

한산이 조용하고 이미 저무니 빈소는 더욱 슬프다
寒山寂已暮, 虞殯有餘哀. (李百藥,「文德皇后挽歌」,『全唐詩』권43)

한산은 방백에 드려있고 추수는 고니 턱에 닿도다
寒山抵方伯, 秋水面鴻臚. (楊炯,「和酬虢州李司法」, 동권50)

한산의 밤 달 밝은데 산의 찬 기운은 맑도다
寒山夜月明, 山冷氣淸淸. (劉希夷,「孤松篇」, 동권82)

푸른 솔은 옛길에 임해 있고 흰 달은 한산에 차도다
靑松臨古路, 白月滿寒山. (劉長卿,「宿北山禪師蘭若」, 동권148)

앞에 겹한 한산에 오르는데 자주 낭애에서 말에 물 먹이네
前登寒山重, 屢得飮馬崖. (杜甫,「北征」, 동권230)

나그네 꿈은 여전히 남는데 한산에서 흰 누대를 대하도다
客夢依依處, 寒山對白樓. (韓翃,「送李侍御赴徐州行營」, 동권244)

깃발 사방에 한산이 비치고 음악은 온 집에 조용한 밤 들리도다
旌旗四面寒山映, 絲管千家靜夜聞. (耿湋,「上將」, 동권268)

길은 멀고 한산인은 홀로 가고 달은 추수에 임한데 기러기 공연히 놀라도다
路遠寒山人獨去, 月臨秋水雁空驚. (盧綸,「至德中途中書事却寄李僴」, 동권278)

한산에서 피리 불어 봄이 오라 하는데 길 떠난 나그네 보매 눈물이 옷깃을 적시네
寒山吹笛喚春歸, 遷客相看淚滿衣. (李益,「春夜聞笛」, 동권282)

기러기 드문데 가을은 다 가고 지는 해만 한산을 대하도다
雁稀秋色盡, 落日對寒山. (司空曙,「深上人見訪憶李端」, 동권292)

어찌 한산보다 더 오르리오 풍상에 늙은 옛 나그네
詎比寒山上, 風霜老昔客. (王涯,「望禁門松雪」, 동권346)

나무 지고 한산이 조용한데 강은 공허하고 가을 달은 밝도다
木落寒山靜, 江空秋月明. (柳宗元,「遊南亭夜還敍志」, 동권351)

추수는 맑고 잔잔한데 한산에 날 저무니 근심이 많도다
秋水淸無力, 寒山暮多思. (劉禹錫,「罷和州遊建康」, 동권360)

한산은 흰 구름 속에 있고 스님이 홀로 손짓하네
寒山白雲裏, 法侶自招携. (張籍,「寄靈一上人初歸雲門寺」, 동권385)

한산에 쉭쉭 바람 불고 가을 노래는 비에 찰찰하네
寒山颯颯風, 秋琴泠泠雨. (白居易,「秋聲」, 동권455)

어느 해 서리 내린 달밤에 계자 열매 한산에 지도다
何年霜夜月, 桂子落寒山. (李德裕,「月桂」, 동권475)

객이 되어 오래 귀향 못하니 한산에 홀로 사립문을 덮도다
爲客久未歸, 寒山獨掩扉. (姚合,「山中述懷」, 동권497)

오늘 아침에 한산 아래에 뼈를 묻으니 부모에 보답하려고 문에 기대지 못하리
今朝埋骨寒山下, 爲報慈親休倚門. (許渾,「王可封臨終」, 동권530)

이슬은 한산에 두루 내리고 물결은 초의 빈 달을 흔들도다
露洗寒山遍, 波搖楚月空. (馬戴,「夜下湘中」, 동권555)

한산의 돌에 해가 지고 여러 해 입은 승복이 헤어졌구나
落日寒山磬, 多年壞衲衣. (賈島,「崇聖寺斌公房」, 동권572)

숲의 높은 대나무 길게 해를 가리고 사방 벽의 한산이 더욱 이질도다
一林高竹長遮日, 四壁寒山更闃同. (司空圖,「率題」, 동권633)

외론 성은 먼 강에 임해 있고 천리 멀리 한산이 보이네
孤城臨遠水, 千里見寒山. (張喬,「郢州卽事」, 동권638)

한산은 연못에 대하고 대잎의 그림자는 마루에 스머드네
寒山對水塘, 竹葉影侵堂. (無可,「贈詩僧」, 동권813)

등 많은 작품에 시어로 사용되는데, 이 용례는 하나 같이 단순한 물상의 표현에 지나지 않는다.

2)『全唐詩』중의 한산진적(寒山眞跡)

한산 자신과 유관한 시로는 이산보(李山甫), 서응(徐凝), 관휴(貫休), 제기(齊己) 등을 열거할 수 있다. 먼저 서응(徐凝)의 시를 통해 보면[22], 그의「천태의 외론 밤(天台獨夜)」(『全唐詩』권474)의

은빛 땅에 가을 달 색이요,
석량엔 밤 냇물의 소리로다.
뉘 나막신 굽다할 줄 알았으리.
안개 낀 이끼 길 헤치고 가네.

---

22) 徐凝,『唐才子傳』卷六;"凝, 睦州人. 元和間有詩名. 方干師事之, 與施肩吾同里閈, 日新聲調, 無進取之意, 交眷悉激勉, 始遊長安, 不忍自衒鬻, 竟不成名, 將歸以詩辭韓吏部云, 一生所遇惟元白, 天下無人重布衣, 欲別朱門淚先盡, 白頭遊子白身歸知者怜之, 遂歸舊隱, 潛心詩酒, 人間榮耀, 徐山人不復貯齒頰中也. 老病且貧, 意泊無腦, 優悠自終, 集一卷, 今傳."

銀地秋月色, 石梁夜溪聲.
誰知屐齒盡, 爲破煙苔行.

여기에서 서응이 천태를 지나며 읊은 것으로 보는 내용인데, 절강인(浙江人)인 서응이 원화년간(元和年間)에 시명이 높았으며, 백거이(白居易)와 창화(唱和)하였다는 때가 그의 항주자사(杭州刺史) 시기라면 장경(長慶) 2년에서 4년 사이(822~824)가 될 터이니[23] 서응이 천태를 유려하면서 한산을 만났을 가능성도 있었겠다. 더구나 「한암의 돌아가는 선사를 보내며(送寒巖歸士)」(동권474)를 보면,

솜도롱이 걸치지 않고,
한암에 돌아가 거하네.
한암의 눈바람 치는 밤에,
또 바위 앞 계수를 지나네.

不掛絲縷衣, 歸向寒巖處.
寒巖風雪夜, 又過巖前溪.

라고 하여 한암(寒巖)이란 곧 한산을 지칭하는 대명사라고 본다면(香山 백거이나 東坡 소식같이)[24] 서응이 한산과 상교한 면을 부인할 수 없으

---

[23] 『唐詩紀事』卷五十二; "凝, 睦州人, 樂天詩中有李郞中訪徐凝山人云; 郡守輕詩客, 鄕人薄釣翁, 解鱗徐處士, 惟有李郞中范攄言, 樂天爲杭州刺史, 令訪牧丹, 獨開元寺僧惠澄近於京師得之, 植於庭, 時春景方深, 惠澄設油幕覆其上, 會凝自富春來. 未識白……白尋到寺看花, 乃命徐同醉而歸."

[24] 한산 시 중에서 「寒巖」을 쓴 시구를 예인하면, "寒巖深更好, 無人行此道", "棲遲寒巖下, 偏詡最幽奇", "獨廻上寒巖, 無人話合同", "我自腿寒巖, 快活長歌笑" 등이 있으며, 단지 '巖'만으로 한암을 지칭한 예도 있다. "歸來翠巖下, 席草瓧淸流", "任爾天地移, 我暢巖中坐", "今日巖前坐, 坐久煙雲收", "巖前獨靜坐, 圓月當天耀", "千年石上古人蹤, 萬丈巖前一點空" 등.

니, 한산이 800년대까지 생존한 한 증좌도 되겠다. 제1연의 '不掛絲繼衣, 歸向寒巖處'구는 바로 한산자의 "느릅나무 관을 쓰고 헤어진 털옷을 걸치고 헤진 나막신을 신었다(樺冠布裘破, 弊木屐爲履.)"라는 그의 외양과 상통한 묘사인 것이다. 따라서 본시는 한산의 노년의 활동을 입증하는 유일한 예시로 봄직하다. 다음으로, 이산보(李山甫)에서 먼저 「찬 달로 제기에 부치며(賦得寒月寄齊己)」(『全唐詩』 권643)를 보면,

솔 아래 청풍 내 옷깃에 불고,
상방의 종경은 밤에 침침하네.
이미 여악에서 속세 끊은 줄 알건만,
한산의 설월이 깊은 일 더욱 생각케 하네.
온갖 인연 끊고 본의를 씻었으나,
시 읊을 때마다 스승에의 마음이라.
어찌 이름 천하에 두루 난 줄 알리오.
돌 위에 깃든 선죽 그림자 드네.

松下淸風吹我襟, 上方鐘磬夜沈沈.
已知廬嶽塵埃絶, 更憶寒山雪月深.
高謝萬緣消祖意, 朗吟千首亦師心.
豈知名出徧諸夏, 石上棲禪竹影侵.

라고 한데, 제2연에서 「寒山」은 단순한 한랭한 산이 아니라, 한산이 은거하던 한암을 말하니, 이산보(李山甫)(835~905)[25]가 이미 한산의 고사를 작시에 열입시켰다는 것을 알 수 있어 한산의 시명이 중만당대에 유행했었음을 추량케 한다. 또 「산중에서 양판관에 부치며(山中寄梁判官)」(상동)을 보면,

---

[25] 『唐才子傳』卷八 ; "山甫, 咸通中, 累擧進士, 不第, 落魄有不羈才, 鬚髥如戟, 能爲靑白眼, 生憎俗子尙豪俠, 雖簞食豆羹. 自甘不厭, 爲詩託諷不得志, 每狂歌痛飮, 拔劍斫地, 少攄鬱鬱之氣耳. 山甫詩文激切, 耿耿有奇氣, 多感時懷古之作."

돌아와 동림에 누워 벗하려니,
사립문 깊은데 산 경치 대하니 마음이 열리네.
속된 일없어 시심이 이니,
시정이 일어 세상 밖에 드네.
강락공 응당 결사 했을만 하고,
한산자 또한 다재를 탓 했을만 하네.
그대는 곧 도 닦는 벗이니,
육예 잡아끌어 높은 누대에 두리.

歸臥東林計偶諧, 柴門深向翠微開.
更無塵事心頭起, 還有詩情象外來.
康樂公應頻結社, 寒山子亦患多才.
星郞雅是道中侶, 六藝拘牽在隗臺.

여기에서 제3연의 "康樂公應頻結社, 寒山子亦患多才"구는 사령운(謝靈運)과 한산을 고시인으로 추숭하면서 시에 인용한 것이 이산보의 생존시기로 보아 한산이 몰세 후 곧 세인에 유행될 만큼 시명이 높았음을 알게 된다.

그리고 관휴(貫休)의 작에서도[26] 한산시상의 유행을 분명케 하는데, 그의 「스님이 천태사로 돌아감을 전송하며(送僧歸天台寺)」(『全唐詩』권830)를 보면,

천태의 사방 끊긴 우뚝한 절에,
돌아 가 스승의 진상 보겠네.
구기 잎 꺾지 마시오
그 님 습득으로 성내시게 하리라.

---

26) 『唐才子傳』卷十; "休, 字德隱, 婺州蘭溪人, 俗姓姜氏. 風騷之外, 尤精筆禮. 休一條直氣. 海內無雙, 意度高疏, 學文叢脞, 天賦敏速之才, 筆吐猛銳之氣."

하늘엔 성스런 인경 들리고,
폭포는 가늘게 꽃 두건 떨구네.
꼭 구름 속 노인이시라면,
그 님 때때로 덕 이웃하리라.

天台四絶寺, 歸去見師眞.
莫折枸杞葉, 令他拾得嗔.
天空聞聖磬, 瀑細落花巾.
必若雲中老, 他時德有隣.

라고 하여 습득이 후스(胡適)의 주장과는 달리[27] 당시인의 작에 활용되어 이 시는 관휴의 시대(832~912)로 보아 늦어도 만당대에 쓰여졌다 하겠다. 따라서 습득과 함께 한산을 당대 초기의 작품으로 간주된다. 관휴와 함께 제기의 시에서도 한산의 여운을 보는데, 「저궁에서 묻지 마오(渚宮莫問)」 15수 중 제3수를 (상동) 보면,

가는 발걸음 쉴까 묻지 마오
남방에 이미 두루 찾았도다.
응당 할 일 꼭 스스로 하리니,
마음은 다른 마음이 아니로다.
적수의 구슬 어디서 찾으리오.
한산의 노래 읊지를 마오.
뉘 같이 이 이치 논하리오.
입 막으니 아는 이가 적도다.

莫問休行脚, 南方已徧尋.
了應須自了, 心不是他心.
赤水珠何覓, 寒山偈莫吟.

---

27) 胡適, 『白話文學史』 p.177 ; "拾得與豊干皆不見於宋以前的記載."

誰同論此理, 杜口少知音.

라고 하여 제3연의 '한산게(寒山偈)'란 말에서 한산의 여향을 표출했다. 그리고 본시의 서에는28) "내가 신사년에 주인의 은혜 입어 용안사에 거하다(予以辛巳歲, 蒙主人命居龍安寺)"구의 신사년이 있는데, 이 때가 후양(後梁) 용덕(龍德) 원년(992)에 해당하니, 한산의 시가 당 이후에도 애송되었음을 알게 되고 따라서 한산의 실재는 의심할 나위 없으며 그의 생존시기도 늦게 잡아서 800년대 초 이전임에 틀림없다.

II. 한산의 참선시(參禪詩)와 도가시(道家詩) 세계

한산 시를 논하는데 도연명과 왕범지29)를 먼저 생각하지 않으면 안 된다. 먼저 도씨처럼 작품상 담원한 은사의 정회로 충만되어 있다는 데서 상관시키게 되니 한산의 「부모 독경 많으니(父母讀經多)」(15호)를 보면,

---

28) 齊己의 『渚宮莫問』 序에 ; "予以辛巳, 蒙州人命居龍安寺, 察其疎鄙, 免以趨奉, 爰降手翰, 日 ; 蓋知心不在常禮也." 齊己에 대해, 『唐才子傳』 卷九에 "齊己, 長沙人, 姓胡氏, 早失怙恃, 七歲穎悟爲大潙山寺司牧, 往往抒思, 取材竹枝, 畵牛背爲小詩, 耆宿異之, 遂其推挽入戒, 風度日改, 聲價益隆, 遊江海名山, 登岳陳, 望洞庭, 時秋高水落, 群山如黛, 唯湘川一條而已."

29) 胡適은 王梵志를 590~660년 사이에 놓고 『太平廣記』 卷八十二와 歷代法寶記長卷中 의 無任和尙에 관한 어록을 예인하였으며 4개 항목을 들어 왕시의 류행을 기록해서 부언하였다. (『白話文學史』 pp.164~165) 『太平廣記』에 "王梵志, 衛州黎陽人也. 黎陽城東十五里有王德祖, 當隋文帝時, 家有林檎樹, 生癭大如斗, 經三年, 朽爛. 德祖見之乃剖其皮, 遂見一孩兒抱胎而口(此處疑脫一字). 德祖收養之. 至七歲, 能語, 曰, 『誰人育我? 復何姓名?』 德祖具以實語之, 因名曰 『林木梵天, 後改曰 『梵志』."라 하여 왕씨의 실재와 출신을 밝혔다.

부모님 독경 많으시니,
전원에서 그가 부럽지 않네.
어미 베틀 찰각 흔들거리고,
아이는 와와 입 놀리네.
손뼉치며 꽃 춤 돋구고,
턱 고여 새 노래 듣도다.
누구든 감탄경하 하리니,
나무꾼이 자꾸 지나가네.

父母讀經多, 田園不羨他.
婦搖機軋軋, 兒弄口吪吪.
拍手催苑舞, 搘頤聽鳥歌.
誰當來歎賀, 樵客屢經過.

라 하니 전원의 한정(閑靜)을 가창한 것이요, 「띠집에 야인이 거하다(茅棟野人居)」(25호)는 산계(山界)와 전경(田景)을 사실미 있게 표현하여,

띠 집에 야인이 거하매,
문 앞엔 거마가 뜸하네.
숲 깊어 새들 모이고,
계수 넓어 고기 잠기세라.
산 과일일랑 아이 잡고 따며,
언덕 밭엔 어미 함께 호미질 하네.
집에 뭐 있으리.
오직 한 상의 책뿐이로다.

茅棟野人居, 門前車馬疏.
林幽偏聚鳥, 谿闊本藏魚.
山果携兒摘, 皐田共婦鋤.
家中何所有, 唯有一床書.

라고 하니 앞 2연은 산광(山光) 속의 은거를, 뒤의 2연은 농촌의 진경을 서슴없이 묘사하였으니, 도연명의 전원 및 탈속과 인연하고 있다. 도연명의 「전원으로 돌아가 거하다(歸田園居)」 제2수를 보면 (『箋註陶淵明集』 卷之二),

들 저밖에 세상일 드무니
궁한 골목에 수레바퀴 소리 적도다.
대낮에 사립문을 덮고
빈방엔 속된 생각 끊었도다.
때로 다시 집 모퉁이에서
풀을 스치며 서로 왔다 갔다 하도다.
서로 보고도 잡된 말하지 아니하고
단지 뽕나무와 삼베가 자란 말만 한다.
뽕과 베가 날이 갈수록 잘 자라니
나의 땅도 날이 갈수록 넓어지도다.

野外罕人事, 窮巷寡輪鞅.
白日掩荊扉, 虛室絶塵想.
時復墟曲中, 披草共來往.
相見無雜言, 但道桑麻長.
桑麻日已長, 我土日已廣.

여기에서 전거(田居)의 낙사(樂事), 상마(桑麻)의 종식(種植), 향인(鄕人)과의 왕래 등이 경중유정(景中有情)의[30] 전원미를 느끼게 하고 담아(淡雅)하고 졸박(拙樸)한 풍격은 명대 장계(張戒)가 "동녘 울타리에서 국화 따고 아련히 남산을 본다"라 한 이 경물이 눈앞에 있지만 더 할 수 없는 한가하

---

30) 李重華云;"詩有情有景, 且以律詩淺言之, 四句兩聯, 必須情景互換, 方不復沓, 更要識景中情, 情中景, 二者循環相生, 卽變化不窮."(『貞一齋詩說』 p.8) 施補華云;"景中有情, 如柳暗春水漫, 花塢夕陽遲. 情中有景如勳業頻看鏡, 行藏獨倚樓, 情景兼到, 如水流心不競, 雲在意俱遲"(『峴傭詩說』)

고 조용한 마음이 아니고서는 이런 경지에 이를 수 없으니 이러한 맛은 따를 수 없는 것이다.(採菊東籬下, 悠然見南山, 此景物雖目前, 而非至閒至靜之中, 則不能到, 此味不可及也.)"(『歲寒堂詩話』 권1)라 하고, 청대 시보화(施補華)가 "도공의 시는 일단 진실한 기품에 들어 가슴에서부터 흘러나오면 글자마다 곱고 맑으며 글자마다 심통한 맛을 준다.(陶公詩, 一往眞氣。自胸中流出, 字字雅淡, 字字沈痛.)"(『峴傭說詩』)란 평구와도 합치된다. 한산은 제량풍(齊梁風)이 풍미하던 당시의 문풍에서 왕범지를 따르며 도씨의 진기를 흡수하고 있음은 자연스런 맥류가 아닌가 한다.

왕범지와의 관계는 서에서 이미 개술한 바이지만, 송대 진암초(陳巖肖)가 말한 바, "왕범지 시에 이르기를, 요행의 문은 쥐구멍 같은데 모름지기 한 개가 남았도다. 만일 모두 막히면 좋은 곳을 뚫어야지라 한 이것은 조상국의 소위 옥시로 부치는 것에 가까운 것이라 하겠다.(王梵志詩曰; 『倖門如鼠穴, 也須留一箇. 若還都塞了, 好處隙穿破.』此言近乎曹相國所謂以獄市爲寄也.)"라고 것으로 보아 왕씨의 근원도 도씨와 상통하고 있음을 알 수 있다.

한산 시를 특징 지우는 데에 있어, 그의 참선적(參禪的)인 면과 구선적(求仙的)인 면으로 대분하여 고찰함이 타당하리라 본다. 참선시란 방향에서 보면 그의 시를 '선전(禪典)', '선리(禪理)'와 '선취(禪趣)'로 세분하여 생각할 수 있고, 구선이라면 '졸박(拙樸)', '고아(高雅)', 그리고 '탈속(脫俗)'으로 볼 수 있다. 일반적으로 한산의 시사(詩史)를 본사전기(本事前期), 본사후기(本事後期), 한암기(寒巖期)로 보지만, 사상면으로는 유생기(儒生期), 모도기(慕道期), 학불기(學佛期)로 볼 수 있는데, 그의 시의 주류는 모도와 학불에서 찾아야 하겠기에 이제 그 특성을 살피려 한다.

1. 참선시

시와 선오(禪悟)와의 관계는 엄우(嚴羽)에서 구체화되었지만, 시의 선적 의경은 이미 성당 초에 맹호연(孟浩然)과 왕유(王維)에서 작품화하였고 그의 선성이 바로 초당 말의 왕범지, 왕적(王績), 그리고 한산 등에서 있었다는 점은 객관적인 논점이다.31) 사공도(司空圖)는 당시인의 정미(精微)를 말하기를,

국초에 왕이 문장을 좋아하여 고아한 풍조가 특히 성행하니 진자앙과 두심언이 그 시범을 보이고 심전기와 송지문이 흥기 시킨 후에 강녕에서 걸출한 자들이 나와서 이백과 두보에게서 사조가 크게 퍼져 극치에 이르렀다. 왕유와 위응물은 흥취가 맑고 원대하여 맑은 물이 뚫고 지나는 듯하다.

國初, 上好文章, 雅風特盛, 陳杜濫觴之餘, 沈宋始興之後, 傑出江寧, 宏思於李杜, 極矣. 右丞, 蘇州, 趣味澄敻, 若淸流之貫達. (『司空表聖文集』 卷一)

라고 하여 초당대에 이미 청류적 시풍이 있었음을 밝혔으며, 엄우는 「선으로 시에 들다(以禪入詩)」를 중시하여,

고로 나는 스스로 생각하지 않고 문득 시의 주제를 정하고 또 선을 빌려 선을 삼아 한위대 이후의 것을 기원으로 하여 단연히 성당대를 법도로 삼고 있으니 세상의 군자들에게 죄가 된다 해도 이 생각은 물리지 않을 것이다.

---

31) 졸저,『王維詩與李朝申緯詩之比較硏究』의 第三節「王維詩與禪悟之關係」를 참조(亞細亞文化社).

故予不自量度, 輒定詩之宗旨, 且借禪以爲禪, 推原漢魏以來, 而截然謂當以盛唐爲法, 雖獲罪於世之君子, 不辭也. (『滄浪詩話』, 「詩辨」)

라고 하고 또 "대개 선도는 묘오에 있으며 시도 또한 묘오에 있는 것이다.(大抵禪道有在妙悟, 詩道亦在妙悟.)"(상동)라 하여 시와 선의 관계를 중국시론의 핵으로 정립시켰다.

1) 선전(禪典)과 선어(禪語)

한산 시에 불어(佛語)와 불전(佛典)을 활용한 의미는 어느 시인보다도 심도 있게 다루어졌으니, 시의 개성에서 간과해선 안 될 것이다. 명대 위경지(魏慶之)는 시의 이런 용례는 당대에 들어 유행하여 참신하고 좋은 것(新好)을 찾으려는 데 있다고 하면서,

고인들이 시를 짓는데 방언을 다용하고 지금은 시를 짓는데 다시 선어를 사용하니 대개 진속하고 낡은 것을 가장 싫어하고 새롭고 좋은 것을 찾으려 한다.

古人作詩, 多用方言, 今人作詩, 復用禪語, 蓋最厭塵舊而欲新好也. (『詩人玉屑』卷六)

라고 하였는데, 한산 시의 선전과 선어는 입신(入神)의 경계를 추구하는 소재였음을 인지하게 된다.[32] 몇 수를 예거하면, 「몸에 공화의 옷을 입고(身著空花衣)」의

몸에 공화의 입고,

---

32) 淸, 趙翼은 오히려 이런 현상을 가염하다 하여 "至於摸倣佛經, 掉弄禪語以之入詩, 殊覺可厭"(『甌北詩話』卷五)라 하였다.

발엔 거북털 신 신었네.
손에 토끼 뿔 활 쥐고,
잡아 무명귀를 쏘도다.

身著空花衣, 足躡龜毛履.
手把兎角弓, 擬射無明鬼.

여기에서 공화(空花), 귀모(龜毛), 토각(兎角)은 실물이 아니니 불경은 허무한 뜻으로 비유하고, 무명귀(無明鬼)의 무명은 중생의 생명의 열근(劣根)인 '아유야식(阿維耶識)'(Avidya)으로 치(痴)의 이명(異名)이며, 「가소로운 오음굴에서(可笑五陰窟)」(263호)의

가소로운 오음굴에서,
사사와 함께 거하도다.
어두워 밝은 촛불 없으니,
삼독이 서로 몰아 달리도다.
육개적과 벗하여,
법재주를 약탈하고,
마귀 무리를 목을 베니,
태평하기 소생하듯 넘치도다.

可笑五陰窟, 四蛇同共居.
黑暗無明燭, 三毒遞相驅.
伴黨六箇賊, 却掠法財珠.
斬却魔軍輩, 安泰湛如蘇.

에서 오음(五陰)은 오견(五蘊)으로 색(色)·수(受)·상(想)·행(行)·식(識)을 말하며, 사사(四蛇)는 지(地)·수(水)·화(火)·풍(風)을 말하니 『최승경(最勝經)』에서 "지수풍화는 모두 사람의 몸을 이루고 같이 한 곳에 있어 서

로 만나니 네 독사가 한 상자에 거하는 것과 같다.(地水風火, 共成人身, 同在一處而相逢, 如四毒蛇居於一篋.)"라 하였다. 그리고 삼독(三毒)은 탐(貪)·진(瞋)·치(痴)의 삼대 열근(三大劣根)이며, 육개적(六箇賊)은 육식(六識)으로서 안(眼)·이(耳)·비(鼻)·설(舌)·신(身)·의(意)가 각각 색(色)·성(聲)·향(香)·미(味)·촉(觸)·법(法)을 이끌어 내어 지신을 해친(害己)다고 하는 것이다. 그리고 「나 전윤왕 보고(我見轉輪王)」(253호)를 보면,

> 내 전윤왕 보면,
> 천명의 자식이 늘 둘러 있으니,
> 십선은 사천이 되어,
> 장엄하고 칠보 많도다.
> 칠보 다 몸에 달아,
> 장엄하고 자못 묘호하도다.
> 하루아침에 복 다 보답하니,
> 갈대에 깃든 새 같도다.
> 또 우령충 만들어 육취의 도를 배워서,
> 항차 필부에 돌리어도,
> 늘 길이 지킬 수 없도다.
> 생사는 도는 불같고,
> 윤회는 마도 같으니,
> 일찍 깨닫지 못하면,
> 허무하게 늙으리라.

> 我見轉輪王, 千子常圍繞.
> 十善化四天, 莊嚴多七寶.
> 七寶鎭隨身, 莊嚴甚妙好.
> 一朝福報盡, 猶若棲蘆鳥.
> 還作牛領蟲, 六趣受業道.
> 況復諸凡夫, 無常豈長保.
> 生死如旋火, 輪廻似麻稻.

不解早覺悟, 爲人枉虛老.

여기에서 전윤왕(轉輪王)은 삼십이상(三十二相)이라 칭하여 즉위할 시에 하늘(天)에서 윤보(輪寶)를 감득(感得)하여 그것을 굴려 사방으로 강복했다는 신전(神典)의 예이며 십선(十善)은 "죽이지 않고, 훔치지 않고, 사악하고 음탕하지 않고 망언하지 않고 두 말하지 않으며 악한 말하지 않고 망녕된 말 안하고 탐내지 않고 성내지 않고 남을 헐뜯어 보지 않는다. (不殺, 不偸, 不邪淫, 不妄言, 不兩舌, 不惡口, 不妄語, 不貪, 不瞋, 不邪見.)"라고 말하는 선어(禪語)이며, 사천(四天)은 사천왕(四天王)이 거하는 천(天), 육취(六趣)는 육도(六道)를 뜻한다. 한산의 이 같은 용례는 비교적 그의 시에서 다음과 같은 의미를 표출하고 있다 하겠으니, 첫째는 현실세계에 대한 고뇌를 대변하고, 둘째는 불심(佛心)과 불계(佛界)를 향한 흠모, 그리고 셋째는 생명의 초탈과 자신을 잊음(忘我)을 추구하는 것이라 하겠다.

2) 선리(禪理)

시의 선리(禪理)에 대해 치엔모춘(錢默存)은 다음과 같이 심도 있게 논술하고 있다.

> 『시수』, 「내편」 권5에 이르기를, 도선(仙)이니 참선(禪)이니 하는데 모두 시에 있어서 근본 바탕이 된다. 오직 유생만은 기상이 조금도 시에 드러나지 않는데 유생의 언어가 한 자도 시에 인용되지 않지만 두보는 왕왕 그것을 겸하고 있으면서 격조를 상하지 않고 성정을 더럽히지 않으니 고로 절로 따르기 어렵도다. 두보 시는 진실로 요체를 얻고 있도다. 그러니 도선과 참선이 모두 시에서의 바탕인 것이다.

> 詩藪內編卷五云 ; 曰仙曰禪, 皆詩中本色, 惟儒生氣象, 一毫不得著詩, 儒

者語言, 一字不可入詩, 而杜往往兼之, 不傷格, 不累情, 故自難及. 說杜詩
固得間中肯矣. 而謂仙與禪皆詩中本色.(『談藝錄』 p.273)

여기에서 시의 정신에 작용하는 요소로서 선리(禪理)를 강조하였는데, 이른 바 선리시(禪理詩)란 불설(佛說)을 즐기고 그 오미(奧味)를 정밀하게 표출하는 것으로 선리를 내용으로 해서 문학 관념에 가미시켜 정감의 고아함을 표출하는 것이다.[33] 이런 시의 선리가 한산에게 특기 할만 한 것이니, 「남이 한산의 길을 물으면(人間寒山道)」(9호)를 보면,

남이 한산 길 물으나,
한산의 길은 통하지 않네.
여름에 얼음이 녹지 않고,
해가 나도 안개 자욱하네.
나 같은 이 무슨 연유로,
그대 마음과 같지 않은지.
그대 마음 나 같다면,
또 그 중에 선을 얻으리다.

人間寒山道, 寒山路不通.
夏日永未釋, 日出霧朦朧.
似我何由屆, 與君心不同.
君心若似我, 還得到其中.

여기에서 이 시는 반격(半格)으로 오언율시도 아니고 고체시도 아니며 시의(詩意)는 전 2연이 고박(古樸)하고, 후 2연은 표일(飄逸)하여 표현법이 은유적인 백묘법(白描法)을 써서 심목(心目)의 불성(佛性)을 표출하고 있

---

33) 沈德潛, 『說詩晬語』에 "杜詩, 江山如有待, 花柳自無私, 水深魚極樂, 林茂鳥知歸. 水流心不競, 雲在意俱遲. 俱有理趣. 邵子則云; 一陽初動處, 萬物末生時, 以理語成詩矣. 王右丞詩, 不用禪語, 時得禪理."(卷下)

다. 이 시는 천담(淺淡)한 중에 고심(高深)한 철리를 표현하여 격한 정감과 개성을 보이면서 문자는 쉽게 이해되나 그 속에 비의(秘義)가 숨어 있다. 또한 「한산의 길(寒山道)」(295호)를 보면,

　　한산의 길 가는 이 없으니,
　　갈 수 있다면 십 호라 부르리.
　　매미 소리 있어도,
　　까마귀 짖음 없고,
　　누런 잎 지고 흰 구름 쓴다.
　　돌은 우툴두툴 산은 오뚝오뚝,
　　나 홀로 거하니 선도를 이름이라.
　　그대 잘 보오. 얼마나 좋은지를.

　　寒山道, 無人道.
　　若能行, 稱十號.
　　有蟬鳴, 無鴉噪.
　　黃葉落, 白雲掃.
　　石磊磊, 山隩隩.
　　我獨居, 名善尊.
　　子細看, 何相好.

여기에서 이 삼언고시(三言古詩)는 한산에게서 찾을 수 있는 독특한 형식으로 이는 한산의 전통에 대한 체제적 반항이라고도 볼 수 있어 풍격이 고졸(古拙)하고 기돌(奇突)하며 오기(傲氣) 어린 기세로 나타나고 있다.34) 여기서 한산도란 불도로서 매미의 울음소리(蟬鳴)는 있으되 까마귀의 소란한 소리(鳥鴉噪)는 없으며 누런 잎(黃葉)이 지면 흰 구름(白雲)이 와서 깨끗이 쓸어 가고(來掃), 괴석(怪石)과 기봉(奇峰)이 있는 중에 사상(事相)의 심층(深層)에 불리(佛理)가 흐르고 있다.

---
34) 陳慧劍의『寒山研究』p.24 참조.

그리고 (A)「권하니 왕래 끊지 않고(勸你休去來)」(274호)와 (B)「왕범지가 죽어서(梵志死去來)」(202호)를 각각 보면, 먼저 (A)에서,

> 권하니 왕래 끊지 말고,
> 염라왕 근심 마오
> 실각하여 삼도에 드니,
> 분골하여 온갖 매 당하도다.
> 길이 지옥인 되어 금생의 도 격해 있네.
> 내 말 믿어 의중보를 얻기 바라네.

> 勸你休去來, 莫惱他閻老.
> 失脚入三途, 粉骨遭千擣.
> 長爲地獄人, 永隔今生道.
> 勉你信余言, 識取衣中寶.

그리고 (B)에서,

> 왕범지는 죽었어도,
> 혼은 염라를 알아 보도다.
> 백왕의 책 다 읽으나,
> 채찍 받음을 면치 못하리다.
> 나무아미불 칭하여 모두 성불하리다.

> 梵志死去來, 魂識見閻老.
> 譯盡百王書, 未免受捶拷.
> 一稱南無佛, 皆以成佛道.

이상의 A, B 시는 신선하고 활기 있는 형상을 보이고 시어는 구어(舊語)와 방언을 쓰고 있으니, 예컨대 A의 '去來'는 '去了'의 뜻으로 '來'는 절강(浙江), 강소(江蘇)지역의 '了'의 어미조사이니 이것은 천태(天台)의 방

언이라 하겠다. 그리고 A의 삼도(三途)는 축생(畜生),지옥(地獄),아귀(餓鬼)의 삼악도(三惡道)를 지칭하며 의중보(衣中寶)는 불성(佛性)을, B의 백왕서(百王書)는 성현서(聖賢書), 그리고 나무불(南無佛)의 나무(南無)는 귀의를 각각 의미하고, 범지는 왕범지이니 비록 이런 불어를 열입시켰으나, 의경이 천속한 중에 구어방언을 쓴 생동감과 부처에 대한 신앙을 권하는 숭고함이 흘러 넘친다. 또 「나는 기만하는 무리를 보며(我見瞞人漢)」(201호)를 보면,

내 기만의 무리 보니,
마치 쪽 풀이 물에 차 떠가듯 하고,
한 기운에 집에 돌아가려니,
광주리에 무엇이 있으리.
내 기만당한 이를 보니,
마치 뜰의 부추 같아,
매일 칼에 상하니,
천생에 절로 있도다.

我見瞞人漢, 如藍盛水走.
一氣將歸家, 藍裏何曾有.
我見被人瞞, 一似園中韭.
日日初刀傷, 天生還自有.

이 시에서 대비수법을 써서 서로 상반된 성격의 인물을 묘사하였는데, 만인자(瞞人者)는 허무를, 피만자(被瞞者)는 만족을 계시한 것으로 인과율(因果律)에 기인한 것이며, 주제가 세상에 권면(勸世)이지만 향화(香火)의 기미는 표출되지 않고 있다.

그리고 '如藍盛水'구는 불경의 비유어(喩言)로 간교자에겐 경계를 충직한 자(忠愚者)에겐 안위를 주는 불가적 섭리를 깊게 심고 있다.

3) 선취(禪趣)

시의 선취라면 이른바 선적 흥취가 되겠는데, 시의 참선미를 통해 사물에 기탁하여 감흥을 일으켜서(託物起興) 유한(有限)에서 무한(無限)을 보고 황홀(恍惚)의 선기(禪機)를 느끼게 하는 시의 오묘한 경지를 표출하는 상태를 말한다. 청대 오교(吳喬)는 시의 고묘(高妙)란 선 자체에 있다기보다는 이에 의한 흥취에 있다고 하면서 그 의취(意趣)를 다음과 같이 밝혔다.

> 소동파는 이르기를, 시는 기취로 본을 삼고 상도에 반하였다가 도에 합당하게 되는 것을 의취로 삼는다. 이 말은 가장 좋으니 어찌 기취로 시를 짓지 않을 수 있으리오. 상도에 반하면서 도에 합당하지 않는다면 이것은 어지러운 말이다.

> 子瞻曰;『詩以奇趣爲宗, 反常合道爲趣』. 此語最善, 無奇趣何以爲詩? 反常而不合道, 是謂亂談.(『圍爐詩話』卷一)

여기에서 동파는 시는 기취를 종으로 해야 함을 강조하였는데, 이런 흥취가 시의 달경(達境)인 선경(禪境)을 낳아 무대(無待), 망아(忘我), 지정(至靜) 그리고 초연물외(超然物外·현실 사물의 세계를 초월함)의 삼매에 몰입하는 오경(悟境)을 보인다. 시의 선경적 표현은 시선일치(詩禪一致)의 의미이며,35) 탈속, 망아 그리고 입선(入禪)(禪定)의 경계를 특색으로 삼는다.

한산 시의 자연경물의 미세한 관찰에서 성정의 의식을 토로한 면을 흥취 어린 사의(詞意)에서 찾을 수 있으니, 먼저 흥취(興趣)란 면에서「한산

---

35) 王士禛은 시선일치를 설명하기를 "捨筏登岸, 禪家以爲悟境, 詩家以爲化境, 詩禪一致, 等無差別"(『王漁洋鼊尾續文』)이라 하였고, 翁方綱은 왕유 시의 선경을 「右丞五言, 禪悟象外, 不必言矣. 至此『故人不可見, 寂寞平陵東』, 末嘗不取樂府以見意也."(『石州詩話』卷一)라고 하였다.

길에 올라(登陟寒山道)」(26호)를 보면,

한산 길 오르니,
한산 길 끝이 없어,
계곡 길고 돌 우툴두툴
시내 넓고 풀 소슬 대네.
이끼 미끄러우니 비만도 아니요,
소나무 우니 바람을 빌린 게 아니로네.
뉘 속세를 초월할소냐.
함께 흰 구름 속에 앉으려네.

登陟寒山道, 寒山路不窮.
谿長石磊磊, 澗闊草蒙蒙.
苔滑非關雨, 松鳴不假風.
誰能超世界, 共坐白雲中.

이 시에서 산수의 소탈한 자태와 속계를 초월하여 백운에 앉은 한산 자신의 시적인 묘취(妙趣)는 마치 심덕잠(沈德潛)이 왕유(王維)의 「종남산(終南山)」(『王右丞集箋註』 권6)을 평하여 "이제 그 어의를 음미하니 산이 멀리 보이는데 인적은 드물어서 범상한 경물 묘사로는 비할 수가 없다. (今玩其語意, 見山遠而人寡, 非尋常景可比)"(『唐詩別裁』 권9)라고 한 의미와 상통하면서, 오히려 탈속의 청결미를 주고 있다. 이런 취흥을 절실하게 표현하기 위해서인지 한산의 시에는 '白雲'의 시어가 모두 21개소에 쓰이고 있는 것을 보면 이해할 만하다.36) 그리고 「아득한 한산 길(杳杳寒

---

36) 한산 시의 '白雲'처를 예시하면, 「白話高嶒峨」(28), 「白雲抱幽石」(2), 「共坐白雲中」(26), 「白雲高岫閑」(267), 「且枕白雲眠」(286), 「自在白雲閑」(214), 「談玄有白雲」(220), 「白雲朝影靜」(272), 「長伴白雲閑」(233), 「白雲常自閑」(158), 「寒山唯白雲」(281), 「白雲常靉靆」(157), 「可來白雲裏」(19), 「白雲中」(296), 「苟欲乘白雲」(61), 「不學白雲巖下客」(190), 「侵晨舞白雲」(23), 「白雲四茫茫」(56), 「白雲同鶴飛」(160).

山道」(29호)를 예거하여 보건대,

아득한 한산 길이,
흐르는 찬 시냇가에 있고,
짹짹하며 항상 새 있는데,
조용히 인적이 없어라.
쉭쉭 바람 얼굴에 불며,
어지러이 눈 몸에 쌓이네.
아침마다 해 안 보고,
해마다 봄을 모르네.

杳杳寒山道, 落落冷澗濱.
啾啾常有鳥, 寂寂更無人.
磧磧風吹面, 紛紛雪積身.
朝朝不見日, 歲歲不知春.

 이 시의 매구 2자가 첩자를 쓰고 있는 독특한 묘사인데, 그 미(美)가 선경(仙境)같고, 정(情)이 무한함(永恒)같으며, 그윽함(幽)이 옛 묘당(古廟)같고 황량함(荒)이 사막 같아 작자의 영혼, 은거지 및 자신의 일체를 표출하고 있다. 첩자의 구성도 제1연은 형용사, 제2연은 부사, 제3연은 다시 형용사, 제4연은 부사의 기법을 써서 정태미(情態美)가 넘치는 작자의 의취(意趣)를 확인하게 된다.
 이런 탈속적인 운기(韻氣)는 그의 시어를 구사하는 선재(選材)에서도 볼 수 있으니, '고요함(靜)', '맑음(淸)', '공허함(空)', '적막함(寂)' 등의 담원적(淡遠的)인 문자를 다용한 것을 알 수 있다. 다음에 그 시구를 예거하겠다.

〈淸〉의 예로는,
  맑은 강에 선 모습 귀엽도다(可憐淸江裏) (「相喚採芙蓉」47호)

풀 자리에서 맑은 물을 구경한다(席草翫淸流) (「少年學書劒」111호)
아련히 절로 맑고 한가하다(悠悠自淸閑) (「隱士遁人間」259호)
솔바람이 쉭쉭 맑다(松風淸颯颯) (「可重是寒山」158호)
맑은 바람이 많다(足淸風) (「重巖中」298호)
푸른 못이 맑고 깨끗하다(碧潭淸皎潔) (「吾心似秋月」48호)
푸른 시내의 샘물이 맑다(碧澗泉水淸) (「碧澗泉水淸」77호)
물이 맑아 옥구슬처럼 빛나다(水淸澄澄瑩) (「水淸澄澄瑩」203호)
물이 맑으니 여러 짐승이 나오다(水淸衆獸現) (「水淸澄澄瑩」203호)
무릇 얼마나 맑은가(凡經幾度淸) (「我見黃河水」244호)
맑고 정결한 마음 몰라라(不知淸淨心) (「自古多少聖」209호)
때로 맑게 준마 녹이가 되다(時淸爲騄駬) (「變化計無窮」107호)
흐르는 물에 마음이 맑고 정결하다(中流心淸淨) (「上人心猛利」234호)
명월과 청풍이 나의 집이다(明月淸風是我家) (「世間何事最堪嗟」190호)

〈靜〉의 예로는,
고요하기가 가을 강의 물과 같다(靜若秋江水) (「千雲萬水間」273호)
마음이 고요하기가 흰 연꽃 같다(心靜如白蓮) (「隱士遁人間」259호)
고요히 구경하며 오직 기리도다(靜翫偏嘉麗) (「盤陀石上坐」258호)
시내가 고요하고 맑다(谿間靜澄澄) (「可貴一名山」255호)
바위 앞에 홀로 고요히 앉아있다(巖前獨靜坐) (「巖前獨靜坐」268호)
고요히 앉아서 근심과 번뇌를 끊노라(靜坐絶憂惱) (「心高如山嶽」222호)

〈空〉의 예로는,
구름길이 허공에 있다(雲路在虛空) (「時人尋雲路」248호)
연단과 단약으로 신선을 바란다(鍊藥空求仙0 (「出生三十年」291호)
빈 경지를 보니 더욱 적막하다(觀空境逾寂) (「碧澗泉水淸」77호)
밝은 허공에 사방을 본다(四顧晴空裏) (「閑遊華靜上」160호)
몸에 공화의를 입다(身著空花衣) (「身著空花衣」288호)
공연히 투덜댄다(空空離譏誚) (「寒山無漏巖」292호)
만 길의 바위 앞이 한 점의 허공이라(萬丈巖前一點空) (「千年石上古人蹤」193호)
먼 허공을 보며 먼지 흔적을 적노라(饒邈虛空寫塵跡) (「余見僧繇性希奇」

185호)

〈寂〉의 예로는,
　　적막하여 먼지조차 없다(寂然無塵累) (「千雲萬水間」273호)
　　적막하여 아무도 없다(寂寂更無人) (「杳杳寒山道」29호)
　　고요히 속세를 끊노라(寂寂絶埃塵) (「寒山唯白雲」281호)
　　사립문 닫지 않은데 항상 적막하다(蓬扉不掩常幽寂) (「久住寒山凡幾秋」186호)
　　조용히 평안히 거하다(寂寂好安居) (「寒山無漏巖」292호)

　이상과 같은 예구를 통해서 시어의 활용이 소재 상으로는 자연의 경물과 심성의 발로를 위주로 하였고, 묘사 면에서는 시의 결어라든가, 허무적인 의식을 많이 표출하였으며, 선적인 의미에서 탈속에의 심태진행과 불리(佛理)의 실천으로 묘사하고 있다.
　이런 선취(禪趣)가 극치에 달하면 선에 들어 망아의 경지에 들어가는(入禪忘我) 선경(禪境)을 말하게 되는데, 한산의 시에는 이 점을 누구보다 높이 보아야 할 것이다. 선경의 요지는 이미 서술하였으므로, 작품으로 예시한다면, 먼저 「내 마음 가을 달 같다(吾心似秋月)」를 예로 들면,

　　　내 마음 가을 달 같으니,
　　　푸른 못 맑고 밝고 깨끗하네.
　　　감히 비교할 사물 없으니,
　　　나에게 무엇을 말해 주리오

　　　吾心似秋月, 碧潭淸皎潔.
　　　無物堪比倫, 敎我如何說.

　이 시는 상이 없는 중의 상(無相의 相), 사물이 없는 중의 사물(無物의 物), 도가 아닌 중의 도(非道의 道)라는 역설의 긍정과 실상을 그려서, 가

을 달(秋月)같은 청결(淸潔)은 바로 성불(成佛)을 향한 깊은 현경(玄境)이니, 선에 들고 선에서 나오는(禪入禪出) 탈속미를 주고 있다.

그리고, 「생사의 비유를 알려면(欲識生死譬)」(96호)를 보면,

생사의 비유를 알려면,
얼음과 물을 비교할지라.
물이 맺히면 즉 얼음이 되고,
얼음이 녹아서 물로 돌아온다.
이미 죽어도 필히 살아나리니,
태어났다가 다시 죽도다.
얼음과 물이 서로 상하지 않듯이,
죽고 사는 것 모두 아름다운지라.

欲識生死譬, 且將氷水比
水結卽成氷, 氷消返成水
已死必應生, 出生還復死
氷水不相傷, 生死還雙美.

이 시의 사상배경은 능엄경(楞嚴經)의 빙수(氷水)를 비유하고 있다. 한산은 빙수로써 생사윤회를 비유하여 생사관을 넘어선 망아의 심태를 표현한다. 이것은 명대 호응린(胡應麟)이 말한 바, "선은 반드시 깊이 이루어지고서 말로 나타낼 수 있으니 시를 쓰는 경지를 깨달았다 해도 모름지기 깊이 참선의 세계에 들어야 한다. (禪必深造而後能語, 詩雖悟後, 仍須深造.)"(『詩藪』內編卷三)라는 의미에서 볼 때, 시에서 선을 빼면 시의 생명을 무시해도 좋다는 극언도 가능하다는 말이 된다.

이런 선적 경지의 최정점인[37] 입선(入禪)의 심정을 표현한 작으로는

---

37) 淸代 徐增은 "夫詩一字不可亂下, 禪家一擬議不得, 詩亦著一擬議不得, 禪須作家, 詩亦須作家, 學人能以一捧打盡從來佛祖. 方是個詩家大作者, 可見作詩除去參禪, 更無別法

「항상 석가불 듣다 (常聞釋迦佛)」(232호)를 들겠으니, 보건대,

> 항상 석가불 듣는데,
> 먼저 연등의 분부 받도다.
> 연등과 석가는 전후의 지혜를 논할 뿐이로다.
> 전후의 지체 다른 게 아니니,
> 다른 중에 다름이 없는 것이로다.
> 일불은 일체의 불이니,
> 마음은 바로 여래의 터로다.

> 常聞釋迦佛, 先受然燈記
> 然燈與釋迦, 只論前後智.
> 前後體非殊, 異中無有異.
> 一佛一切佛, 心是如來地

이 시는 완전히 여래에 든 마음의 득도를 서술하였다. 매구가 불어이며 불리이고, 선경의 화신이 된 상태를 그리고 있다. 한산의 선시는 그의 대명사이며 시 세계의 핵이라 할 것이니, 그의 시에서 156수가 그 부류라 하겠다.

2. 구선시(求仙詩)

한산의 도가적 시는 많지 않으니 순수한 것은 13수를 들 수 있다.[38] 한산의 구도시기는 30세 이후의 중년으로 모도기(慕道期)는 입불(入佛) 이전

也."(『而菴詩話』).
38) 寒山의 道詩로는 「我聞天台山」(210), 「手筆大縱橫」(19), 「益者益其精」(75), 「家住綠巖下」(16), 「欲得安身處」(302), 「竟日常如醉」(45), 「山客心悄悄」(65), 「人生在塵蒙」(227), 「徒勞說三史」(76), 「有人外白首」(151), 「出生三十年」(291), 「常聞漢武帝」(264), 「昨到雲霞觀」(239) 등.

으로 보겠다. 그의 도시(道詩)는 선어(仙語)를 다용하고 선술(仙術)을 익히 알며 허무와 입선하는 고아의 미를 특징으로 한다. 그의「어제 하운관에 이르러서(昨到雲霞觀)」(239호)을 예로 들면,

어제 하운관에 이르러,
홀연히 선존사 만났네.
별과 달이 가로질러 뜬데,
다 산수 자연에 거한다 하네
내 신선술 물으니,
도는 비할 만 하다 하오
영은 무상하다 하니,
묘약은 필히 신비롭다.
죽으려 하매 학 오기 기다리니,
모두 물고기 타고 간다 하네.
내 곧 돌아 가 끝날 것이니,
찾아도 이치 말 마오.
화살 빈 것 보니,
문득 또 땅에 떨어지네.
너 선인 되려 하면,
마치 죽은 자의 귀신 지키듯 하리라.
마음의 달 절로 정명하니,
만상을 무엇에 비하랴.
선단술 알려 하면,
몸 안에 본신이 바로 그것이라.
적송자 배우지 말고,
우직함을 잡고 스스로 지켜 나가리.

昨到雲霞觀, 忽見仙尊士.
星冠月帔橫, 盡云居山水
余問神仙術, 云道若爲比

謂言靈無上, 妙藥必神秘.
守死待鶴來, 皆道乘魚去.
余乃返窮之, 推尋勿道理.
但看箭射空, 須臾還墜地.
饒你得仙人, 恰似守屍鬼.
心月自精明, 萬象何能比.
欲知仙丹術, 身內元神是.
莫學黃巾公, 握愚自守擬.

여기서 '仙'자가 4처에 나오고, '道'자가 3처, '仙術'이 3처, 그리고 '盡云居山水', '心月自精明', '握愚自守擬' 등 구는 순담(淳淡)하며 소박한 고아미를 준다. 고아란 청대 반언보(潘彦輔)가 "소위 고이리는 것은 어사의 우아와 순치 뿐만이 아니니, 이런 시를 짓는 근거는 반드시 세리를 버린 후에야 고아라 할 것이다.(夫所謂雅者, 非第詞之雅馴而已. 其作此詩之由, 必脫棄勢利, 而後謂之雅也.)"(『養一齋詩話』)라 말했듯이 속된 마음을 버린 상황에서만이 가능하다는 것이다. 그리고 「안식처 얻으려니(欲得安身處)」(302호)를 보면,

안식처 얻으려니,
한산을 길이 지킬 만하다.
미풍이 그윽한 솔에 불어,
가까이 들리는 소리 더욱 좋도다.
그 아래 반백 노인이 있어,
낭랑하게 도경을 읽도다.
십 년을 돌아가지 않아,
망각 속에 득도하도다.

欲得安身處, 寒山可長保.
微風吹幽松, 近聽聲逾好.

下有班白人, 喃喃讀黃老.
十年歸不得, 忘却來時道.

　　여기서 도가를 추모하여 선경황노(仙經黃老)의 생활에 심취한 경지까지 묘사하였고 한산이 도가를 통한 정신적인 탈속과 은거의 의식에서 현실에 대한 염오와 은일을 강조하였다. 이같이 한산의 구선시는 직설적인 시어활용과 가식 없는 담박함에서 한산의 특성을 더욱 높였다고 할 것이다. 한산의 시는 한 마디로 말해서 외표(外表)와 내실(內實)이 겸전한 순결한 작품을 보이고 있다.
　　한산의 생평은 아직 완전한 생존시기가 밝혀지지 않은 상황에서 제가의 주창을 개술하여 소개하였는데, 근래까지 정리되어진 상태로는 천후이지엔(陳慧劍)의 설(700~820)을 객관성 있게 보게 되며, 한산 시가 후세에 준 영향으로 보아 중당 이전의 생존이라는 설에 대해서 의심을 두지 않음이 가당하겠다.
　　그의 시는 총괄해서 구어의 활용으로 오히려 유미한 자연경물, 그리고 고심한 인생철리를 표출하였다. 이는 그의 생활과 정조가 일치하고, 작품의 내용과 형식이 상합하며, 기괴한 생활이 시의 미를 추구케 하며, 왕범지의 경계에서 생성된 풍격을 지닌 것으로 본다.
　　이런 그의 시의 형식과 내용 면에서 집약해 보면, 우선 형식면에서 무제시(無題詩)라는 것이다. 같은 당대의 도사 여암(呂巖)의 시에는『全唐詩』권856) 5언 48수, 7언 113수가 무제시로 되어 있으나, 한산은 전부가 무제시라는 특성을 지니고 있다. 시의 유형은「三言, 五言, 七言」등 다양하고 평측(平仄)이 조화되지 않고 율격이 맞지 않는 임의적인 체재 운용을 하였다. 제재는 광대하게 선택하여 백화(白話) 구사의 입장에서 생활의 모든 대상을 시제로 하여 크게는 인생, 작게는 충의에까지 생사문제, 중생형상, 생의 애수 등을 다루었다. 아울러 토어(土語)를 시정(詩情)에 담아서 생명력이 넘치는 시를 썼으니, '去來'·'鞅掌'·'土牛'·'甕牖'·'驢鞦'·'閭老'·'嗻'·'破堆' 등의 속어가 바로 그 예이다. 한산 시에 있어 반격체(半格體)와 구언입시(口語入詩)의 격식은 매우 독창적이라 할 것이다.

내용 면으로는, 시상이 철리적인 한편 야성적이어서 생명력이 넘치고 개성이 뚜렷하며 고원하고도 심묘한 의취를 토로하고 있다. 동시에 시의 선적 특성이 난해하지 않으면서 미학적인 불리(佛理)적인 의경(意境)을 지니고 있다. 한산의 시는 게(偈)라 할만큼 자연적이고 표일(飄逸)하다. 한산의 시가 불분명한 생애와 함께 시대에 구속되지 않고 서민에 애송되고 근년에는 문학적 가치를 높이 평가하면서 성당 이후의 은일낭만파(隱逸浪漫派)의 선구자로 추숭되는 것은 다행한 학자적 안목이라 할 것이다.39)

---

39) 졸저, 『王維詩與李朝申緯詩之比較硏究』 제3장에서 「初唐詩人與王維」 부분 참조(p.92).

이백(李白)과 두보(杜甫)의 시어 구사론

　당대 시인을 말한다면 누구보다도 이백(701~762)과 두보(712~770)라는 두 시인을 지칭하는데 아무도 이의가 없을 것이다. 송대 엄우(嚴羽)가 지적한 바, "이백과 두보의 문집으로 가까이 살펴보기를 오늘날 경서를 연구하듯 하고 난 후에야 성당의 유명한 문인을 널리 배우고 마음에 새기어 오래도록 하면 자연히 오묘한 경지에 들게 된다.(卽以李杜二集枕藉觀之, 如今人之治經, 然後博取盛唐名家, 醞釀胸中, 久之自然悟入.)"(『滄浪詩話』,「詩辨」)라고 한 것처럼 두 시인은 시학의 대표적인 사표로 삼아도 이설이 없을 것이다. 따라서 여기서는 양인의 시어 상의 활용 묘점을 몇 가지 추출하여 체회(體會)한 면을 수상형식으로 서술해 나가고자 한다.

　이 글에서 다루고자 하는 점을 열거하자면, 두 시인 모두 시어 상의 자구활용(煉字)의 특성을 살펴봄에 있어서, 이백에서는 의상(意象)·과장(誇張) 등 양면에 관하여 개관하고, 두보에 있어서는 시어가 지닌 구사상의 신축성 즉 탄성(彈性)의 묘미, 시의 결구(結構) 기법 등을 파악하고자 하는 것이다. 이 글은 어디까지나 이백과 두보 두 시인의 시에 심취하면서 얻어진 풍격상의 체감적 인상을 담박하게 기술하는 선에서 개괄한다는 점을 밝혀둔다.

I. 이백 시어의 구사법

1. 시어의 의상미

시의 표현에 있어서 시만이 지닌 의식의 함축미를 극대화시킬 수 있는 능력은 그 시인의 품격을 제고시키는 요수가 된다. 이것을 시어 상의 묘법으로 의상(意象)이라는 말로 대신하고자 한다. 중국시에서의 이런 묘법(描法)은 다각적인 관념의 테두리 안에서 (이론적으로 체계화되지 않고 흔히 풍격과 혼융되어 다루어졌음) 작시 상에 강구되어 왔다. 일찍이 『문심조룡(文心雕龍)』, 「神思」편에 이르기를,

> 옛 사람이 말하길, 몸은 강과 바다 위에 있고, 마음은 위나라의 궁궐에 있으니, 이를 신사라 한다. 글에 담긴 생각과 그 정신은 원대하다. 따라서 조용히 깊이 생각하여 그 생각이 천년의 세계를 이어 깊이 들어가면, 문득 터득되면서 만 리의 경지에 통달하게 된다. 읊어 노래하는 중에 주옥같은 소리를 토해내고 눈 깜짝할 사이에 풍운의 색을 말았다하며 지극한 사념의 이치를 깨닫게 된다.

> 古人云; 形在江海之上, 心存魏闕之下, 神思之謂也. 文之思也, 其神遠矣. 故寂然凝慮, 思接千載, 悄焉動容, 神通萬里. 吟詠之間, 吐納珠玉之聲, 眉睫之前, 卷舒風雲之色, 其思理之致乎.

라고 하여 상상의 작용에 있어 암시(暗示)와 상징(象徵)의 연상(聯想) 효

과를 밝혔는데, 이는 현외지음(絃外之音)과 상통하면서 의상과 일맥하고 있음을 알 수 있다. 그리고 청대 방동수(方東樹)도 기술하기를,

시에 있어 뜻이 높고 오묘하며 겉모습도 그러하며 표현되는 시어도 그러해야 하는데 옛 사람의 세계를 깊이 이해 못하면 터득할 수 없다.

用意高妙, 用象高妙, 文法高妙, 而非深解古人則不得. (『古詩選』卷首, 「通論五古」)

라 하니 정사(情思)의 의상화는 상상의 선용에 있음을 알 수 있다. 이것은 의상 자체의 의미가 의식 중의 기억, 즉 시인의 의식과 외계의 물상이 서로 통하여 관찰·심미(審美)의 과정을 거쳐서 의경(意境)의 경상(景象)을 형성해 주는 상태인 것과 통한다. 따라서 중국전통시론을 대개 '생각을 표현하매 도를 담음(言志載道)'과 '시 창작 이론을 탐토함(探討詩創作理論)'이란 측면에서 본다면 왕국유(王國維)의 다음 말은 더욱 인간의 진정으로써 정경교융(情景交融)의 효과를 표달할 수 있는 경계가 곧 사경(寫景)의 참된 의상이라는 상관성을 설정할 수도 있다. 즉 보건대,

자연 속의 사물은 서로 관계를 가지며 또 서로 구속되어 있다. 그러나, 그것이 문학과 미술에서 묘사되면은 그런 것들은 모두 탈피해야 한다. 현실주의자라도 이상주의자도 된다. 어떤 허구의 경계를 추구하더라도 그 재료는 반드시 자연에서 구해야 한다. 그리고 그 구조도 반드시 자연의 법칙을 따라야 한다. 자연의 경물 뿐 아니라 희노애락까지도 사람 마음속의 한 세계인 것이다. 따라서 참된 자연 경물과 참된 정감을 묘사할 수 있는 사람은 경계를 지녔다 하겠고 아닌 사람은 경계가 없다고 할 것이다.

自然中之物, 互相關係, 互相限制. 然其寫之於文學及美術中也, 必遺其

關係限制之處. 故雖寫實家, 亦理想家也. 又雖如何處構之境, 其材料必求之
於自然, 而其構造亦必從自然之法則. 故雖理想家亦寫實家也. 境非獨謂景
物也, 喜怒哀樂安人心中之一界. 故能描寫眞景物眞情感者, 謂之有境界, 否
則謂之無境界.(『人間詞話』)

이상에서 시가 속의 의상의 처리는 정미하거나 농축된 언어를 통해 상징과 암시라는 연상작용으로 정의를 표현하는데 두어야 함을 알 수 있다.

이백의 시에서 의상의 면을 본다면, 거침없는 풍격과 경악케 하는 표현법에서 먼저 상관시켜 볼 수 있다. 즉 이백이 비유한 사물, 경물 자체를 놓고 볼 때,

① 활을 당겨 고기를 쏘니,
   긴 고래가 마침 우뚝 솟도다.
   이마와 코는 오악을 닮았는데,
   파도 일으켜서 구름 번개를 뿜도다.
   수염이 하늘을 덮었으니,
   어찌 봉래산을 보리오!

   連弩射海魚, 長鯨正崔嵬.
   額鼻象五岳, 揚波噴雲雷.
   鬐鬣蔽靑天, 何由睹蓬萊.(「古風」其三)

② 큰 고래의 흰 이는 설산 같구나.

   有長鯨白齒若雪山.(「公無渡河」)

③ 푸른 산 하늘에 찌르듯 솟아 푸르러
   우뚝 고래의 이마 같도다.

   藍岑聳天碧, 突兀如鯨額.(「經溪南藍山下有落星潭可以卜築余泊舟石上何判官昌浩」)

이백(李白)과 두보(杜甫)의 시어 구사론 • 155

여기에서 이백은 경어(鯨魚)라는 신화에 나오는 동물을 차입하여 경이적인 묘사를 하고 있는데 ①의 경우에 장경(長鯨)의 자태와 그 웅대한 기풍을 그리면서 자신의 의식상의 흐름을 환상과 결부시키고 있는 것은 초탈적인 의식과 도가풍적인 선미(仙味)라고만 의미를 부여할 것인가? 시의 맥이란 감지할 수 없는 작자만이 갖는 미감을 지녔으니 독자와 연구자의 분석력으로 어이 다 간파할 수 있으랴마는 이백의 시적 의상만이 갖는 묘법이라고 본다. ②, ③의 경우도 ①과 같은 용례라 할 것이다. 범인의 의계(意界)에서 느낄 수 없는 현실 세계에 대한 관조는 엘리어트가 말한 바, 시인의 심중에서는 범인의 혼란한 의식도 완전한 형체의 신경지로 창출시킬 수 있다는 표현과 상통된다 하겠다. (『Selected Essays』 p.287) 이처럼 시의 의상은 다양하게 경우에 따라서 역설적으로 형상화되어 독자에게 보여 지는 것이니 이백의 시에서 실로 대표적인 맛을 느낄 수 있다. 다음에서 더 보기로 한다.

① 파도 일어 영정에 드니,
　심양강 위에 바람이 이누나.
　돛 올려 거울 같은 호수에 들어,
　곧장 팽호 동쪽으로 나가누나.

　浪動灌嬰井, 尋陽江上風,
　開帆入天鏡, 直向彭湖東.(「下尋陽城汎彭蠡寄黃判官」)

② 향로에 보랏빛 연기 가물거리고,
　폭포엔 더없이 맑은 물 떨어지네.

　香爐紫烟滅, 瀑布落太淸.(「留別金陵諸公」)

③ 태산 아차산에 여름 짙은 구름 드리워져,
    흰 물결이 동해를 넘쳤나 의심드네.

    太山嵯峨夏雲在, 疑是白浪漲東海.(「早秋單父南樓酬竇公衡」)

④ 푸른 하늘은 어찌도 뚜렷한가
    밝은 별이 희디흰 돌 같구나.

    靑天何歷歷, 明星如白石.(「擬古十二」其一)

⑤ 노나라에 찬 기운 일어나니,
    첫서리에 물가의 부들풀 베누나.
    낫 드니 둥근 달 같고,
    물 치니 이어 놓은 구슬 같구나.

    魯國寒事早, 初霜刈渚蒲.
    揮鎌若轉月, 拂水生連珠.(「魯東門觀刈蒲」)

⑥ 보배로운 거울 가을 물에 걸려 있고
    비단 옷 춘풍에 가벼이 나누나.

    寶鏡掛秋水, 羅衣輕春風.(「寄遠十二」其二)

①에서 '開帆入天鏡'구는 배를 타고 호수에 떠가는 광경을 그린 것이지만 천경(天鏡) 속에서 호수의 명징(明澄)한 맛을 밝혀 놓았으며, ②에서 폭포와 태청(太淸)이 하나로 연결되어 맑고 웅장한 화면을 보여 주고 있으며, ③에는 태산의 운경을 흰 파도가 동해에 출렁이는 것으로 비유하면서 호연한 기풍을 자아내었다. 그리고 ④에서는 명성을 백석과 비의하여 뜻밖의 희열을 자아내어서 영국의 예츠가 쓴 「Adam's Curse」시의 「A Moon, worn as if it had been a shell」이라는 구와 같은 표현으로 이어질 수 있다는

것은 고금과 동서를 초월한 시심의 상통으로 볼 수 있다. 둘 다 탈속의 의상을 닮고 있는 묘사이기 때문에 독자의 경이로운 느낌과 시인의 초인적인 감각이 동시에 맞닿는 점에서 시의 진의와 가치를 맛볼 수 있으며 이 또한 이백류의 시인에게만 찾을 수 있는 경계가 아닐 수 없다. ⑤에서도 '揮鎌若轉月'구는 낫의 모양을 낭만 어린 둥근 달에 비교하였고, '拂水生連珠'구가 물을 구슬에 비견한 것은 또한 의상의 자연화이며, 자연의 의상화란 양면적인 감각이 작용된 구성인 것이다. 끝으로, ⑥에서는 보경의 밝고 수정 같은 그리고 차고 고요한 인상을 가지고 추수의 인상을 더욱 짙게 상징하였다. 경인(驚人)케 하는 시의 의상은 흔히 시인의 독특한 신경과 예민한 관찰과 밀접한 관계를 지니고 있는 법이어서 이백의 비유적인 방법에 의한 외적 경험과 경물의 내감(內感)에의 흡입작용은 참신한 연상을 불러일으키곤 한다.

시의 의상은 독특한 신운(神韻)으로 범인의 의식을 초월하기도 하고 〈시의가 붓보다 앞서 있음. 즉 표현된 시구에 담겨진 것 이상의 깊은 시심(意在筆先)〉의 피안에 어느덧 가 있는 세계를 추구하기도 하는지 이백에겐 그것이 더욱 심하게 표출되어 있다. 즉,

   해는 동쪽 모퉁이에 뜨는데,
   땅 밑에서 돋는 듯 하네.

   日出東方隈, 似從地底來(「日出入行」)

   해는 바닷가에서 내뿜고,
   물은 하늘 끝으로 흐르누나.

   日從海旁汲, 水向天邊流(「贈崔郎中宗之」)

구름 낀 산은 바다 위에 솟았고,
인물은 거울 속에 오누나.

雲山海上出, 人物鏡中來(「贈王判官時余歸隱居廬山屛風疊」)

문 여니 구강이 맴돌고,
베개 밑엔 오호가 이어 있네.

門開九江轉, 枕下五湖連(「經亂離後天恩流夜郞憶舊遊書懷贈江夏韋太守良宰」)

원숭이 하늘 가까이서 울고,
사람은 달무리 따리 노 짓누나.

猿近天上啼, 人移月邊棹(「經亂後將避地剡中留贈崔宣城」)

 윗 시구에서 묘사된 경물과 그의 느낌들 즉 해 돋음(日出)·물 흐름(水流)·구름 솟음(雲出)·원숭이 울음(猿啼) 등의 신운적 흥취는 별다른 맛을 느끼게 한다. 시인은 하늘 위에서 원숭이 소리를 들으며 해가 땅 밑에서 올랐다가 바다 옆으로 가라앉는 듯이 보고, 강물이 하늘가에서 흘러내리듯이 사람이 달 가에서 노 젓고 놀듯이 관조하고 있다. 그런 가운데 사람(人)은 거울 속에서 드러난다. 이것은 앞의 예구를 꿰어서 모두어 놓은 말이지만, 범인의 시계를 벗어난 세계를 티없는 동심과 정결한 심사를 통해, 외물의 한 작은 일점까지도 홀시하지 않는 천재성은 이미 단순한 의상의 범주 이상의 무엇(a thing)이 작용한 것으로 본다. 이백에 있어선 특히 그 안목이 발군하게 보이니 다른 예를 본다면,

누에 같이 촘촘한 길 보노니,
험난하여 가기가 어려워라.

이백(李白)과 두보(杜甫)의 시어 구사론 • 159

산은 얼굴 따라 일어나고,
구름은 말머리 곁에 뭉게지누나.

見說蠶叢路, 岐嶇不易行.
山從人面起, 雲傍馬頭生.(「送友人入蜀」)

여기에서 산과 인면(人面), 구름과 마두(馬頭)가 모듬이 되어(結合) 촉지에 드는(入蜀) 경험을 입체적으로 신선하게 묘사하고 있으니, 이것은 단순한 시각적인 의상의 유가 아닌 기발한 충격적 현상표현이 아닐는지 하고 경탄을 금할 수 없다. 더욱이 다음의 시를 보면,

나 동정에 노는데 그대 보이지 않고,
모래 위엔 백로가 떼를 지어 나누나.
백로 한가로이 흩어져 날아가고,
또 눈처럼 청산에 점점이 구름이 이네.

我東亭不見君, 沙上行將白鷺群.
白鷺閑時散飛去, 又如雪點青山雲.(「歸向陵陽釣魚晚」)

이 시의 운(雲)은 백운(白雲)이 아니라 홍색의 저녁노을이 진 만운(晚雲)이다. 홍운(紅雲)과 백설(白雪), 청산(靑山)이 병렬되어 색감의 대비를 강구한 의상은 독자로 하여금 신비감을 자아내게 하는 것이다. 이백 시의 의상은 투명하고 직설적인 맛이 강렬하게 느껴지는데 그 특징이 있다고 해도 가할 것이다.

2. 시어의 과장법

이백 시에 있어서 또 하나 가벼이 넘길 수 없는 특징으로서는 시에의 과장법(誇張法)을 들지 않을 수 없다. 이백은 천성이 낭만적이어서 그에서 토로되는 거침없는 의상은 신화와 선풍(仙風)에 영향받아서 더욱 시공(時空)을 초월하는 경지에 이르고 있다. 이러한 작품세계를 조장해 주는 어구적 방법으로 그는 과장 수법을 이용한 것이다. 그는 때로는 수량으로 묘사하였으니,

· 구강의 강물이 흘러서
  만 줄기 눈물이나 되었으면.

願結九江流, 添成萬行淚.(「流夜郎永華寺寄潯陽群官」)

· 흰 머리칼이 삼천 길인데
  수심이 어리어 더욱 긴 듯 하구나.

白髮三千丈, 緣愁似箇長.(「秋浦歌」其十五)

· 살기가 천리에 가로 뻗쳤고,
  군사의 소리 아홉 구역을 휘젓는다.

殺氣橫千里, 軍聲動九區.(「中丞宋公以吳兵三千赴河南軍次潯陽脫余之囚參謀幕府因贈之」)

위의 시구들에서 숫자의 활용이 시취를 강렬하게 느끼게 하니, 수량과장은 사실과는 다른 개념을 부여하면서 보다 호탕한 기풍을 웅대하게 묘출하고 있다는데서 이백의 장처를 강하게 드러내고 있다. 그러길래, 청대

의 마위(馬位)는 일찍이 말하기를,

> 태백의 『백발이 삼천 길』이 다음에 이어져 "수심이 어리어 더욱 긴 듯하다."라 한 것은 결코 참된 표현이 아니다. 엄유익은 이르기를; "그 시구가 호방스러우나 그 도리에 맞지 않다. 시는 진정 이처럼 지어서는 안 된다."

> 太白『白髮三千丈』, 下卽接云 "緣愁似箇長", 幷非實詠, 嚴有翼云; "其句可謂豪矣, 奈無此理. 詩正不得如此講也".(『秋窓隨筆』)

라고 하여 현상의 과장이 오히려 명확한 인식을 하게 하는 비법을 썼음을 평가하였으나, 시의 진실이(事實性) 요구되는 점을 아쉬워하였고 심덕잠(沈德潛)은 또 이르기를,

> 태백은 천상 기외적인 착상을 하고 변화무쌍한 형국을 다룬다. 큰 강에 바람이 없는데 파도가 절로 용솟음치고, 흰 구름이 뭉게져서 바람 따라 명멸한다. 이것은 아마 하늘이 내린 것이지 사람의 힘으론 안 된다.

> 太白想落天外, 局自變生; 大江無風, 濤浪自湧; 白雲卷舒, 從風變滅. 此殆天授, 非人力也.(『說詩晬語』卷上)

라고 하여 이백 시가 인력에 의한 창출이 아니라 천부의 것으로서 상외(想外)적인 기법이 과장으로 표현되고 초월적 의식으로의 유인을 가능케 하였다. 구체적인 예를 보면,

> 북쪽 바다에 큰 물고기 있는데,
> 몸 길이 수천 리로다.
> 고개 들어 삼산의 눈을 뿜고,
> 계곡의 온갖 냇물 가로지른다.

> 北溟有巨魚, 身長數千里.
> 仰噴三山雪, 橫谷百川水.(「古風」其三十三)

에서 사물의 형상을 확대하여 묘사하면서 비 현실의 세계를 그리었고,

> 한 바람 사흘 불어 산을 기울고,
> 흰 파도 솟아 기와 집 관청보다 더 높구나.
>
> 一風三日吹倒山, 白浪高於瓦官閣.(「橫江詞」其一)

위에서도 사실 보다 지나친 묘사에서 웅혼한 시의를 표현하고 있다. 때로는 과장과 낭만적인 신화가 결합하여 더욱 탈속을 조장하기도 한다.

> • 손들어 맑고 옅음을 희롱타가,
> 잘못하여 베 짜는 여인의 베틀에 올랐네.
>
> 舉手弄淸淺, 誤攀織女機.(「遊太山」其六)
>
> • 푸른 하늘에 긴 밧줄을 걸지 못하니,
> 여기 서쪽에 나는 밝은 해 매도다.
>
> 不得掛長繩于靑天, 繫此西飛之白日.(「惜餘春賦」)

여기서 이백의 과장수법이 독자로 하여금 광활무변의 세계로 들게 함을 알 수 있다. 이것은 이백이 과장법을 상용할 뿐 아니라 특히 다용하였으며 기설한 바 수자의 변법은 그 극치를 이루고 있는 것이다. 즉,

> • 바람이 구천 길이나 날아간다

風飛九千仞(「古風」其四)

· 금 술잔의 맑은 술은 한없이 많고,
옥 쟁반의 좋은 안주는 만금 마냥 귀하다.

金樽淸酒斗十千, 玉盤珍羞直萬錢(「行路難」其一)

· 성군 백년 누리소서,
해마다 언제나 어찌도 즐거운지.

聖君三萬六千日, 歲歲年年奈樂何.(「陽春歌」)

· 천자여 만수무강하소서,
오래도록 만세의 술잔을 기울이세!

天子九九八十一萬歲, 長傾萬歲杯(「上雲樂」)

위의 시구들은 모두 경인(驚人)의 수과장(數誇張)의 묘법을 맘껏 발휘하였다. 이백의 과장은 단순한 과장이 아니라 과장을 통한 삶 자체의 고원한 이상을 추구하려 한 것이라고 보아야 한다.

3. 시어의 공력(功力)

이백 시에 있어서 고공(苦功)의 흔적이 적은 듯이 보는 면은 두보와 대조하여 흔히 다루어지곤 한다. 그러나 다음 시구 몇 줄을 눈여겨보기로 하자.

· 파도 빛 바다의 달 흔들고,
별 그림자 성루에 스며드네.

波光搖海月, 星影入城樓(「宿白鷺洲寄楊江寧」)

· 탑 모습 바다에 뜬 해에 드러내고,
누각은 강 안개 속에 우뚝하구나.
봄 향기 천지에 가득한데,
종소리 온 골짜기에 이어 지누나.

塔形標海日, 樓勢出江烟.
香氣三天下, 鍾聲萬壑連(「春日歸山寄孟浩然」)

· 해지니 빈 정자에 날이 저물고,
성이 황폐하나 옛 자취는 남았어라.
지평선 바다에 닿아있고,
하늘은 강속에 그림자가 드리웠네.

日下空亭暮, 城荒古跡餘.
地形連海盡, 天影落江虛.(「秋日與張少府楚城韋公藏書高齋作」)

 이들 시구에 있어 작자를 밝히지 않는다면 아마도 이백의 작으로 보지 않을지 모른다. 연구(鍊句)와 연자(鍊字)의 공력(功力)이 깊이 담겨 있기 때문이다. 그의 연자의 기법은 문자의 조탁, 시안(詩眼)의 탁마(琢磨), 이 모든 것이 두보와 달리(耐性에 있어서) 천연적인 미각을 준다는데 다른 점이 있다. 그러나 이백의 연자는 단순한 천연이 아니라 직각에 의한 형식적인 굴레를 승화시킨 단계의 기법을 구사하고 있다고 할 수 있다. 이것은 타고난 천품 위에 오래 동안 창작력을 배양해 온 결과이기도 하다. 시어의 세밀한 연찬이 두보를 못 따른다 해도 출중한 창작상의 성정이 자구마다 응축되어 하나의 시편이 웅혼하면서 장활한 양상을 보여 주는 면에 있어서는 그 누구도 따를 수 없으리라. 그의 「선주 사조루에서 교서

숙운을 전별하며(宣州謝朓樓餞別校書叔雲)」시를 보건대,

날 버리는 자 어제의 날에 머물 수 없고,
내 마음 어지럽히는 자 오늘의 날에 근심 많도다.
긴 바람 만리에 가을 기러기 전송하니
이를 대하여 고루에서 술에 취하네.
봉래의 문장은 건안의 풍골인데,
그 사이의 소사는 또한 청일하구나.
모두들 준일하고 장중한 기상을 품고서 날아,
청천에 올라 명월을 구경하고 싶다.
칼 뽑아 물 끊어 치니 물 더욱 흘러가고,
잔 들어 수심 씻으니 수심 더욱 짙구나.
인생 속세간에 뜻대로 안되니,
맑은 물살에 머리 흩으며 쪽배나 희롱하세.

棄我去者昨日之日不可留, 亂我心者今日之日多煩憂.
長風萬里送秋雁, 對此可以酣高樓.
蓬萊文章建安骨, 中間小謝又淸發.
俱懷逸興壯思飛, 欲上靑天覽明月.
抽刀斷水水更流, 擧杯銷愁愁更愁.
人生在世不稱意. 明潮散髮弄扁舟.

이 시는 치엔중수(錢鍾書)가 말한 바, "글과 그 맛이 감성을 충분히 표현하고 있다.(文調風格足以徵見性情.)"(『談藝錄』 p.191)라고 한 것은 동감할만 하다. 글자마다 의표가 초연히 묘사되어 있어서, 이것이야말로 평자의 성정을 뛰어넘는 이백의 연자묘법의 경지라고 할 것이다. 이 시의 의상과 절주가 작자의 고원한 면을 직설하는 대목으로서, '長風萬里', '懷逸興', '壯思飛', '上靑天', '覽明月', '抽刀斷水', '散髮弄扁舟' 등은 탈속의 흉금을 토로한 빼어난 연어(煉語)의 공력이 넘친다. 특히 제1연에서 '昨日

之日', '今日之日'의 표현은 백화적 표기를 통해 시간적 절박을 대장(對仗)적으로 표현하고 있으며, 제5연에서 "抽刀斷水水更流, 擧杯銷愁愁更愁"는 동자의 반복사용을 가지고 감성의 상태를 절실하게 그려 놓았다. 어떻든 이백에 있어서 자구의 구사력이 격식에 구속되지 않으면서도 격식에서 벗어날 수 없는 문학세계의 규범을 늘상 의식했던 것만은 분명하다. 그 자신이 심약(沈約)을 원망했을지도 모르나, 그 원칙을 지키는 한계를 인정했던 것이다. 그러나 이백의 시는 엄연히 시의 내적 형상의 구사에 장점이 있기 때문에 그의 연자(練字)능력은 오히려 불가시적인 내함(內涵)에서 찾아야 함이 타당할 것이다.

4. 시어의 악부 구법

이백 시에서 악부가 차지하는 비중이 또한 적지 않다. 고제(古題)를 썼다 해도 시어의 구사와 사상과 감정의 독특한 이입에서 남다른 세계를 구축하였다. 한위육조(漢魏六朝) 악부의 현실주의 기풍이 이백에 이르러서 반전사상을 주제로 하는 성향을 보이면서 "전쟁을 아는 자는 흉기이니 성인은 부득이 하여 이를 썼다."(乃知兵者凶器, 聖人不得已而用之)(「妾薄命」)라고 한 예는 얼마든지 찾아 볼 수 있다. 이백의 악부는 형식상 민가체의 삼삼칠(三三七)구법을 활용하고 있는데,

- 멋진 노래 부르며,
  흰 이를 드러내는,
  북방의 미인은 동녘마을 사람이네.

揚淸歌, 發皓齒, 北方佳人東隣子.(「白紵辭」)

・긴 칼 만지며,
눈썹 치켜 뜨니,
맑은 물 흰 돌 참으로 요란쿠나.

撫長劍, 一揚眉, 淸水白石何離離.(「扶風豪士歌」)

　위의 시구들은 그 예가 되니 이러한 일정하지 않는 구법은 이백에게 오히려 자유분방한 시정을 표출하려는 의욕을 일깨워 주고 나아가서는 그의 시적 가치를 제고하는 창작력을 발휘케 하는 것이었는지도 모른다. 그러길래, 왕리(王力)는 이백의 시를 두고 비용운(非用韻)이며 산문과 같다고 한 것이다. (『漢語詩律學』pp.314~315) 그리고 이백의 「일출에 나서며(日出入行)」에서,

노양공은 무슨 덕으로,
해를 멈추고 창을 휘두른다.
도를 거스르고 하늘을 어기어,
잘못됨이 참으로 많으이.
내 대지를 주머니에 담아,
느긋이 큰 바다와 함께 어울리리.

魯陽何德, 駐景揮戈.
逆道違天, 矯誣實多.
吾將囊括大塊, 浩然與溟澤同科.

라고 한 것을 보면 구법이 제일(齊一)하지 않음을 밝히 알 수 있으며 아울러 구어를 상용하였음도 알 수 있고, 「橫江詞」(其五)를 보면,

강가에 놓인 누관 앞에 나루지기 맞이하니,
나에게 동녘을 가리키니 바다 구름 일도다.

그대 지금 건너는데 무슨 일이런가,
이처럼 풍파이니 건너기 어렵다네.

橫江館前津吏迎, 向余東指海雲生.
郞今欲渡緣何事, 如此風波不可行.

　이 시는 한 편의 희극처럼 생동감이 있는 대화체의 형식을 지닌다. 그리고 그의 「선성의 두견화(宣城杜鵑花)」를 보면,

촉나라에서 전에 자규새 소리 듣더니,
선성에서 다시 두견화를 보노라.
한 번 울 때마다 애를 끊으니
봄 석 달 내내 삼파를 그리도다.

蜀國曾聞子規鳥, 宣城還見杜鵑花.
一叫一回腸一斷, 三春三月憶三巴.

　이 시도 구어를 꺼리지 않고 반복하여 자연스레 사용하여 산가(山歌)에 접근하고 있으며 감정이 순박하여 민가에서 영향 된 것으로 보인다. 일체의 조탁이 없고 깊이도 넓지 않아, 감동력이 더욱 크다 할 것이다. 그리고 그의 악부에서 상징성을 운영하는데도 민가풍을 지녀 순진한 맛을 지니고 있으나 그의 연박한 지식을 유감없이 발휘하고 있다는 데에서 그 탁월성을 인정하게 된다. 「고랑월행(古朗月行)」을 보면,

잠시 달을 생각하지 못하다가,
어느덧 백옥 같은 쟁반이 되었구나.
또 요대의 거울이 저 푸른 구름의
끝에 날고 있는지 아닌지.

    小時不識月, 呼作白玉盤.
    又疑瑤臺鏡, 飛在靑雲端.

여기서 달을 옥 접시와 거울에 비유하여 달의 자태와 의식을 인계(人界)의 일물(一物)로 동화시키려한 기법이 보이며,「독록편(獨漉篇)」에서,

    낙엽이 나무를 떠나,
    가벼이 바람 따라 떨어지니,
    나그네 기댈 곳 없으니,
    그 슬픔 이와 같으리니.

    落葉別樹, 飄零隨風.
    客無所託, 悲與此同.

그리고「雙燕離」에서,

    제비 쌍쌍이 또 쌍쌍이,
    쌍쌍이 날으니, 부럽구나.

    雙燕復雙燕, 雙飛令人羨.

위의 시구들은 낙엽과 바람, 제비를 기탁하여 삶의 애환을 의상화 하고 있다는데서 다른 시인이 지닌 평상성(平常性)을 또한 즐겨 사용했음을 엿볼 수 있다.

5. 시어의 기탁법

이백은 영물시(詠物詩)를 쓰면서 나름대로의 시어 구사를 하는 양상이 독특한 면이 있는 것을 알 수 있다. 영물시라면 사물의 기탁(託物)을 통해 자신의 의지를 표현해야 하는데, 중국은 전통적으로 영물에 대한 의식이 강렬하여 단순한 영물 이상의 서정성을 내포한다. 청대 이중화(李重華)는 이르기를,

> 영물시는 두 가지의 시법이 있으니, 하나는 자신을 사물 속에 파묻혀 버리는 것과 또 하나는 자신을 사물 곁에 세워두는 것이다.
>
> 詠物詩有兩法, 一是將自身放頓在裏面, 一是將自身站立在旁邊. 『貞一齋詩說』

라고 하여 영물시의 주체를 작자에 두고서 내심과 외물과의 조화를 강조한 것을 볼 수 있다. 이와 같이 탁물과 영물시와의 불가분성을 인정한다면, 이백의 영물시는 남다른 데가 있다. 즉 이백은 주관적인 의지와 객관적인 사물을 조화시키는 데에 외물은 단지 상징일 뿐, 직접적으로 독자의 감관을 격동시키는 중심체가 아니다. 이백의 우의(寓意)는 마음이지, 탁물(託物)된 물체가 아니다. 이제 「무궁화(詠槿)」 제1수를 보기로 한다.

> 뜰의 꽃처럼 좋은 때에 웃고,
> 연못의 풀은 봄빛에 아름다워라.
> 그래도 무궁화만 못하나니,
> 옥 계단 옆에 서서 더욱 곱도다.
> 향기롭고 고운 자태 어찌도 짧고 빠른지,

어느덧 시들어지는구나.
어찌하면 옥 나무 가지처럼,
오래두고 붉은 빛 보듬어 지닐 수 있을까.

園花笑芳年, 池草艶春色.
猶不如槿花, 嬋娟玉階側.
芬榮何夭促, 零落在瞬息.
豈若瓊樹枝, 終歲長翁翃.

우아하고 세밀한 착상을 가지고 근화(槿花)의 실상을 그리면서 삶의 노정과 상관시켜 조영하고 있다. 시의 비유법이 자연스레 활용되어 무리한 맛이 전혀 없다. 그리고 「남헌의 솔(南軒松)」을 보면,

남헌에 우뚝 선 소나무,
가지의 잎 솜 장막처럼 무성하구나.
맑은 바람 쉴 틈 없으니,
살랑대며 해가 저무누나.
그늘엔 묵은 이끼 푸르나니,
가을 안개 마저 푸르게 물들었구나.
아무렴 구름 낀 하늘 뚫고,
곧게 몇 천 척이든 위로 솟으렴.

南軒有孤松, 柯葉自綿幕.
淸風無閑時, 蕭灑終日夕.
陰生古苔綠, 色染秋烟碧.
何當凌雲霄, 直上數千尺.

여기에서 솔(松)의 형태와 빛깔이 읽는 이로 하여금 절박하게 다가오는 감회를 불러일으킨다. 고고한 자태와 굳은 기상을 명료하게 묘사하면서

말구에 이르러서 사실적인 층면을 우언(寓言)과 상징의 경계에까지 승화시켜 모르는 새에 입묘(入妙)케 하는 기법은 작시의 묘를 다한 것이라 하겠다. 이러한 시의 맛은 이백에게 있어서 시어의 묘리(妙理)에 특성이 주어진 상태에서만이 가능하다.

Ⅱ. 두보 시어의 구사법

1. 시어의 탄성(彈性)

두보는 시성(詩聖)이니 만큼 군더더기 같은 말은 생략하고 그의 시에서 언어의 신축성 즉 탄성과 그의 연자법(煉字法), 그리고 음률과 절주상의 특성, 시의 결구 문제 등을 번호를 바꾸어 가며 살펴보고자 한다. 먼저 그의 시어의 탄성(彈性)을 살펴 보건대, 이것은 시어구사의 자재(自在)하는 역량을 보여 주는 경우라 할 것이다.

이 구사는 시적 의상을 아(雅)와 속(俗)의 경지로 거침없이 왕래하는 능력을 보여 준다. 그리고 소재에 따라 시취(詩趣)가 다르게 표현도 된다. 「온갖 근심(百憂集行)」의 일단을 보면,

　　　　열 다섯 나이라면 아직도 아이 마음,
　　　　튼튼하여 누런 송아지처럼 왔다 갔다 하네.
　　　　뜰 앞에 팔월의 배·대추 익어가니,
　　　　하루에도 나무 타기 천 번은 족히 되리.

　　　　憶年十五心尙孩, 健如黃犢走復來.
　　　　庭前八月梨棗熟, 一日上樹能千回.

이 시는 소년기를 회상하였고, 진지한 우정을 표달할 수 있는 예로는 「공소보의 강동 귀향을 전송하며(送孔巢父謝病歸遊江東兼呈李白)」의 구를 보면,

남쪽으로 우혈을 찾았다가 이백을 만나니,
문안 드리오니 지금 어떠하신지?

南尋禹穴見李白, 道甫問信今何如.

라고 하여 이백에 대한 두보의 존경과 깊은 우의를 표달하고 있다. 그의 이러한 능력은 시의 체재와 격률에 따라 크게 체회하는 시를 쓰고 있으니, 「왕사직에 드리는 단가행(短歌行贈王郎司直)」을 보면,

왕랑이 술에 취해 칼 뽑아 땅을 가르니 노래를 길게 불지 말지라.
내 능히 그대 눌린 뛰어난 재주 쑥 빼내리라.
예장 나무 바람에 뒤지니 밝은 해 뜨고,
고래 파도 밟으니 넓은 바다 열리네.
칼자루 떨고 느긋이 떠돌아나 볼까나.

王郎酒酣拔劍斫地歌莫長, 我能拔爾抑塞磊落之奇才.
豫樟翻風白日動, 鯨魚跋浪滄溟開, 且脫劍佩休徘徊.

여기에서 이 시는 호방미를 느끼게 하는 내용인데, 이를 위해 '拔劍斫地'구라든가, '鯨魚跋浪滄溟開'구 등의 표현이 그 예구라고 볼 수 있다. 두보의 시를 단편적으로 단언할 수 없지만 시어와 표현하고자 하는 의상은 항상 상통해야 함을 계시해 주는 것이다.

두보의 시예(詩藝)를 말하자면, 먼저 그의 연자(練字)에 대해 살펴야 한다. 시인의 연자는 문자 사용을 고도화하는데 그 목적이 있다. 문자와 의경은 일치해야 한다. 문자의 세련이 안 되고서는 만족한 시의를 나타내기

가 쉽지 않기 때문이다.

　① 달빛 가느다란 초생달 어이 위에 올라왔나
　　그림자 비스듬히 진 달무리가 편안치 않다.

　　光細弦豈上, 影斜輪未安.(「初月」)

　② 우물가의 아침 꽁꽁 얼었는데
　　옷 없이 누운 침상이 밤에 춥도다.

　　不爨井晨凍, 無衣牀夜寒.(「空囊」)

　③ 물빛이 출렁이는 물결 다 머금듯 물들었는데
　　아침빛이 허공에 저며온다.

　　水色含群動, 朝光切太虛.(「瀼西寒望」)

　이들 예구에서 시인과 일상생활의 경험을 읽게 해준다. 시인은 다듬어진 시어들 즉 가느다람〔細〕·비스듬함〔斜〕·우물가의 아침〔井晨〕·머금음〔含〕·밤의 침상〔牀夜〕·절실함〔切〕 등의 쓰임에서 가장 조화된 구성들, 즉 ①의 1구, ②의 1구, ③의 1구 등을 통해서 만상(萬象)의 관계를 드러내고 있는 것이니, 이 모든 것이 단순한 즉흥적인 표현이 아니라 오랜 연단의 소산이라 하겠다. 따라서 두보의 연자는 자각에 의한 신우(神遇)의 경지를 추구하기 위한 엄숙한 작업인 것이다. 시에서 구체를 귀히 여기고 추상을 기피하고 따라서 허자보다도 실자를 다용하게 되니 형용사나 부사를 기피하는 것은 어쩔 수 없는 현상이겠다. 두보시의 강점은 바로 이 원칙을 철저히 준수하고 있다는 것이다. 그러면서도 형용사, 부사류를 유효히 활용하기를 주저하지 않으면서 시의 묘취를 다 발휘하는 것이다.

이백(李白)과 두보(杜甫)의 시어 구사론 • 175

맑은 가을 그지없이 바라보니,
아득히 층층이 그늘 이누나.
먼 강물 하늘에 어려 맑기만 하고,
외론 성엔 드리운 안개 깊기만 하다.
잎 드문데 바람에 더욱 지고,
산은 멀리 해 마침 가라앉는다.
외론 학 돌아감이 참 늦기도 한데,
검은 까마귀 벌써 숲에 가득하이.

淸秋望不極, 迢遞超層陰.
遠水兼天淨, 孤城隱霧深.
葉稀風更落, 山迥日初沈.
獨鶴歸何晩, 昏鴉已滿林.(「野望」)

강한에서 고향 그리는 나그네.
세상의 한 썩은 선비.
조각 구름 하늘과 멀리 떠나고,
긴 밤은 달과 고독을 같이 하네.
지는 해에 마음은 되려 힘차니,
가을바람은 세차서 멀어져 가네.
예부터 늙은 말로는,
먼길 가지 말아야 하리.

江漢思歸客, 乾坤一腐儒.
片雲天共遠, 永夜月同孤.
落日心猶壯, 秋風疾欲疏.
古來存老馬, 不必取長途.(「江漢」)

이상의 두 시에서 보면 '맑다〔淸〕·멀다〔遠〕·깨끗하다〔淨〕·외롭다〔孤〕·깊다〔深〕·드물다〔稀〕·아득하다〔迥〕·가라앉다〔沈〕·외롭다〔獨〕

・길다[永]・힘차다[壯]・멀다[疏]' 등의 형용사는 평범한 단어이지만 일단 두보에게서는 유기적인 조합을 거쳐 경물에서 오는 시인의 신운(神韻)을 홍탁(烘托)해 내는 것이며,

- 처마 그림자는 희미하게 지고
  나루터의 물은 연이어 흐르다.

簷影微微落, 津流脈脈斜.(「遺意」其二)

- 물가의 안개 가벼이 움직이고
  대나무의 햇살은 맑고 빛나다.

汀烟輕冉冉, 竹日淨暉暉.(「寒食」)

- 비가 씻어내니 곱고 고요하며
  바람이 부니 섬세하며 향기롭다.

雨洗娟娟靜, 風吹細細香.(「嚴鄭公宅同詠竹」)

여기에서 보면, '흐리게[微微]・연이어[脈脈]・분러이[冉冉]・빛나게[暉暉]・곱게[娟娟]・가늘게[細細]' 등의 부사를 써서 대장(對仗)의 방법에 사용하면서 사물의 상태를 묘사하는 효과를 내고 있다. 두보 시의 연자는 단순한 의미 이상의 신선한 흥취를 풍겨주는 데에서 시적 절경을 인식하게 된다.

2. 두보 시어의 대장법(對仗法)

모든 시는 자체의 세계를 형성하고 있어야 한다. 독립된 의식세계를 지

녀야 한편의 완정한 시로서의 구비요소를 인정할 수 있다. 시의 세계는 한 인간의 표현된 총화적 의식을 말해 주는 것이다. 따라서 시의 용자나 구성은 작시에 있어서 어느 물체의 골격과 같이 그 의미가 크다 할 것이다. 두보의 경우에는 그 가치가 한결 중시되어 진다. 두보의 다음 시구들을 보도록 하자.

　　　　들 아득히 하늘 드리운데 전쟁의 소리 없다.
　　　　野曠天低無戰聲 (「悲陳陶」)

　　　　황혼에 오랑캐 말의 먼지 성내에 가득하다.
　　　　黃昏胡騎塵滿城 (「哀江頭」)

　　　　청산의 만리 고요하고 흩어져 있는 곳이라.
　　　　青山萬里靜散地 (「寄柏學士林居」)

여기서 한결같이 구마다 하나의 경관을 이루고 있는 내용임을 알 수 있다. 첫 귀는 찌푸린 하늘에 펼쳐진 전장의 모습을, 다음 귀는 북변의 달리는 전마의 대열을, 다음은 평정한 세태를 각각 묘사하고 있다.

그런가 하면 두보 시에서 용연(用聯)의 관계를 경시할 수 없어서, 특히 대장법은 어세를 전향적인 데로 밀고 나가서 「聞官軍收河西河北」의 제2연에 해당하는 함연(頷聯)인 "오히려 처자를 보니 수심 어디에 있는가, 느긋이 시서를 들추며 기뻐 노래하노라.(却看妻子愁何在, 漫卷詩書喜歌狂.)" 구는 이에 속하는 것이다. 그리고 다음의 시구를 보면,

　　· 슬피 천년의 일을 돌아보며 눈물을 흘리니
　　　쓸쓸히 시대를 달리하고 때가 같지 않지만 마음은 하나로다.

　　　悵望千秋一灑淚, 蕭條異代不同時.(「詠懷古跡」其二)

• 마침 지난 날 엄복사와
함께 중사를 맞아 망향대를 보던 일 생각난다.

正憶往時嚴僕射, 共迎中使望鄕臺.(「諸將」其五)

이들 시구는 대우(對偶)가 비록 엄정하지 않지만, 그리고 다소 무리한 면도 보이지만, 왕리(王力)가 말한 바, "매우 넓으면서 매우 억지적인 대우(極寬極勉强的對偶)"(『漢語詩律學』 p.148)란 평과 상통하는 것이다. 여기서 오히려 강렬한 어세(語勢)의 감각을 불식할 수 없다. 그리고 두보는 대장(對仗)에 있어서 시공(時空)의 활용을 가지고 구간의 장력(張力)을 보태는 묘사법을 쓰고 있는데 그 예를 들면,

• 남쪽의 국화에서 다시 만나니 그는 병들어 누워 있고
북녘의 편지 오지 않으니 기러기 무정하도다.

南菊再逢人臥病, 北書不至雁無情.(「夜」)

• 무리 진 국화 두 곳에 피련만 눈물만 나고
외론 쪽배는 오직 고향 그리는 마음을 매고 있다.

叢菊兩開他日淚, 孤舟一繫故園心.(「秋興」其一)

여기서 앞의 연은 공간을, 뒤의 연은 시간에서 각각 장력을 끌어내고 있으니 이러한 기법은 두보의 칠률에서 갖는 특징으로서 이런 형식은 전인에게선 찾아 볼 수 없다고 한 서양학인의 말을 긍정적으로 주시할 수도 있다. (David Hawkes, 『A little Primer of Tufu』, Oxford, 1967, p.119)

아울러 두보 시 전체에 있어서의 결구 문제는 시의 진의를 강약 있게 유로하는데 절대적인 관계에 있다는 점을 지적하지 않을 수 없다. 두보의

이백(李白)과 두보(杜甫)의 시어 구사론 • 179

많은 작품에서 그러한 예를 찾을 수 있겠으나 시의 결구상 가장 복잡하면서도 정밀한 「秋興八首」를 가지고 살펴보고자 한다.

　제1수는 초저녁[暮夕]을 묘사한 것인데, 외물을 통해 개인의 애수와 국가의 쇠퇴를 반영하였다. 여기서 작가는 공간, 즉 무산(巫山)·무협(巫峽)·강간(江間)·새상(塞上) 등에서부터 시간 즉 타일(他日), 그리고 상상, 즉 고원심(故園心) 등으로 전입하여서 현실세계[白帝城]로 다시 되돌아오는 작법을 강구하였다. 제2수는 야경을 묘사하였는데, 작자의 상상이 기주(夔州)에서 장안(長安)(서울을 바라봄·望京華)으로까지 폭을 넓혀 놓았으며, 제4수의 신화와 전고를 빌려서 엄무(嚴武)가 서울로 돌아오는[還京] 희망을 가지고 자신에 비의(比擬)하면서 부질없는 현실에의 회귀의식을 또 다시 '功名薄'니 '心事違'라는 어구로써 합리화하였다. 그러길래 그 현실을 "바라노니 돌 위의 등나무와 겨우살이 사이의 달을 보게나, 이미 섬 가의 갈대꽃에 비치도다.(請看石上藤蘿月, 已映洲前蘆荻花.)"라고 토로하지 않았는가? 제3수의 새벽 아침을 노래한 부분은 시간적으로는 제2수와 이어진다. 제4수에 이르러서 작자는 개인에서 국가로 기주(夔州)에서 경화(京華)로 회상의 폭을 넓히면서 직접 보고 확인하지 않은 상태에서 쓴(虛筆) 즉 「聞道」)로 안사난(安史亂) 이후의 사변과 인물의 대사(代謝)를 비애롭게 묘사하고 다시 구체적인 의상으로 변방의 우환을 "북궐산에 임하니 쇠북이 떨치고 서군으로 나가니 거마의 격문이 내달린다.(直北關山金鼓震, 征西軍車馬羽書馳)"라고 급박하게 그리었다. 이 시의 말구에서 극히 돈좌(頓挫)의 자세로 돌아가서 "어룡이 적막하고 가을 강이 추우니, 고향에서 평안히 지내며 그리운 이 있도다.(魚龍寂寞秋江冷, 故國平居有所思.)"라고 묘사한 것이다.

　이하 4수는 두보가 장안에서 겪었던 경물을 노래한 것으로 제5수는 봉래궁(蓬萊宮)(大明宮)을 묘사함에 있어 문자의 채색이 뛰어나니, "雲移雉尾開宮扇, 日繞龍鱗識聖顏"라 하여 풍만한 찬란미가 넘치다가, 다시 시의 기세가 급강하하여 "一臥滄江驚歲晚, 幾回靑瑣點朝班"구는 바로 평담하고 청량한 기미를 유출하고 있는 것이다. 그리고 제6수는 곡강(曲江)을 노래하여 몸은 구당(瞿唐)에 있으나, 생각은 곡강에 닿아서 지리와 시간을 초월하여 상상 속에서 두 지점이 만나게 된다. 역사의 현실과 자신과의 관계를 교묘히 조화시킨 것이다. 객지의 자신을 가져다 반영하여 사회현실의 비애를 대비시켜서 "回首可憐歌舞地, 秦中自古帝王州"라고 서술할 수 있었다. 제7수에서 곤명지(昆明池)의 화려함을 가지고 독자에게 시청각과 촉각적 묘미를 제시하면서 "波漂菰米沈雲黑, 露冷蓮房墮粉紅"라고 할 수 있었고 이 시의 후반에서 남가일몽 같은 공허를 고독 속에 그리면서 다시 기주의 현실로 돌아온다. 제8수는 미피(渼陂)에서의 유람을 가지고 산전의 아름다운 경물과 과거에의 사념을 독백하고 있는 것이다. 480자의 이들 시는 시공(時空)의 역사를 자유분방하게 교차시키면서 울적한 우국・사향(思鄕)의 정감을 유도하는데 있어서 경물과 정감의 강약・승강의 포물선이 하나의 무지개 마냥 색채감까지 삽입되어 그리어져 있는 시의 결구기법은 아마도 타 시인의 추종을 불허할 것이다. 시에 소리와 그림이 항상 연상되는 두보 특유의 시세계를 대표하는 작품의 구성이 되겠다.

3. 시어의 희극 수법

두보시에서 재미있는 다른 묘사법이라면 작시상의 희극수법을 잠시 거론해야 할 것이다. 두보의 길 옆을 지나는 사람과 행인과의 대화로 꾸며진 「병거행(兵車行)」은 한 막의 희극이며(작품 참고 요), 「무가별(無家別)」에서의 전쟁에 대한 소박한 한 폭의 그림인 것이다. 보건대,

천보 난리 뒤에 깃든 적막,
집 뜰엔 단지 다북쑥과 명아주 뿐.
내 마을 백여 가호,
난리에 동서로 뿔뿔이 헤어져,
산 자 소식 없고,
죽은 자 먼지 진흙 되었도다.
이 천한 몸 몹쓸 꼴 되어,
돌아와 옛 오솔길 찾았더니,
오래 다녀도 보이는 건 빈 골목,
날로 메말라 마음 처참하도다.
단지 여우와 이리만 대할 뿐,
털 세우고 나에게 노하며 짖어대네.
사방 남은 건 무엇인가,
한 두 늙은 과부뿐이로다.

寂寞天寶後, 園廬但蒿藜.
我里百餘家, 世亂各東西.
存者無消息, 死者爲塵泥.
賤子因敗陳, 歸來尋舊蹊.
久行見空巷, 日瘦氣慘悽.
但對狐與狸, 竪毛怒我啼.
西隣何所有, 一二老寡妻.

이 시는 시대와 사회상을 반영하면서 주관성이 전혀 개재되어 있지 않은 서사시이다. 두보에게는 「신혼별(新婚別)」・「수로별(垂老別)」・「동관리(潼關吏)」・「석호리(石豪吏)」 등에서도 유사한 희극수법을 가지고 당대의 사회상태를 암시하였다.

그리고 동물세계를 묘사하는 데에도 같은 기법을 구사하였다. 「매(義鶻)」는 그 좋은 희극성이 짙은 생동하는 예시라 하겠다. 보건대,

그늘진 낭애엔 매가 깃들어,
검은 측백 가지에 새끼를 치니,
흰 뱀이 그 둥지에 올라,
씹어 삼켜서 아침식사 푸짐하다.
수컷은 멀리 날아 먹을 것 찾으며,
암컷은 우는 것이 저리도 슬픈가.
힘써도 막을 수 없고,
새끼의 노란 입엔 남은 건 없도다.
그 아비 서쪽에서 돌아와,
몸을 뒤져 긴 안개 속에 들어가네.
순식간에 튼튼한 송골매 되어,
더할 수 없는 울분을 토해 내어,
북두에서 외론 그림자 비틀며,
포효하며 온 하늘을 내젓노라.
가지런한 비늘 먼 가지를 벗어나고,
큰 이마 늙은 주먹에 잘리었네.
하늘 높이 헛디디고,
짧은 풀에 꿈틀거리네.
꼬리 잘라 힘껏 내치고,
창자 파먹어 모두 갈라졌네.
살아 뭇 새 죽였어도,
죽어서도 천년을 누리리라.

陰崖有蒼鷹, 養子黑柏顚.
白蛇登其巢, 呑噬恣朝餐.
雄飛遠求食, 雌者鳴辛酸.
力强不可制, 黃口無伴存.
其父從西歸, 翻身入長烟.
斯須領健鶻, 痛憤記所宣.
斗上捩孤影, 噭哮來九天.
修鱗脫遠枝, 巨顙折老拳.

高空得踏蹬, 短草辭蜿蜒.
折尾能一掉, 飽腸皆已穿.
生雖滅衆雛, 死亦垂千年.

　이 얼마나 실감나는 시인가! 읽노라면 초조와 긴장, 애처로움과 분개, 그리고 통쾌와 다행, 마음의 평정 등이 간단없이 전개되어 독자의 심금을 감동케 한다. 적막에서 긴장으로, 다시 평정으로의 변화하는 기복은 작시상의 종합적인 구사력에 남다른 능력이 표현된 예증이라 하겠다.

왕유(王維)의 시에 나타난 우정과 초탈의식

왕유(701~761)는 자가 마힐(摩詰)이며 태원(太原) 기인(祈人)(지금 山西 祈縣)이다. 부친 처렴(處廉)이 분주사마(汾州司馬)로 있을 때에, 포(蒲)지방(지금 山西 永濟縣)으로 이사하여 하동인(河東人)이 되었다. 모친 최씨(崔氏)의 교육영향으로 불가에 귀의하였고 개원 18년(730)에 부인을 잃은 후부터는 대덕도광선사(大德道光禪師)를[1] 따르며 좌선(坐禪)과 염불(念佛)에 심취하였는데, 『구당서(舊唐書)』,「왕유본전(王維本傳)」에 보면 "형제가 모두 부처를 받들어 항상 소찬을 들면서 마늘, 파 등과 고기류를 먹지 않고 만년에는 재실에 오래 머물며 채색 옷을 입지 않았다.(兄弟俱奉佛, 居常疏食, 不茹葷血. 晚年長齋, 不衣文彩.)"라 하고, 또 "서울에서 날마다 십여 명의 명승과 식사하며 현담으로 낙을 삼았고 재실에 아무 것도 없이 오직 차와 약 도구만 두고 탁자와 침상만 두었다. 퇴관 이후로는 분향하며 홀로 서서 선시를 암송하는 것을 일 삼았다.(在京師日飯十數名僧, 以玄談

---

1) 『王摩詰全集箋注』卷二十五의「大薦福寺大德道光禪師塔名」에 "禪師, 韓進光, 本姓李, 緜州巴西人"이라 하고 "春秋五十二夏, 以大唐開元二十七年五月二十三日入般涅槃"이라 함.

爲樂, 齋中無所有, 唯茶鐺藥臼, 經案繩床而已. 退朝以後, 焚香獨立, 以禪誦 爲事.)"라고 한 것으로 보아 만년의 심법을 알 수 있다. 숙종(肅宗) 건원 (乾元) 원년(758)부터 장안 교외에 있는 망수(輞水)의 남전별수(藍田別墅) 에서 안일하게 만년을 마쳤다. 그의 관직을 보면, 현종(玄宗) 개원 9년 (721)에 장원급제하고 동년에 태악승(太樂丞)에서부터 시작하여, 개원 22 년(734)에는 장구령(張九齡)에 의해, 우습유(右拾遺)로 발탁되고, 개원 25년 (737)에는 감찰어사(監察御史)로서 최희일(崔希逸)의 막중(幕中)에서[2] 복무 하고, 개원 28년(740)에는 전중시어사(殿中侍御史)를 지내고, 현종 천보(天 寶) 원년(742)부터 천보 3년(744)사이에 좌보궐(左補闕), 고부원외랑(庫部員 外郞), 고부낭중(庫部郞中) 등을 역임하고, 천보 11년 (752)에는 문부낭중 (文部郞中)을, 건원 원년에는 태자중윤(太子中允), 태자중서인(太子中庶人), 중서사인(中書舍人), 급사중(給事中)을 거쳐서, 이듬해인 건원 2년(759)에 는 상서우승(尙書右丞)(正四品下)를 역임하였다. 왕유의 생졸년에 대해서 는 양종의 설이 있는데,『구당서』,「왕유전」엔 건원 2년 7월 졸이라 하고 『신당서』,「동전」엔 상원초(上元初)(760)졸이라 하였으나, 청대 조전성(趙殿 成)은(『王摩詰全集箋注』권18) 그의 전주본에서 숙종(肅宗)에게 올린「동생 왕진이 새로이 좌산기상시를 제수 받은 것에 감사하는 글(謝弟縉新授左 散騎常侍狀)」말미에 "상원 2년 5월 4일 통의대부상서우승 신왕유 올림 (上元二年五月四日通議大夫守尙書右丞臣王維狀進)"이라 하여 즉, 이로써 무후 대족(大足) 원년(長安 元年 : 701)에 출생하여 숙종 상원 2년(761)에 사망한 연대가 정확하다고 하겠다.

 왕유의 생평과 시에 대한 연구는 적지 않다고 하겠으나, 왕유 생평상의 우인과의 교유에 관한 자료의 고증과 연대의 불합, 그리고 방계자료의 부

---

[2]『舊唐書』,「玄宗記」 載開元二十六年三月癸, 吐蕃寇河西, 左散騎常侍崔逸擊破之. 『王摩詰全集箋注』卷十七에「爲崔常侍謝賜物表」와 同二十七卷에「爲崔常侍祭牙門 姜將軍文」二篇有.

족으로 큰 난관을 아직 극복하지 못하고 있다. 그나마 중요저작으로는 일인으로는 小林太市郞의「王維の生平と藝術」(1944), 入谷仙介의 京都大『中國學報』에 실린「王維の前半生」(1959),「中年期の王維」(1961),「晚年の王維」(1963) 등은 왕유 생평 자체만을 기술하였을 뿐이고, 중국에 천이신(陳胎焮)의「王維生平事的初探」(1963,『文學遺産』증간 제6기)과 루후아이쉬엔(盧懷萱)의「王維之隱居與出仕」(上同), 타이완(臺灣)의 리우웨이충(劉維崇)의『王維評傳』(正中書局 1971) 등도 왕유의 시·화를 통한 왕유 자신의 생평의 범주를 탈피하지 못하고 있는 것이다. 더구나 왕유의 시우와의 교유에 관한 연구는 왕유의 생평과 그의 시학에 깊은 연관을 지니고 있는데도 연구가 희소한 것은 인식의 소홀에서 오는 원인도 크다 하겠다. 따라서 본고에서는 왕유 시 자체를 매체로 왕유와 교유했던 왕유시파를 중심으로 한 시우와의 관계를 다루려 한다.3) 왕유의 작품을 보면, 고시 150수, 근체시 282수, 외편 47수, 부표(賦表)·장문서기(狀文書記)·서비지명(序碑誌銘)·애사제문(哀辭祭文) 72편 등 총 551편수 속에 (趙殿成의 전주집에 의거)등장하는 시우는 맹호연(孟浩然), 이기(李頎), 기무잠(綦毋潛), 구위(邱爲), 저광희(儲光羲), 왕창령(王昌齡), 조영(祖詠), 노상(盧象), 최호(崔顥), 은요(殷遙), 배적(裵廸), 설거(薛據), 원함(苑咸), 전기(錢起) 등 14인인데, 그 중 관계자료가 불명인 저광희(儲光羲)와 설거(薛據), 그리고 시우 중에 문학가치상 깊은 연관을 맺기 어려운 최호(崔顥), 원함, 전기 등을 제외하고, 상기의 9인을 본론에 열입시키기로 한다. 교유연대의 분류는 왕유가 그 시우와 첫 결교한 시기를 기본으로 하여 왕유 생평에서 무후 대족 원년(701)서부터 현종 개원 13년(725)까지를 조년의 교유기로 하고 개원 14년(726)부터 숙종 상원 2년(761)까지를 중·만년의 교유기로 하여

---

3) 왕유시에 관한 연구자료로는 필자의『王維詩與李朝申緯詩之比較硏究』(亞細亞出版社. 1980),『王維詩研究』(臺灣黎明出版公司, 1987),『唐詩論考』(北京中國文學出版社, 1994),『王維詩比較硏究』(北京京華出版社, 1999) 등을 통하여 이미 정리되어 있음.

서술한다.

Ⅰ. 왕유 조년(早年)의 시우(詩友)와의 교유관계

1. 노상(盧象)[4]

왕유와 노상의 첫 상면은 현종 개원 11연(723)이 된다. 유우석(劉禹錫)의[5] 「노상시집서(盧象詩集序)」에 보면 "승상 곡강공 장구령이 문물을 관장하여 후진을 연수하는데 공을 보고 깊이 그 그릇이 큰 것을 알고서 좌보궐에 발탁하였다.(丞相曲江公執文衡, 揣摩後進, 見公深器之, 擢爲左補闕.)"라고 한데, 곡강공 장구령(張九齡)이 개원 22연(734)에 집정하고[6] 왕유를 우습유(右拾遺), 노상(盧象)을 좌보궐(左補闕)로 임명한 사실을 말한다. 이제 왕·노의 교유년대를 살펴보기로 한다. 왕유의 「노상과 주씨 집에 모여서(與盧象集朱家)」(『王摩詰全集箋注』 권7)시를 보면,

> 나를 잘 아껴주던 주인은
> 하루 종일 환영하여 맞이해 주었네.
> 천하의 좋은 술 신풍주를 외상으로 가져오고
> 다시 진땅의 미녀가 타는 쟁 소리를 듣노라.
> 버들가지는 객사에 성글고

---

4) 淸 辛文房 『唐才子傳』 卷二 ; "象字緯卿, 汶水人, 鴻之姪也. 攜家來居江東最久, 仕爲校書郞左拾遺膳部員外郞, 受安祿山僞官, 貶永州司戶參軍, 後爲主客員外郞, 有詩名, 譽充秘閣, 雅而不素, 有大體, 得國士之風."
5) 陸侃如, 馮沅君合著『中國詩史』 p.514 : "劉禹錫(772~842)字蔓得, 彭城 今江蘇銅山附近)人. 貞元九年(793), 擢進士第, 登博學宏詞料. 後從事淮南幕府, 又入爲監察御史."
6) "曲江人, 字子壽, 景龍初擢進士, 開元中徵拜同平章事中書令, 有曲江集."(『中國人名大辭典』, 商務印書館).

홰나무 잎은 가을 성 밑으로 떨어지네.
담소하며 또 즐기면서
나는 장차 이런 삶을 누리리라.

主人能愛吾, 終日有逢迎.
貰得新豊酒, 復聞秦女箏.
柳條疎客舍, 槐葉下秋城.
語笑且爲樂, 吾將達此生.

  이 시를 자세히 읽어보면, 그 당시 왕유의 삶에 대한 달관과 세상을 보는 인생관을 표현하고 있는 점으로 보아, 안록산(安祿山)의 난 이전의(天寶 14年, 755) 작품으로 본다. 그러므로 이 시가 왕유 조년의 작품이라면 개원 11년 전후 즉 왕유 24·5세의 시기를 의미하며 또한 이 시기가 교유 시작의 연대가 되는 것이다. 왕·노간의 시교의 특점이라면(노상의 시는 『全唐詩』 권122에 수록), 첫째는 나이가 서로 비슷하고, 둘째는 상호흠모의 교유관계를 지닌바, 왕유 조년의 교유가 순수한 학예에 연유하고 있음을 알 수 있다.
  왕유의 「노습유와 위급사와 함께 동산별업에서의 20운(同盧拾遺韋給事東山別業二十韻)」(상동 권2) 시를 보면, 성당대의 위사립(韋嗣立)(654~719)이 여산(驪山)의 앵무곡(鸚鵡谷)에 지은 동산별업에서 왕유·노상·위부(韋孚)가 같이 교유하는 내용인데 위사립의 장자 위부가 급사중(給事中)으로 개원 29년(741), 농우도(隴右道)에 부임하였는데, 이 시의 "시랑은 문창궁에 있고 급사중은 동액원에 있도다.(侍郞文昌宮, 給事東掖垣.)"구를 보아서 작시 연대를 위부가 농서(隴西)에 가기 전인 개원 29년 이전으로 단정해야 하므로 이로써 왕·노의 상교기간은 18년이 된 것임을 추정할 수 있다.
  한편, 왕·노 양인이 불교를 독실하게 믿는 마음을 통해서 교유를 나눈 것을 다음 왕유의「노원외의 집을 지나다가 반승을 만나며(過盧員外宅看飯僧共題)」(상동 권11)에서 그 불심을 잘 표현하고 있다.

    삼현이 귀하다지만 칠성과는 차이가 있나니
    그대의 푸른 눈은 청련거사를 사모한다오
    스님 공양하고서 향적사로 따라가고
    옷을 꿰매 입을 때는 수전의를 걸치네.
    뛰어난 고승이 지팡이를 날리는 양 오니
    시주는 금전을 베푸네.
    결가부좌하고 처마 앞에 앉았던 날
    분향하자 대나무에 연기 오르네.
    차가운 공기 서린 높은 법운의 땅인데
    가을 빛이 청정한 하늘의 거처라오
    이 내 몸은 인연의 법을 따라가고
    마음은 다음으로 참선에 들고자 하네.
    모름지기 해 저무는 것을 근심하지 말지니
    절로 하나의 등불이 타오르고 있도다.

    三賢異七聖, 靑眼慕靑蓮.
    乞飯從香積, 裁衣學水田.
    上人飛錫杖, 檀越施金錢.
    趺坐簷前日, 焚香竹下烟.
    寒空法雲地, 秋色淨居天.
    身逐因緣法, 心過次第禪.
    不須愁日暮, 自有一燈然.

안사의 난 후의 왕유 만년은 장안 교외의 남전(藍田)과 망천(輞川) 별장에서 보냈는데, 별장에는 맹성요(孟城坳), 화자강(華子岡), 문행관(文杏館), 죽령(竹嶺), 녹채(鹿柴), 목란채(木蘭柴), 수유반(茱萸沜), 궁괴백(宮槐柏), 임호정(臨湖亭), 남탁(南垞), 의호(欹湖), 유랑(柳浪), 난가뢰(欒家瀨), 금설천

(金屑泉), 백석뢰(白石瀨), 북탁(北垞), 죽리관(竹里館), 신이오(辛夷塢), 칠원(漆園), 초원(椒園) 등 20경(景)이 있어, 왕유는 이들을 주제로 해서 작시와 음영을 하며 화폭에 옮기어 그 미경을7) 묘사하였다. 이 때 노상도 왕유의 좌상객이 되어 망천으로 방문하여8) 동유하였는데, 노상의 「죽리관」9)시가 망천의 풍광을 다룬 것으로써 왕·노 교유의 예증이 된다. 이렇다면 왕유와 노상은 가장 오랜 교유관계를 가졌다는 결론이 된다.

2. 조영(祖詠)[10]

조영은 낙양인(洛陽人)이며 개원 12년(724)에 진사 급제했다. 장열(張說)이[11] 승상 시에 가부원외랑(駕部員外郞)을 지내고, 『全唐詩』(권131)에 그 시를 수록하고 있다. 조영의 시문은 왕유에 미치지 못했으나, 시명이[12] 매우 높았다. 사료로써 정확한 고증은 불가하나, 조영도 노상과 함께 왕유 조년의 우인으로 판단된다. 즉 왕유는 개원 9년에 과거에 급제하고[13] 동년에 태악승(太樂丞)에 있다가, 개원 11년경 제주(濟州)로 폄적가게 되니, 이 시기가 왕유의 나이 23세 경이다.[14] 왕유의 제주 임기와 조영과의

---

7) 근인 리우웨이충(劉維崇)의 『輞川圖考』에 "摩詰有韻之言, 遂爲李唐一代冠冕. 要以胸次鹿然勝耳. 其丹青遊戲, 則又廻出世匠之表, 所傳石水輞川圖, 直可懸之酒肆."(p.223)
8) 清代 趙殿成의 「王維年譜」에 乾元 元年(758)의 일로 봄.
9) 『全唐詩』권131에 수록. "江南氷不閉, 山澤氣潛通. 臘月聞山鳥, 寒崖見蟄熊. 柳林春半合, 荻笋亂無叢. 回首金陵岸, 依依向北風."
10) 聞一多의 『唐詩大系』와 陸·馮의 『中國詩史』에 모두 武后 聖曆 二年(699)生하고 玄宗 天寶 五年(746)頃卒이라 함.
11) 『唐才子傳』卷一, 「張說傳」; "說, 字道濟, 洛陽人, 兵部侍郞平章事, 開元十八年, 終爲左丞相燕國公."
12) 『新唐書』卷二○三, 「文藝傳序」에 "今但取以文自名者爲, 文藝篇, 若韋應物, 沈亞之間際, 祖詠, 薛能, 鄭谷等" 여기서 「以文自名」의 문사임을 알 수 있음.
13) 『唐才子傳』卷二 「王維傳」에는 개원 29년 장원급제라함은 착오이다.

교유를 오직 시작만 가지고 개관할 수 밖에 없다. 왕유의 「조삼이 와서 머무는 것을 기뻐하며(喜祖三至留宿)」(상동 권7) 시의 「문 앞의 낙양객 말에서 내려 나그네 옷을 턴다.(門前洛陽客, 下馬拂征衣.)」구와 조영의 「왕유의 유숙에 답하여(答王維留宿)」시의 "사년간 만나보지 못했는데 만나보니 또 어떠한가(四年不相見, 相見復何爲.)"구를 보면, 조영이 낙양객이 되어 제주를 거쳐 여주(汝州)의 왕한(王翰)의 부하로 부임하던 길인 듯 하다. 『新唐書』권189 「文苑傳」上, 왕한전(王翰傳)에 왕한은 장열(張說)의 부하였는데, 장열이 파직된 후 왕한도 피폄되어 여주자사와 선주별가(仙州別駕)를 지냈다 한다.(『新唐書』권189 文苑傳) 장열이 개원 14년에 파직된 만큼, 조영이 왕한에 기탁한 때는 개원 15년경이 되겠다. 조영이 여주로 가는데, 제주를 꼭 경과할 필요가 없었지만, 그 이유는 바로 4년간 상면 못한 왕유를 만나 보고자 한 것이다. 또 왕유의 「조삼영에 줌(贈祖三詠)」(상동 권2)를 보면,

> 비록 근간에 안부 소식 있었으나
> 천리에 강산이 가로막혀 있네.
> 그 사이 다시 여영 지방에 떨어져 있다가는
> 작년에야 고향 산천에 돌아왔네.
> 그대와 교유한지 20년이 되었건만
> 하루도 술좌석 베풀지 못했네.

> 雖有近音信, 千里阻河關.
> 中復隔汝潁. 去年歸舊山.
> 結交二十載. 不得一日展.

---

14) 明 顧元緯의 『王維年譜』엔 武后 聖曆 二年(699)生이라 하고 淸代 趙殿成의 「王維年譜」엔 武后 大足 元年(701)이라 하니, 顧說엔 25歲, 趙說엔 23歲인 고로 여기서는 조씨의설을 따름.

여기에서 제5구의 '結交二十載'는 왕·조 양인의 조년에 맺은 관계를 말한 것이며, 조영의 「종남산에서 잔설을 보며(終南望餘雪)」시도 연대에 관한 내용은 없다. 그러면 조영은 언제 낙양에서 장안(終南山은 長安近方에 있음)으로 돌아 왔는지, 역시 고구할 수 없고 단지 개원 16년 왕유가 숭산(崇山)에서 귀환한 후 배적(裴廸)과 함께 종남산에서 은거한 사실이 조영의 장안으로의 귀환과 상통한다면, 조영의 이 시는 종남산장에서 지은 것이 된다. 따라서 조영의 장안 귀환은 개원 16년 이후가 된다.

왕유와 조영의 마지막 교유에 있어서 왕유의 「제주에서 조삼을 보내며(濟州送祖三)」(상동 권4) 시를 보면,

그대 남포 떠나는 것을 전송하니 눈물 실티레 같이 흐르매
동주로 가시는 그대 나를 슬프게 하는구나.
알리나니 옛 친구 몸이 다 쇠하였노라고,
지금은 낙양 시절만 못하구나.

送君南浦淚如絲, 君向東州使我悲.
爲報故人顑頷盡, 如今不似洛陽時.

여기서 제주의 지금 지명상, 조전성(趙殿成)은 『왕마힐전집전주(王摩詰全集箋注)』(권4)에서 '지금의 산동 제남(今山東濟南)'이라 하고, 『舊唐書』(地理志)에서는 '지금의 산동 역성현(今山東歷城縣)'이라고 표기되어 있는데, 지리상, 장안이나 낙양에서 제주로 가면 마침 동행이 되니 시 속의 '君向東州'와 묘사가 상합된다. 따라서 왕유가 제주에 있을 때인 개원 14년(726)으로 볼 수 있겠지만, 그러나 장안을 떠난 지 4년 밖에 안된 왕유가 '초췌(顑頷)'하단 말은 안 했을 것이며 또 조영이 천보 원년(742)에 여주(汝州)(汝墳)로 은퇴한 사실을 추정한다면, 이 시는 왕유 중년 이후의 작품이 될 것이다. 즉 왕창령(王昌齡)이 개원 26년(738)에 영남으로 유배가

고, 맹호연(孟浩然)은 개원 28년에 병으로 서거하며, 기무잠(綦毋潛)은 천보 원년(742)에 관직을 버리고(棄官) 환향하며 조영도 이 때 여분(汝墳)으로 부임하는 등 주위의 허무한 변화가 '故人憔悴盡'구와 같은 감개로 표현했음이 가당하다. 왕유는 여기서 조영과 별리하는데, 첫구 '送君南浦淚如絲'는 실로 시인의 과장이 아니요, 진실한 마음의 토로였을 것이다.

3. 이기(李頎)[15]

이기는 동천인(東川人)이며[16] 개원 13년(725)에 진사 급제하고 관직은 신향위(新鄕尉)에 이르렀다.(이기 자체에 관해서 필자의 『중국당시연구』, 1994 국학자료원 참조) 왕유 시 가운데 이기와의 교유에 관한 시는 다음 「이기에게 줌(贈李頎)」(상동 권2) 1수뿐이다.

    듣건대 그대가 신비의 단약을 들었다하니
    참으로 안색이 좋아졌겠군.
    모르겠네, 오늘 이후
    언제 신선의 날개가 돋아날 건지.
    서왕모의 화려한 덮개를 드리우고
    그대가 오는 것을 곤륜산 곁에서 바라보리.
    휘황찬란한 용을 타고 붉은 표범을 거느리고
    만리를 바야흐로 일순간에 가겠지.
    슬프도다 세상 사람들은
    비린내나는 음식을 달게 먹는구나.

    聞君餌丹砂, 甚有好顔色.

---

15) 聞一多의 『唐詩大系』에 武后 天授 元年(699)生하고, 玄宗 天寶 十年(751)에 卒이라 함. 陸·馮合著 『中國詩史』 p.444도 위와 같음.
16) 지금 雲南東川附近(『中國古今地名大辭典』, 商務).

> 不知從今去, 幾時生羽翼.
> 王母翳華芝, 望爾崑崙側.
> 文螭從赤豹, 萬里方一息.
> 悲哉世上人, 甘此羶腥食.

이 시에 보이는 이기는 일생을 통해 공명을 바라지 않고 항상 도가에 심취되어 연단의 법술을 익혔다. 본래 단식(丹食)은 그 목적이 나이를 먹어 수명을 더 하자는데(延年益壽) 있는 것으로 위진(魏晉) 이래로 이 풍조가 성행하여 당대에 이르러 최고조에[17] 달한다.

이런 사조가 왕족과 문인간에 풍미한 것이다. 왕유와 이기의 교유는 이 도가사상과 관계되어 맺어진 것이다. 이기의 「초연사에 부침(寄焦煉師)」(『전당시』 권132)시를 보면,

> 得道凡百歲, 燒丹惟一身.
> 悠悠孤峰頂, 日見三花春.
> 白鶴翠微裏, 黃精幽潤濱.
> 始知世上客, 不及山中人.
> 仙境若在夢, 朝雲如可親.
> 何由覩顏色, 揮手謝風塵.」

라고 한데, 당조에는 도가자를 법사(法師), 위의사(威儀師), 화율(和律) 등으로 호칭하였고 이외에 덕이 높고 생각이 깊은(德高思精) 자를 특히 연사(鍊師)[18]라 하였다. 왕유의 「동악 초연사에 드림(贈東嶽焦煉師)」과 「초도사에 드림(贈焦道士)」(이상은 상동 권11)의 2수가 수록된 것으로 보아, 왕유와 이기는 모두 초연사(焦煉師)의 우인임을 알 수 있고, 그들의 교유

---

17) 졸문, 「王維詩考」 참고 『空士論文集』 三).
18) 『王摩詰全集箋注』 卷十一, p.162.

는 초련사에 의해 더욱 가까워졌다고 볼 것이다.

4. 기무잠(綦毋潛)[19]

 왕유의 시작 중에 기무잠과의 교유에 관한 자료는[20] 적은 편이다. 특히, 왕유가 기무잠에게 지어준 시 3수가 모두 송별을 주제로 한다. 먼저 「기무잠이 낙방하고 귀향함을 전송하며(送綦毋潛落第還鄕)」[21]시를 보면, 기무잠이 개원 14년(726)에 과거 급제했는데, 이 시제는 낙제하여 환향하는 송시이므로 개원 14년 이전작임이 확실하다. 또 왕유가 개원 12년 장안에서 제주로 피폄 됐으므로, 이 시가 제주로 가기 전인 장안에 있을 시의 작임이 분명하다. 따라서 왕유와 기무잠과의 시교는 장안에 거주할 시기인 개원 12년 전에 맺어졌다 할 수 있다.

 또 「기무교서가 관직을 버리고 강동으로 귀향함을 보내며(送綦毋校書棄官還江東)」[22]시의 「관직을 버림(棄官)」한 일을 놓고, 『신당서(新唐書)』(권43 「직관지(職官志)」)에 보면 교서랑(校書郞)이란 직분이 비서성(秘書省)과 저작국(著作局)에 있었고, 관급은 정9품상(正九品上)이라고 기술하고 있다. 이 시에서의 「교서(校書)」란 직분은 미관인 만큼 기무잠의 기관

---

[19] 『唐才子傳』卷二「綦毋潛傳」; "潛, 字季通, 荊南人. 開元 14年, 嚴迪榜進士及第, 授宜壽尉, 遷右拾遺, 入集賢院待制, 復授校書, 終著作郞." 生卒年은 『唐詩大系』에 武后 如意 元年(692)에서 玄宗 天寶 8年(749)頃까지로 봄.
[20] 趙殿成, 『王摩詰全集箋注』 卷三의 「送綦毋校書棄官還江東」同卷四의 「別綦毋潛」, 唐殷璠『河嶽英靈集』卷上의 「送綦毋潛第還鄕」 等 뿐이다.
[21] 本詩; "聖代無隱者, 英靈盡來歸. 遂令東山客, 不得顧采薇. 旣至君門遠, 孰云吾道非. 江淮度寒食, 京洛縫春衣. 置酒臨長道, 同心與我違. 行當浮桂棹, 未幾拂荊扉. 遠樹帶行客, 孤城當落暉. 吾謀適不用, 勿謂知音稀."
[22] 本詩; "明詩久不遠, 棄置與君同, 天命無怨色, 人生有素風. 念君拂衣去, 四海將安窮. 秋天萬里淨, 日暮澄江空. 淸夜何悠悠, 扣舷明月中. 和光魚鳥際, 澹爾兼葭叢. 無庸客昭世, 衰髮日如蓬. 頑疎暗人事, 僻陋遠天聰. 微物縱可採, 其誰爲至公. 餘亦從此去, 歸耕爲老農."

(棄官)은 혹 직관불만에 기인한 것이 아닌가 한다. 기무잠이 후에 다시 회경(回京)하여 우습유(右拾遺)(從八品上)와 저작랑(著作郎)(從五品上) 등을 맡았고, 직관이 높아짐에 따라 환향하지 않았다는 사실을 왕유와 저광희(儲光羲)가 그를 위해 쓴 화시제(和詩題)23) 내용에서 그들의 교왕을 설명하고 있고, 동시에 기무잠 평생에 새 자료가 될 것 같기 때문이다. 즉 저광희의24) (주22)의 시제에서의 야계(耶溪)는 지금의 절강(浙江) 소흥현(紹興縣) 남방 20리의 약야산(若耶山)이다. 이곳은 춘추시대 미인 서시(西施)가 빨래(浣紗)하던 고지(故址)인데, 당대 문인의 심목에는 야계를 개인의 지위와 형식을 버리고 자유를 찾는 상징으로25) 보았던 것이다. 기무잠은 야계에서 놀면서 하급의 교서랑 생활에 권태를 느끼기에 충분하며 저광희의 윗 시의 개두의「선액에서 글을 교정하지만 매양 마음은 창해에 있다오(校文在仙掖, 每有滄海心.)」구의 뒷구는 기무잠의 사관 환향하려는 의도를 계시해 주는 것으로서, 왕유가 저광희 만큼 기무잠을 이해하지 못했다는 점은 '형남교서랑(荊南校書郎)'이란 직관간의 소원 때문이라고 봐야 할 것이다.

『전당시』(권140) 왕창령의「동경부현의 제공이 기무잠과 이기와 서로 송별하여 백마사에 이르러(東京府縣諸公與綦毋潛李頎相送至白馬寺)」시에서 백마사는 낙양동성(洛陽東城)의 망춘문(望春門) 밖에 있는 절이며, 『신

---

23) 儲光羲의「酬綦毋校書夢耶溪見贈之作」(『全唐書』卷136), 王維의「送綦毋校書棄官還江東」.
24) 『唐才子傳』卷一,「儲光羲傳」; "光羲, 兗州人, 開元十四年 嚴迪榜進士, 有詔中書試文章, 嘗爲監察御史, 値安祿山陷長安, 輒受僞署, 賊平後, 自歸貶死嶺南. 工詩, 格高調逸趣遠情深, 削盡常言, 挾風雅之道, 養浩然之氣, 覽者猶聽韶護音, 先洗桑濮耳, 庶幾手賞音也."
25) 唐人이 若耶溪에서 노니는 풍기는 武后時代에 시작된 듯 하다. 예컨대, 武后時代의 宋之問의「遊禹穴回生若耶溪」(『全唐詩』卷五三). 玄宗時 孟浩然의「耶溪範疇」(『全唐詩』卷一三五), 綦毋潛의「春泛若耶溪詩」(『全唐詩』卷一三六), 崔顥의「入若耶溪」(『全唐詩』卷一三〇), 邱爲의「泛若耶溪」(『全唐詩』卷一二九), 劉長卿의「上巳日越中興鮑侍郎泛舟耶溪」를 들 수 있다.

『당서』,「현종기」에 의하면, 동부 낙양을 천보 원년(742)에 동경이라 개칭했다 했으니, 이로써 이 시의 연대는 천보 원년 이후라 보겠고, 이기와 기무잠이 왕창령을 백마사에서 동송했다 함은 이·왕·기 삼인의 우정이 깊었음을 알 수 있다. 더구나 기무잠이 낙양을 동경이라 부른 때에 있었다는 의미로써 그의 벼슬을 그만둔 시기는 천보 원년 이후의 일이 확실하다. 따라서 개원 14년에서 천보 원년까지의 17년간에서 전반은 장안에서, 그 후반은 낙양에서 임직한 셈이 된다. 따라서 왕유와 기무잠과의 교유는 천보 원년(742)에 기무잠이 기관(棄官)하여 강동행 하기까지 20년 이상 지속되었고, 왕유나『기무잠시집』에 이 이후의 시가 없는 것으로 보아 왕·기의 교유는 여기서 중단되었다고 볼 것이다.

5. 구위(邱爲)26)

『신당서』,「예문지」에 구위가 왕유의 시우란 말 외엔 왕·구 양인의 교유에 관한 수록이 전무하다. 따라서 여기서는 고정(考訂)하는 입장에서 서술하겠다.

『왕마힐전집전주(王摩詰全集箋注)』권8의「구위의 공부 그만두고 강동행 하는 것을 보내며(送邱爲落筆歸江東)」27)시와『전당시』권131 조영(祖詠)의「구위의 낙향을 보내며(送邱爲下第)」28)시를 놓고 보자.

조영은 개원 12년, 왕유는 개원 9년에 급제했음은 이미 기술한 바인데,

---

26)『唐才子傳』卷二,「邱爲傳」; "爲, 嘉興人, 初累不第, 歸山讀書. 數年天寶初, 劉單榜進士, 王維甚稱許之, 嘗與唱和." 聞一多『唐詩大系』및 陸·馮合著『中國詩史』에 生卒年을 武后 延載 元年(694) ~ 德宗 貞元 元年(789)이라 함.
27) 本詩; "憐君不得意, 況復柳條春. 爲客黃金盡, 還家白髮新. 五湖毋宅, 萬里一歸人. 知爾不能薦, 羞爲獻納臣."
28) 本詩; "滄江一身客, 獻賦空十年, 明主豈能好, 今人誰擧賢, 國門稅征駕, 旅食謀歸旋, 鄙日媚春水, 綠蘋香客船, 無媒旣不達, 予亦思歸田."

상기의 두 시에서 왕·조 양인은 급제하고, 구위만이 불우하게 된 것을 제시하고 있는데 이는 개원 12년이 조영과 구위의 각각 당락의 갈림길이 된 해인 것을 뜻하겠다. 즉 왕·조·구 삼인이 당시에 장안에 있었고 여기서 왕유가 구위를 처음 알게 된 것으로 봐야겠다.

상기의 왕유의 「구위의 공부 그만두고 강동행 하는 것을 보내며(送邱爲落第歸江東)」시의 "知禰不能薦, 羞爲獻納臣"구의 '獻納臣'은 주의를 요하는 점인데, 즉 헌납(獻納)이란 왕유의 습유(拾遺), 보궐(補闕), 급사중(給事中)의 직책을 모두 칭한 말로서, 『구당서』 권190하 「왕유전」에 "維歷右拾遺, 監察御史, 左補闕, 天寶末爲給事中."이라 하고 또 『신당서』, 「왕유전」에 "張九齡執政, 擢右拾遺監察御史"라 한 인용에서, 장구령(張九齡)이 개원 21년 12월에29) 승상(丞相)이 된 때문에 왕유가 우습유(右拾遺)로 된 시기도 개원 21년 12월 이후라야 한다. 이 시를 통해 왕유는 구위를 위로하면서 자신의 구차한 관직을 부끄럽게 여기는 심정을 보여 왕·구 양인의 10년간의 우의를 표시하고 있다.

다음 『왕마힐전집전주』 권13의 「좌액의 배꽃(左掖梨花)」30)시와 『전당시』 권129와 권205에 수록된 구위와 황보염(皇甫冉)의 화시(和詩)에서31), 소위 좌액(左掖)이란 장안의 일화문(日華門) 안의 문하성(門下省)의 북성(北省)을 가리키는 만큼, 이들 왕·구·황 삼인이 이 때 관직을32) 갖고 있었다는 의미가 된다. 왕유와 구위가 이화(梨花)에서 같이 읊은 사실(史實)로 미루어서, 구위의 과거급제와 관직을 받은 시기가 황보염과 같은 천보 15년 전후로

---

29) 淸代 趙殿成『王摩詰全集箋注』,「王維年譜」참조.
30) 本詩;"閒麗堵邊草, 輕隨笤外風, 黃鶯弄不足, 嗛入未央宮."
31) 『唐才子傳』卷三,「皇甫冉傳」;"冉, 字茂政, 安定人. 天寶十五年, 盧庚傍進士, 後入爲左金吾衛兵曹參軍, 仕終拾遺左補闕」邱爲의 私詩;「冷艶全欺雪, 餘香乍入衣 春風且莫定, 吹向玉階飛」皇甫冉의 和詩;「巧解迎入笑, 偏能亂蝶飛 春風時入戶, 幾片落朝衣.」
32) 邱爲의 及第年月은 고증할 수 없고, 皇甫冉은 『唐才子傳』에 天寶 十五年(755)中擧라 함.

추정된다. 따라서 왕유와 구위와의 교유는 30년간 유지해 온 것이다.
한편, 『왕마힐전집전주』 권8의 「구위를 당주로 보내며(送邱爲往唐州)」를 보면,

완읍과 낙양 일대엔 바람 먼지 드셀 터인데
그대 이제 떠나가니 가시는 길 고생스럽겠네.
사수시에 어린 모든 근심 한수에 이어 있고
온 가족 수주 사람에게 맡겨 있도다.
회나무 짙은 그늘 맑은 대낮에 드리워 있고
버들개비는 늦봄에 드날리누나.
조정의 대신들 나와서 전송하니
천자의 총애받는 신하로다.

宛洛有風塵, 君行苦行辛,
四愁連漢水, 百口寄隨人.
槐色陰淸晝, 楊花惹暮春.
朝端肯相送, 天子繡衣臣.

이 시를 보면, 『신당서』 권39 「지리지(地理志)」에 당주는 당대에 산남동도(山南東道)에 속했다 하니, 지금의 하남성(河南省) 필양현(沁陽縣)이다. 이 시에서 왕유는 경락(京洛)의 풍진을 제기하고, 아울러 장형(張衡)의33) 「사수시제(四愁詩題)」를 인용하여 구위의 득지(得志)하지 못한 것을 암시하고 있는데, 더욱이 시제의 '당주로 간다(往唐州)'는 구위가 당주로 피폄되어34) 송별한 시의를 분명히 해 주고 있는 것이다.

왕유와 구위와의 교유는 숙종(肅宗) 상원(上元) 2년(761) 7월에 왕유가 사망하기까지 계속되었던 것 같으니, 『왕마힐전집전주』 권3의 「구위를

---

33) 『文選』 卷29, 「四愁詩」・「幷序」에 "衡爲河間相時, 天下漸弊, 鬱鬱不得志, 爲四愁詩."
34) 邱爲의 唐州之事에 대한 사료가 없어, 이 시의 繫年 또한 불명함.

이별하며(留別邱爲)」 시를 보면[35],

> 말을 흰 구름 넘나드는 곳으로 돌리니
> 구비 돌아서 앞산이 나타나네.
> 오늘도 내일도
> 마음 한가하지 못함을 스스로 아노라.
> 친히 수고롭게도 그대가 직접 전송까지 하여 주시니
> 꾀꼬리가 울고 꽃이 만발하는 봄에 돌아오고 싶네.
> 한 걸음 내딛을 때마다 한 번 돌아보고
> 더디게 근방의 관문을 향하네.

> 歸鞍白雲外, 繚繞出前山.
> 今日又明日, 自知心不閑.
> 親勞簪組送, 欲趁鶯花還.
> 一步一回首, 遲遲向近關.

여기서 보면, 이 시의 내용은 멀리 이별한 자에 대한 사모의 묘사로서, 구위가 당주로 간 후 길이 잊지 못하는(永不忘)의 정을 토로하고 있다.

Ⅱ. 왕유 중·만년의 시우(詩友)와의 교유

1. 왕창령(王昌齡)[36]

창령의 자는 소휴(少休)이며, 무후(武后) 성력(聖曆) 원년(698)에 태어났

---

35) 『全唐詩』 129卷엔 「邱爲留別王維」라고 詩題했는데 이는 『王維詩集』과는 다른 것으로 王維生平에 唐州行旅한 적이 없으므로 착오임. 졸문 『王維詩考』 참조
36) 『唐詩大系』에 唐武后 聖曆 元年(698)生하고 졸년은 불상. 『中國詩史』 p.442도 上同. 譚優學의 「王昌齡行年考」에 생년은 같고, 졸년을 肅宗 至德 二年 丁酉(757)라 한데, 믿을만한 고증임.

다. 그의 본관에 대해서는 태원(太原), 강녕(江寧) 및 경조(京兆) 등37) 3설이 있는데,『전당시』권143 왕창령시「포구에서 이별하고 서울로 간다(別離浦之京)」를 가지고 근인 탄유쉬에(譚優學)은 동시의 '옛 뜰은 지금 파릉 서쪽에 있네(故園今在灞陵西)'구에 의거하여 경조설을 주장하는데38) 여기서는 이 설을 따르기로 한다.

창령은 개원 15년(727)에 진사급제하고 기수위(記水尉)의 직책을 거쳐, 4년후(731)「공손굉이 동각을 열다라는 부(公孫宏開東閣賦)」로서 굉사과(宏詞科)에 급제하여 교서랑(校書郞)이 되어 개원 21년에서 24년까지(733~736), 장안에 거하였다. 천보년에 강녕승(江寧丞)으로 출사했다가 천보 7년(748)에 용표위(龍標尉)로 피폄되므로 귀향생활 중에, 지덕(至德) 1,2년간(757경)에 자사 여구효(閭邱曉)에게 피살되었다.

왕유와 왕창령의 교유관계를 보건대,『왕마힐전집전주』권11의「청룡사담벽상인형원집(靑龍寺曇壁上人兄院集)」39)「병서(幷序)」에 "때마침 강녕의 대형이 편석을 가지고 나에게 서문을 써달라고 하였다.(時江寧大兄持片石, 命維序之.)"란 문구와 또 잠삼(岑參)의『잠가주집(岑嘉州集)』권1의「왕창령이 강녕으로 부임함을 전송하며(送王大昌齡赴江寧)」의 시제로 보아 왕창령을 강녕대형이라는 항렬의 칭호로 부른 것은 상기의 왕유시가 왕창령과의 시교에 밀접한 관계를 갖고 있음을 명시하는 것이다.

사실상, 왕창령이 과거에 오르던 개원 15년엔 왕유가 제주(濟州)에 피폄된 시기이어서 시간상, 지리상 두 왕씨는 청룡사의 집회 이전에는 상면할 기회가 없었던 것이다. 장안의 주작문(朱雀門)의 신창방(新昌坊)에 있는 청룡사에 왕유·왕창령·왕진(王縉)·배적(裵迪) 등 적어도 4인 이상이

---

37) 殷璠의『河嶽英靈集』과『唐才子傳』엔 太原說을,『新唐書』,「王昌齡傳」과 宋計有功의『唐詩紀事』는 江寧說을,『新唐書』,「王昌齡傳」은 京兆說을 각각 주장.
38) 譚學優의「王昌齡行年考」1963『文學遺産』增刊 12輯 참고.
39) 本詩: "高處敞招提, 虛空詎有倪. 坐看南陌騎, 下聽秦城鷄. 渺渺孤烟起, 芊芊遠樹齊. 青山萬井外, 落日五陵西. 眼界今無染, 心空安可迷."

참집한 시회에서[40] 왕진은 왕창령을 깊이 알게 되고 동유하는 계기가 된 것이다. 그렇다면, 그 시기는 최소한 왕유가 제주에서 장안으로 돌아온 후인 개원 16년(730) 이후가 되므로, 청용사에서의 동유, 시작 년대, 그리고 시교 년대는 분명히 개원 16년에서 개원 24년 사이로 규정해야 한다.

왕유와 왕창령과의 교유에 관한 특징은 불・도 양가에 두 사람이 동시에 전심 몰두한 종교적 사상을 배경으로[41] 하고 있다는 점이다. 예컨대, 왕창령 시중의 「도사에게 주역을 묻고 계를 같이하며(就道士問周易參同契)」(『전당시』 권141), 「초연사를 뵈오며(謁焦鍊師)」(『전당시』 권142), 「무릉 용흥관의 황방도사가 주역을 물으니(武陵龍興觀黃道士房問易題)」(『전당시』 권143), 「주연사의 산방(題朱鍊師山房)」(상동), 「황연사의 선원(黃鍊師院)」(상동) 등의 시세민을 보아도, 왕창령이 도가의 연사와 왕래가 잦았을 뿐 아니라, 주역・도가철학사상에 대해 조예가 깊었던 것을 알 수 있고 또 왕유와의 화시(和詩) 「청용사담벽상인형원집」(『왕마힐전집전주』 권11)을 보면,

> 본래에 맑고 깨끗한 곳으로
> 대나무로 그윽한 그늘 드리운지고.
> 처마 밖에 산의 푸른 기운 머금어 있어
> 속세의 마음 떨치운 곳.
> 둥글게 통하여 형상이 따로 없거늘
> 성스런 지경 범할 수 없구나.
> 진정 나의 형의 불법을
> 어찌 이 아우가 깊이 따를 수 있으리.
> 하늘의 향기 저절로 어울리고
> 영묘하게 종소리 들려온다.

---

40) 『王摩詰全集箋注』 卷十二에 王維의 시에 王昌齡・王縉・裴廸의 私詩가 수록되어 있음.
41) 莊申의 「王維的道家生活與思想」 참고.

本來淸淨所, 竹樹引幽陰.
簷外含山翠, 人間出世心.
圓通無有象, 聖境不能侵.
眞是吾兄法, 何妨友弟深.
天香自然會, 靈異識鐘音.

여기에서 청대 조전성(趙殿成)은 '성경'은 『능엄경(楞嚴經)』, 「천향」은 『열반경(涅槃經)』에서 출처한다고 주석하고 있다. 왕유와 왕창령의 교유는 도·불의 두 사상의 공동 추구 속에 정신상의 고민으로부터 해탈할 수 있는 상호위안의 관계를 지니고 있었던 것이다.

2. 맹호연(孟浩然)42)

『구당서』 권190하 「문원전(文苑傳)」의 「맹호연전」에 이르기를,

> 일찍이 태학에서 시회를 열었는데 [맹호연이 시를 읊자] 모두 탄복할 뿐 감히 대항하지 못했다. 장구령과 왕유는 평소 그를 칭찬하던 터였는데 한번은 왕유가 사적으로 그를 집무실로 초청하였다. 그런데 잠시 후 현종이 당도하자 맹호연은 상 밑에 숨었다. 왕유가 사실대로 대답하자 황제는 즐거워하면서『짐은 그대에 대해 들어서 알고 있었으나 아직 만나지 못했을 뿐이구료. 어찌 두려워 숨으시오?』하고는 맹호연을 불러 나오게 했다. 황제는 맹호연에게 그의 시에 대해 묻자 맹호연은 두 번 절을 올리면서 자신의 시를 읊었는데,『재능없다고 현명한 군주에게서 버림받았네』라는 시구에 이르러 황제가『경이 벼슬을 구하지 않았던 것이지 짐이 일찍이 버리지 않았거늘 어째서 나를 무고하느냐?』고 하면서

---

42) 『唐才子傳』 卷二, 「孟浩然傳」 ; "浩然, 襄陽人, 少好節義. 詩工五言, 隱鹿門山, 卽漢龐公棲隱處也. 四十遊京師諸名士間." 陸·馮合著의 『中國詩史』 p.429 ; 武后永昌 元年 (689)生, 玄宗 開元 28年(740)卒.

쫓아서 돌려보냈다.

> 嘗於太學賦詩, 一座嗟伏, 無敢抗. 張九齡·王維雅稱道之. 維私邀入內署, 俄而玄宗至, 浩然匿牀下, 維以實對. 帝喜曰;『朕聞其人而未見也, 何懼而匿』詔浩然出. 帝問其詩, 浩然再拜, 自誦所爲. 至『不才明主棄』之句, 帝曰:『卿不求仕, 而朕未嘗棄卿卿, 奈何誣我』因放還.

라고 하였는데, 이 글에서 다음 두 가지 왕유와 맹호연과의 관련된 문제를 생각할 수 있으니, 그 하나는 왕유가 장안으로 복귀한 연대와 다른 하나는 왕유와 맹호연의 시교 년대인 것이다.

왕유는 개원 9년(721)에 과거급제 하여 동년에 태악승(太樂丞)을 제수하고 개원 십년 전후(723년)에 제주로 피폄된다. 이어서 개원 15년(727)에 관직에 나가고 숭산(崇山)에 은거하다가 개원 22년(734) 5월 이전에 장구령(張九齡)이 중서령(中書令)이 되어 왕유를 우습유(右拾遺)에 발탁한 사실은 이미 대강 기술한 바이다.

왕유가 장안으로 귀환한 연대는 장구령이 우습유로 기용한 개원 16년에서 개원 22년간이라고 추정해야 하는데, 왕·맹의 시교년대는 맹호연이 경사(京師)로 나오던 개원 16년(728)으로 보는 것이다.

왕유와 맹호연이 시교한 후의 장안에서의 교유사정은 추정하기 어렵다. 그 이유는 왕·맹 양인의 시문집에서 유관자료가 없기 때문인데, 단지 맹호연이 현종 앞에서 「재주 없어서 맹철한 임금이 버렸네(不才明主棄)」라 한 죄로 즉시 경사를 떠나 양양(襄陽)으로 환향할 때[43] 왕유가 「맹육의 양양으로 돌아감을 전송하며(送孟六歸襄陽)」(『왕마힐전집전주』권15)를 지어 귀전원(歸田園)을 위로해 준 일만 확인할 수 있을 뿐이다.

---

43) 楊蔭深, 『王維與孟浩然』(商務印書舘)에 歸鄕할 때 洛陽만 경유했다 하는데, 陳胎焮 「孟浩然事蹟考」(『文史』四期, 中華書局)에서 「長安→洛陽→唐城→蔡陽→襄陽」의 노정이라 함.

문을 닫고 밖에 나서지 않고
오랜동안 세상과 소원하게 지내는군.
이를 뛰어난 방책으로 삼을지니
그대에게 권하건대 옛 집으로 돌아가기를.
전원의 집에서 술 취해 노래하고
웃으며 고인의 책이나 읽게나.
마침 일생에 할만한 일이려니
수고로이 사마상여처럼 「자허부」를 바치진 말기를.

杜門不欲出, 久與世情疎.
以此爲長策, 勸君歸舊廬.
醉歌田舍酒, 笑讀古人書.
好是一生事, 無勞獻子虛.

 그러면 맹호연이 왜 양양을 떠나 경사로 나왔던가, 또 그는 정말 공명에 대한 희망과 기원이[44] 없었던가 하는 의문에의 해답을 현종과의 불화로 인한 관로의 꿈의 좌절로 부득이 귀향할 수밖에 없는 상황에서 찾아야 할 것이다. 즉 왕유의 「맹육의 양양 귀향을 전송하며(送孟六歸襄陽)」에는 맹호연이 귀향하는데 대해 전혀 석별이나 정감이 표현되지 않고 있으며, 오히려 명예에의 허황한 마음을 애초에 생각조차 않는 것이 타당했다는 의미가 내포되고 있어 단지 송별 속에 권고와 안위만을 제시하고 있다. 이것은 왕유가 맹호연의 오언시에 능한 것을 투기한 때문이라는 설도[45] 있으나, 여하튼 왕·맹 양인의 교정은 두텁지 않았던 것 같다.
 맹호연이 양양으로 돌아간 후 12년간 왕유를 상면하지 못하고 병고하

---

44) 王瑤, 「論希企隱逸之風」文 참조(香港中文出版, 1957).
45) 宋, 葛立方, 『韻語陽秋』卷14에 "按孟君當開元天寶之際, 詩名藉甚, 一遊長安, 右丞傾蓋延譽, 或云右丞見其勝己, 不能薦於天子, 因坎軻而終. 故襄陽別右丞詩云; 當路寧相假, 知音世所稀, 乃其事也."

였는데, 개원 28년 즉 맹호연이 병서하던 그 해에 왕유가 전중시어사(殿中侍御史)로 양주(襄州) 일대의 선거사무를 주관차 양양에 가서 망우(亡友)를 애도하며, 「맹호연을 애곡하며(哭孟浩然)」 시(『왕마힐전집전주』 권20)를 지으니,

> 옛 친구를 만나 볼 수 없는데
> 한수는 날로 동으로 흐르누나.
> 양양의 노인을 물으니
> 채주의 그대 놀던 강산은 공허하기만 하구나.
>
> 故人不可見, 漢水日東流.
> 借問襄陽老, 江山空蔡州.

이 시에서 본래 깊지 않았던 우정인 데다가, 이미 식어진 왕유에의 정감이 드러나 있어서, 전혀 애도시로서의 감동을 주지 않고 있다.

3. 은요(殷遙)[46]

『당재자전』 권3 「은요전(殷遙傳)」에 보면,

> 은요는 단양 사람이다. 천보 년간(742~756)에 일찍이 충왕부창조참군이란 벼슬을 지냈다. 왕유와 교유하면서 함께 참선을 흠모한 탓에 고상하고 소원한 취향을 지녔으며, 구름이 떠오르는 높은 산에 있는 굴에 기거하려는 생각을 많이 하였다. 그러나 애닯게도 집안이 빈한하여 그가 사망했어도 장사조차 지낼 수 없었다. 하나있는 딸은 불과 10세였는데 매일 애통하게 아버지를 그리워하자 이웃 사람들이 가엽게 여겨 재물을 보태주어 석루산에 그의 유골을 매장해 주었다.

---

46) 聞一多의 『唐詩大系』에 中宗 景龍 三年(709)生, 玄宗 天寶 七年(748)頃卒.

遙, 丹陽人, 天寶間嘗仕爲忠王府倉曹參君. 與王維結交, 同慕禪寂, 志趣
高疎, 多雲岫之想. 而苦家貧, 死不能葬. 一女纔十歲, 日哀於親愛, 燐之與
賵贈, 埋骨石樓山中.

라고 하여 왕유와의 결교는 선적(禪寂)과 고소(高疎)를 같이 하는 상호동 질적인 요소를 지니고 있는 것으로 표현하고 있다. 왕유와 은요와의 교유관계를 자료의[47] 부족으로 상세하게 고구할 수는 없으나, 상기의 『당재자전』, 「은요전」에서 '天寶時代'라는 연대 외에는 더 구체적인 설명이 없는 것으로 보아 아마도 개원 16년(728)에 왕유가 숭산(崇山)에서 장안으로 돌아 온 후에 맺어진 교유라고 간주된다. 왕유와 은요의 교유내용을 고찰해 보건대, 『왕마힐전집전주』 권14의 「은요를 애곡하며(哭殷遙)」 시 인용하여 살펴보면,

> 그대를 석루산으로 이장하여 보내고
> 송백 울창한 곳 빈객들 말머리를 돌리누나.
> 그대의 유골을 매장한 이 곳은 흰 구름 떠있을 뿐
> 부질없이 흐르는 시냇물 세상을 향하여 흐르도다.
>
> 送君返葬石樓山, 松柏蒼蒼賓馭還,
> 埋骨白雲長已矣, 空餘流水向人間.

그리고 또 동서 권5의 고시 「은요를 애도하며(哭殷遙)」를 더하여 같이 인용하여서 분석하고자 한다.

> 인생이 얼마나 되겠는가

---

[47] 『全唐詩』 卷114에 殷遙詩 五首가 收錄되어 있는데 王維와의 交遊에 有關資料는 없음.

결국은 무형의 세계로 돌아가게 되는 것이라.
그대가 죽은 것을 생각하니
만사가 마음을 상하게 하네.
인자했던 어미의 장례도 미처 못 지냈건만
하나 남은 딸자식은 이제 겨우 열 살.
드넓고 추운 교외에서
쓸쓸히 통곡소리 들려오네.
뜬 구름은 아득한데
나는 새가 울지를 못하누나.
행인들 어찌나 적막한지
대낮인데도 처량하기만 하네.
생각컨대 예전에 그대가 살아있었을 때
내게 물어서 불생불멸의 이치를 깨쳤었지.
그대에게 고생스러워도 요절하지 않기를 바랐는데
이제 그대 이룬 것이 없구나.
옛 친구들이 각기 애도의 말 하지만
이 또한 그대의 생애에는 미치지 못하네.
그대를 등지는 것이 같은 길이 아니어서
통곡하며 세상의 사립문으로 돌아가는군.

人生能幾何, 畢究歸無似.
念君等爲死, 萬事傷人情.
慈母未及葬, 一女歲十齡.
決溝塞郊外, 蕭條聞哭聲.
浮雲爲蒼茫, 飛鳥不能鳴.
行人何寂寞, 白日自凄淸.
憶昔君在時, 問我學無生.
勸君苦不早, 今君無所成.
故人各有贈, 又不及生平.
負爾非一途, 痛哭返柴荊.

이상의 두 시에서 은요의 생평을 서술한 내용은 없으나, 제7연의 "憶昔君在時, 問我學無生"구는 은요가 평생을 두고 불가(佛家)에 관심을 갖고 왕유와 상면할 때마다 불리(佛理)를 물어 깨쳤던 것으로 나타나고 있다. 석가(釋家)의 윤회설(輪廻說)에 의하면, 인간의 과거, 현재, 미래 삼세를 설정한 위에 "신은 항상 멸하지 않는 것을 알면 거칠고 누추한 것을 도야하고 신명을 닦아서 곧 생이 없는 불멸의 경지에 이르고 불리를 터득하게 된다.(識神常不滅, 陶冶粗鄙, 澡鍊神明, 乃致無生而得佛理.)"(劉維崇, 『王維評傳』)라고 한 바 같이 '無生'이란 "마음을 맑게 하여 생각을 바르게 정함(淨心定思)"과 "악을 버리고 선으로 나감(棄惡就善)"이라는 좌선(坐禪)의 하나로서, 불가의 형이상학적인 훈련인 것이다. 왕유가 불가에 귀의한[48] 개원 16년(728) 이후, 만년의 임종까지 '無生'을 극력추구 하고 있다.

예컨대, 동생인 왕진(王縉)이 병부시랑(兵部侍郎)으로 있으면서 왕유 사후에 집성한 『王右丞集』을 숙종(肅宗)에게 헌납할 때에 드린 「왕우승집을 올리며 드리는 글(進王右丞集表)」을 보면[49], 표중에 "만년에 이르러 더욱 불도에 정진하여 빈 방에 단정히 앉아서 이 무생을 생각하였습니다.(至於晩年, 彌加進道, 端坐虛室, 念玆無生.)"라고 하여 형인 왕유의 만년생활은 역시 「無生」의 경지로 일관한 것을 설명하고 있으며, 왕유 시 자체 속에서도 그런 면이 자주 보인다. 『왕마힐전집전주』 권3의 「예상인을 뵈오며(謁璿上人)」시의 일단을 보면,

    일심을 법문의 요체를 듣는 것에 두고
    불생불멸의 이치를 중생들에게 장려하기를 원하노라.

    一心在法要, 願以無生獎.

---

48) 졸문, 「王維詩考」 참조.(『空土論文集』 三).
49) 『王摩詰全集箋注』 卷首에 수록됨.

그리고 상동서 권8의 「변각사에 올라서(登辨覺寺)」시에서는,

연초를 깔아놓고 결가부좌하고 앉으니
무성히 자란 소나무 숲에 범패 소리 울리네.
고요하고 드높은 인간세상 바깥인 이곳에서
세상을 관조하면서 불생불멸의 이치를 터득하리.

頓草承趺坐, 長松響梵聲.
空居法雲外, 觀世得無生.

또 동서 권9의 「소노 두 원외와 방장사에 유람하기로 기약한데 소가 오지 않아서 이로 시를 지으며(與蘇盧二員外期遊方丈寺而蘇不至, 因有是作詩)」시에서는,

듣기로는 동숙하는 벗을 초빙하여
화성에서 묵기로 약속했다 하더이다.
그런데 어찌 알았으리오, 내왕치 못함이
도리어 불생불멸의 이치를 터득하게 해줄 줄이야.

聞道邀同舍, 相期宿化城.
安知不來往, 翻以得無生.

라고 하여 위의 예구에서 왕유의 사상적 비중 속에 '無生'의 진리를 터득함을 알 수 있다. 은요가 연장자로서의 왕유를 따르며 교유를 두터이 한 것은 불리를 매개체로 이루어졌다는 점을 지적해 둔다. 다음 저광희(儲光羲)의 시 「왕유와 함께 은요를 애곡하며(同王十三維哭殷遙)」(『전당시』 권138)는 왕유와 은요의 관계를 이해하는 적절한 예시가 된다.

삶의 이치 끝이 있나니
그대 생각하니 중년에 들었구려.
교유의 길 깊지는 않으나
세상에 더 어질 수가 없도다.
첫 벼슬길에 빈천으로 고생하고
나그네 되어 전원에 적게 머문도다.
풍요한 것 바랄 수 없으니
곧 허땅 서녘 외진 곳에 지내게 되는군.
사방엔 뽕나무와 이웃하고
지척간에 담장이 열려 있도다.
속 타는 일로 근심 없겠고
그림자는 자연스레 옮겨가겠지.
띠풀이 덮개에 내려지고
관은 기둥 새에 놓이리라.
가끔 홀로 된 딸의 호곡소리 들으며
멀리 밭이랑을 나들이하리라.
어진 까마귀 어지러이 날며 울고
맹수는 또 절름거리네.
나의 벗 왕유는
조용히 삶의 초탈을 생각하네.
애락은 벌써 끊어졌으니
부음을 들으니 눈물이 줄줄 흐르누나.
태양이 허공을 덮어서
눈비가 푸른 산에 떠 있도다.
아득히 고인의 널관을 가까이 하고
나를 돌아보며 슬피 현을 끊노라.
장자처럼 곳과 때에 따라 순응하고 편히 살리니
여기에서 공연한 말 하누나.

生理無不盡, 念君在中年.
遊道雖未深, 擧世莫能賢.

```
策仕苦貧賤, 爲客少田園.
膏腴不可求, 乃在許西偏.
四鄰盡桑柘, 咫尺開牆垣.
內艱未及虞, 形影隨化遷.
茅茨俯苫蓋, 雙殯兩楹間.
時聞孤女號, 迥出陌與阡.
慈烏亂飛鳴, 猛獸亦以馴.
故人王夫子, 靜念無生篇.
哀樂久已絶, 聞之將泫然.
太陽蔽空虛, 雨雪浮蒼山.
迢遞親靈櫬, 顧予悲絶絃.
處順與安時, 及此乃空言.
```

이 시에서는 은요의 죽음으로 인하여 "故人王夫子, 靜念無生篇"구가 뜻하는 바와 같이 왕유는 새삼 무생관(無生觀)을 재확립하고, 그 내심의 '死'에 대한 공포로부터 초탈하려 하고 있으니, 왕유와 은요와의 교유는 불가의 종교적 관계라고 단정하게 된다.

4. 배적(裵廸)[50]

왕유의 시우 중에 배적은 가장 친근한 교유를 맺은 것이다.『당시품휘(唐詩品彙)』,「배적전」에 보면, 관중인(關中人)으로 생년은 현종 개원 4년(716)이며 졸년은 상세하지 아니하다.[51] 왕유와는 15세 연하이며 천보난전(755)에 왕유·최홍종(崔興宗)을 따라 종남산(終南山)에[52] 같이 머물렀

---

50) 『全唐詩』권129 ; "裵廸, 關中人. 初與王維, 崔興宗隱居終南山, 日以詩倡和, 天寶後, 出士, 任蜀州刺史, 與杜甫李頎等友善, 甞爲尙書省郞, 詩二十九首."
51) 『資治通鑑』記天佑 二年(905)에「裵廸汝州刺史遷刑部尙書」라 한데, 天佑는 天寶와 百年間이니, 여기의 裵廸은 他人이지 王維의 友人은 아니다.
52) 『唐才子傳』卷二,「王維傳」; "有別墅在藍田縣南輞川, 亭館相望. 甞自寫其景物奇勝,

다.

　그러니까, 왕·배의 친밀한 우정은 종남산에 은거할 때 닦아진 것이다. 이 시교 시기는 장안에서의 개원 28년이라고[53]본다. 왕유의 시문 속에 배적에게 보낸 시가[54] 9수, 서신이 하나 있는데, 이것은 왕유의 우인 중에 가장 많은 수이다.

　그런데, 여기서 유의할 점은 왕·배의 교왕이 단순한 음영과 사작만의 교제에 머물러 있지 않고, 이기(李頎)나 왕창령과의 시교처럼, 사상을 배경으로 한 시화의 예술창작상의 홍취도[55] 서로 나눈 데 있다는 것이다. 즉 왕유의 「배적에 드리며(贈裵十廸)」시에 보면,

　　　전원 풍경 해 저물 녘 유달리 아름다운데
　　　그대에게 새로운 시 한 수 지어 보내노라.

　　　風景日夕佳, 與君賦新詩.

　이 시는 왕·배 양인이 「시로써 벗을 삼는 것(以詩爲友)」인 점을 말해 주고, 「산에서 배적 수재에 보내는 글(山中與裵透才廸書)」에 보면,

　　　이 때에 홀로 앉으니 노소 하인이 조용하고 지난 일을 많이 생각하여 손을 잡고 시를 지으며 가파른 길 걷고 맑은 물가로 나간다.

田與文士丘園.裵廸.崔興宗, 遊覽賦詩, 琴樽自樂"

53) 明, 顧元緯의 『王維年譜』 및 莊申의 『王維硏究』 참조.
54) 首詩는 『王摩詰全集箋注』 卷二의 「贈裵廸」, 同卷二의 「贈裵十廸」, 同卷七의 「輞川間居贈裵秀才廸」, 同卷七의 「黎拾遺昕裵廸見過秋夜對雨之作」. 同卷九의 「登裵廸秀才小臺作」, 同卷十의 「酌酒與裵廸」, 同卷十의 「春日與裵廸過新昌里訪呂逸人不遇」, 同卷十三의 「登裵秀才廸吟詩因戲贈」, 同卷十三의 「菩提寺禁聞逆賊凝碧池上作樂」 등이며, 同卷十八의 「山中與裵秀才廸書」 一文의 서가 있다.
55) 王維의 「春與裵廸過新昌里訪呂逸人」시의 新昌里에 崇眞觀이 있고 『全唐詩』 129卷 王縉의 「王昌齡·裵廸遊靑龍寺曇壁上人兄院集和維」시의 靑龍寺도 新昌里에 있으므로 王·裵二人이 道佛에 같이 출입했음을 보여준다.

此時獨坐, 僮僕靜默. 多思曩者, 携手賦詩, 步仄徑, 臨清流也.

위에서는 시세계에서 의기상합된 감흥 상태를 말해 주고 있다. 그리고 왕·배 양인은 항상 교왕하기 가까운 거리를 두고 종남(終南)에 은거하고 있었던 것 같다. 그리고 「여흔 습유와 배적이 가을 밤에 비를 대하고(黎拾遺昕裴廸見過秋夜對雨之作)」 시를 보면,

귀뚜라미 울음소리 재촉하니
가벼운 옷차림으로 나섰으나 겹옷으로 바꿔야겠네.

促織鳴已急, 輕衣行向重.

그리고 「배적 수재의 소대에 올라서(登裴廸秀才小臺作)」 시에서는,

멀리서도 알 수 있나니, 저 원림가에서
이 처마 근처가 보이지 않겠는가.
반가운 손님들 달구경하러 많이들 오리니
문지기 아이야 문을 걸지 말거라.

遙知遠林際, 不見此簷間.
好客多乘月, 應門莫上關.

위의 시들은 가벼운 옷(輕衣)으로 나들이한다든가, '應門莫上關'이라는 말은 그 양인 관계가 상근함을 말한 것이고, 또 「산중에서 배적 수재에게 보내는 글(山中與裴秀才廸書)」의,

연말이 가까우면서 날씨가 화창하매 고로 산을 넘을 만하여······ 문득 산중에 돌아가 감배사에서 쉬었다.

近臘月下, 景氣和暢. 故山殊可過. …… 輒便往山中, 憩感配寺.

위의 구절에서는 달빛 아래〔月下〕에서 배적을 방문하는데, 섣달 달밤에 산길을 건너가도 추위를 염려하지 않을 정도로 근거리임을 밝혀 주고 있다.

한편, 안록산 난 중의 왕·배의 교유는 특이한데 그 고사를 통해 교유관계를 고찰하고자 한다. 안록산이 현종을 따라 피신을 못한 신하를 모아 논 가운데, 전승의 연회를 궁내에서 열렸을 때, 악공들이 현종시대의 태평성세와 자유를 그리며 실성통곡을 한 일이[56] 있다. 이 때, 왕유는 보리사(菩提寺)에 감금된 신세로, 배적의 방문을 받고 이 소식을 전해들은 후에 칠언절구 1수를 지어 그 소회를 다음과 같이 토로하였다.

온 백성 상심한데 들에는 연기 나는데
백관들은 언제나 다시 천자를 뵈올 수 있으려나.
가을녘 홰나무 잎은 빈 궁전 안에 떨어지는데
응벽지 가에서는 풍악을 울리고 있구나.

萬戶傷心生野煙, 百官何日再朝天
秋槐葉落空宮裏, 凝碧池頭奏管絃.

이 시의 사증(史證)은 『신당서』, 「왕유전」과 이 시의 제목인 "보리사에 구금되어 있을 때였다. 배적이 찾아와 상면하던 중 역적들이 응벽지 가에서 풍악을 울리고 시중하는 이들은 노래를 부르고 있다는 말을 하면서 일시에 눈물을 흘렸다. 이에 몰래 구호를 지어 배적에게 읊어 주며(菩提寺禁. 裴迪來相看說, 逆賊等凝碧池上作音樂, 供奉人等擧聲時便一時淚下.

---

56) 劉維崇, 『王維評傳』, 「生平篇」 참조

私成口號. 誦示裴廸.)"라는 긴 시제에서 잘 표명되어 있다. 여기서 배적이 일신의 안위를 돌보지 아니하고 평상과 같이 보리사로 왕유를 탐방한 사실은, 양자의 불변의 우정을 입증하는 것이다. 그후, 숙종이 지덕(至德) 2년(757) 9월에 장안을 수복하고 치죄할 때 왕유도 연계되어 중죄로 다스려지게 되며, 동생인 형부시랑(刑部侍郎) 왕진(王縉)이 주서(奏書)를 올려 바로 '萬戶傷心生野煙' 시를 제시하며 무죄를 상소한 결과로, 구명되고 오히려 애국충정을 기리어 우승(右丞)으로 승관한 왕유생평상의 기사 속에서, 더욱 배적과의 교분이 중후함을 명백히 했다.

또한, 왕·배 양인의 교유 자료 중에 상호 화창한 시가 비교적 풍부한데, 왕유의 『망천집(輞川集)』과 배적의 화시(和詩) 20수 절구가[57] 그 대표적인 예가 된다. 「망천집서(輞川集序)」에 보면,

> 나의 별장은 망천산곡에 있는데 그 노니는 곳이 맹성요, 화자강 …… 등이 있는 바 배적과 한가하게 각자 절구를 짓노라.
>
> 余別業在輞川山谷, 其遊止有孟城坳, 華子岡 …… 等, 與裴廸閑暇, 各賦絶句云爾.

여기서 남전(藍田)에서 양자가 작시하는 심태는 '한가(閑暇)'하다. 망천 생활을 시작할 때는 숙종 건원(乾元) 원년(758)인 왕유가 58세이시다. 사십세의 배적과 조용히 한거하며 음영과 장소(長嘯)를 낙으로 삼는 가운데 깊어진 왕·배의 교유는 왕유의 최후, 최고, 최심의 생을 다한 우의의 표현이었다. 왕유의 「초원(椒園)」 시를 보건대,

> 계피향기 술잔으로 천자를 맞이하고

---

57) 『王摩詰全集箋注』 卷十三와 『全唐詩』 卷129, 「裴廸詩」 卷에 수록, 시제는 盧象篇에 기술.

두약을 꺾어 아름다운 님에게 드리네.
초란장을 옥으로 빛나는 제단에 바치어
운중군이 하강하시기를 바라네.

桂尊迎帝子, 杜若贈佳人.
椒漿尊瑤席, 欲下雲中君.

여기에서 화창한 경물과 자신의 순수한 심정을 묘사하고, 배적의 같은 시제의 시를 보게 되면,

붉은 자수 의상을 덮고 있고
띠 향기 지나가는 나그네에게 남아 있네.
기꺼이 제단에 사용하리니
원컨대 그대 꺾어서 내려 주소서.

丹判冒人衣, 茅香留過客.
幸勘調鼎用, 願君垂採摘.

여기에서 말 연은 확실히 영물이 아니고 자기 비유(自喩)인 것이다. 왕・배의 정분이 평범한 관계를 초탈한 좌망(坐忘)의 세계까지 승화된 감흥을 주는 것이다. 은자로서 생을 다해 가는 왕유를 잊지 못해하며 배적이 촉주자사(蜀州刺史)로 임명되어[58] 갈 때, 배적은 그의 「망천 입구에서 비를 만나 종남산을 생각하며 왕유에게 바친다(輞口遇雨憶終南山因獻王維)」시(『전당시』 권129)에서 다음과 같이 토로하였다.

장마 비에 온 하늘 어두컴컴하고
펼쳐진 사막에는 하늘의 광채 사라졌네.

---

58) 蜀州刺史 被任時는 上元 二年(71)王維卒年에 상당.

망천수는 유유히 흐르는데
　　남산은 또 어디에 있느뇨

　　積雨晦空曲, 平沙滅孚彩.
　　輞水去悠悠, 南山復何在.

　이 시는 배적이 망천의 추억을 그리워한 것인데, 망수는 유유히 흐르는데, 남산은 또 어디 있느냐라 하며, 속세를 완전히 작별하는 노후의 왕유를 생각하는 심회를 표현하고 있다. 이 해에(761) 왕유가 서거하므로, 왕유와 배적과의 교유는 종결을 고하게 된 것이다.
　왕유의 시우와의 교유에 나타난 공통적인 특징은 (1) 관직과 상관된 교유 (2) 도·불가의 종교적·사상적 배경을 지닌 교유, (3) 시·화의 문학예술을 대화로 한 교유로 볼 수 있다.
　노상과는 유년부터 맺어진 상호흠모의 교유인 동시에, 불가를 통한 종교적인 우의를 지녔고, 조영과는 불우한 역경 속에서 굳힌 교유이기 때문에, 왕유의 "그대를 남포로 보내니 눈물이 실같이 끊이지 않도다(送君南浦淚如絲)"(「제주에서 조삼을 보내며(濟州送祖三)」)구의 감개가 더욱 직핍하다. 이기와는 왕유 시「이기에 주며(贈李頎)」1수뿐인 내용을 통해 알 수 있듯이 도가의 연단술(鍊丹術)을 동락(同樂)하며 공명을 초탈한 교유이며, 기무잠과는 관직의 고저를 잊고, 소탈한 심경으로 산수를 음영하는 순수한 교유라면, 구위와는 과거급제에의 실패를 위로하고 또 위로 받는 상호의 인간적인 미의 조화에 의해 맺어진 왕유가 사거하기까지의 긴 교유였다. 이상의 왕유 조년의 교유를 통해 중·만년에 이르면서 교유 또한 도·불가에 의한 은일적·낭만적인 색채를 띠고 있음은, 시풍과 상통한다 하겠다. 왕창령과는 도불의 심오한 사상으로 이루어진 정신상의 고민에서 해탈하려는 관계의 교유이며, 은요와는 '無生'의 불리에 의한 신적(神寂)과 고소(高疎)를 같이 한 불심에서 우러나는 고통을 서로 나누는 교유관계였다. 끝으로 배적과는 왕유 말년에 안록산 난의 고난을 같이 했고 망천 별서에서 창화를 같이 하던 왕유 만년의 시를 매개로 한 한거의 교유인 것이다. 교유에 관한 연대고증과 관계되는 시의 인용이 왕유연구에 보다 중점적인 연구대상이 됨을 깊이 인식한다.

이기(李頎)의 시를 통한 교유관계

 당시(唐詩)에 대한 정리는 기존의 장르나 시대를 총괄해 본다 하여도 최다의 연구물을 축적했으리라 본다.[1] 그만큼 이 분야의 비중과 가치가 크다는 것을 반증함이 되겠다. 더구나 필자는 근 십 년간 당시의 미진한 분야, 특히 작가론에 관심을 경주해 온 바, 최융·이교·장호(張祜)·피일휴(皮日休)·허혼(許渾) 등과 근년에는 설능(薛能)과 융욱(戎昱) 등을 작으나마 천견해 본 일이 있는데[2] 본고도 그 하나의 선에서 시도되어지는 작업이다. 따라서 본고는 시인의 생평 관계와 교유에 대해 비중을 두고서 이어지는 시인의 시 자체에 관한 풍격을 분석하려는 의도를 가지고 있다. 당시도 그 연구범위가 한정되어 현금의 풍토를 감안한다면 필자의 저간의 시도가 학술적으로 과연 얼마나 성과를 거둘 수 있으며 연구풍조의 진작에 보탬이 될 수 있을지는 회의가 가기도 하지만 적으나마 다년간

---

1) 『滄浪詩話』, 「詩辨」에 졸문, 「薛能詩攷」(『中國學硏究』 5輯, 1991, 註1)을 참조. 성당시를 第一義라 한 이후부터 당시에의 출입이 정통문학으로 인식. 최근 중국대륙에서 40년간 唐詩硏究物이 2000여 편이나 됨.
2) 졸문, 「薛能詩攷」(『中國學硏究』 5輯, 1991, 註1)을 참조.

일관되게 미소한 역할을 맡아 온 입장에서 하나의 보람을 찾고자 하는 마음이 들기도 한다. 본고의 시종은 오직 원전자료에 의거하고 푸쉔중(傅璇琮)의「이기고(李頎考)」(『唐代詩人叢考』, 中華書局, 1980)에서 참고한 바 적지 않다고 본다. 하나의 시탐이지만 많은 열매를 기대하는 겨자씨의 바탕이 될 수 있었으면 한다. 이기의 시 124수의 탐토는 본고가 초유의 가름이 되겠고 주어진 한계자료, 즉 극소한 평어로서는 시풍의 올바른 고찰이 불가한 만큼, 시교(詩交)의 분석에 주력하려 한다. 덧붙이자면, 이기의 시를 새로이 추가한 근년(1992)에 나온 천샹쥔(陳尙君)의 『전당시속습(全唐詩續拾)』권13에는 일본 대판시립미술관(大阪市立美術館)편의 『당초본(唐抄本)』에서 뽑은「서정에서의 일(西亭卽事)」과「진십육동정(陳十六東亭)」의 두 수와「남양으로 좌천되는 그대 보내며(送大貶南陽)」연구(聯句)가 수록되었다. 개원년간에 진사에 급제한 시점으로 보아서[3] 성당의 황금시기에 생존하고 활동한 시인이기 때문에 그의 생평상의 고찰은 매우 중요한 의미를 지니며, 특히 그 속에서의 교우관계는 더욱 의미가 있다고 본다.

Ⅰ. 생애 기록에 대한 자료

이기에 대한 전기는 신·구당서에 기재되어 있지 않으며, 『신당서』권60의「예문지」의 집부(集部) 별집류(別集類)에 단지 조영시(祖詠詩)와 이기 시가 각 1권 기재되어 있다고 하였으며 그 주(注)에 "함께 개원 진사에 급제하다(幷開元進士第)"라고 기록하고 있다.[4] 그리고 은번(殷璠)의 『하악

---

3) 傅璇琮, 『唐代詩人叢考』의「李頎考」(p.88) 참조.
4) 『全唐詩』권132~134.

영령집(河岳英靈集)』에 시 14수를 집록된 정도인데, 원대에 와서 비로소 『당재자전(唐才子傳)』 권2에 완정한 독자적인 전기가 보인다. 그 자료에 이르기를,

> 이기는 동천인으로 개원 23년에 가계에서 진사 급제하여 신향현위를 하였다. 성품이 소활하여 세상일을 하지 않았으며 신선을 사모하여 단약을 먹고 경솔한 언행을 하며 세상의 속된 일을 멀리하니 그 시기의 무리들이 그를 중히 여기지 않는 자가 없었다. 시에 뛰어나서 음조가 이미 맑고 수사가 빼어났으며 잡가를 잘 하고 현리에 밝아서 허랑한 말을 많이 하였다. 심신을 흔들기를 잘 하나 그 우수한 재주가 단지 벼슬에 매이는 것을 애석히 여겨 고로 도가를 논하였다.
>
> 頎, 東川人. 開元二十三年, 賈季隣榜進士及第, 調新鄕縣尉. 性疏簡, 厭薄世務, 慕神仙, 服餌丹砂, 期輕擧之道, 結好塵喧之外, 一時名輩, 莫不重之. 工詩, 發調旣淸, 修辭亦秀, 雜歌咸善, 玄理最長, 多爲放浪之語, 足可震蕩心神, 惜其偉材只到黃綬, 故其論道家.(卷二)

이상의 열전은 물론 사실(史實)에 맞지 않는 점도 적지 않으나, 이기의 생평에 대해 서술한 대표적인 자료라는 점에서 가치를 부여할 수 있다. 그 후에 나온 부수적인 인적 자료들도 모두 위의 내용보다 새로운 점이 없으니 여기에 덧붙일 것이 없다고 본다.[5] 그 외에 단편적으로 첨언하는 부분들이 나오긴 해도 그 모두가 『당재자전』의 범주를 크게 벗어나지 못하기에, 향후 생평상의 문제점을 고증할 때에 단지 참고적인 자료로 활용되게 된다. 그 몇 가지 예구를 들어보자면, 이반룡(李攀龍)의 『당시선평석(唐詩選評釋)』 권2 「최오장의 병풍에서 오손패도(崔五丈圖屛風賦得烏孫佩

---

[5] 예컨대, 『中國文學家大辭典』의 이기 부분을 보면 "李頎字不詳, 東川人, 家於潁陽. 生卒年均不詳, 約唐玄宗天寶初前後在世. 性疏簡厭薄世事. 工詩, 長玄理, 多爲放浪之語. 開元二十三年登進士, 爲新鄕縣尉." 위와 같이 辛文房의 기술과 다를 바 없는 수준이다.

刀)」에 대한 평어에서6).

이동천은 개원 중에 진사에 오르니 이백·두보의 선배이다.

李東川擧開元中進士, 卽李杜之先輩也.

라고 하여 나이로 보아 성당대 초기 시인으로 기술하고 있으며, 『전당시화속편(全唐詩話續編)』(권하)에서는,

이기는 동천인으로 개원년간에 진사가 되어 시에는 칠언율시를 훨씬 잘 지었다.

李頎, 東川人, 開元進士, 爲詩尤善七言律.

라고 한 것도 역시 당재자전의 내용 속에 이미 들어 있는 것이다. 『당시기사(唐詩紀事)』와 『당재자전』이 같은 기록을 하고 있는 것을 청대 고보영(高步瀛)이 『당송시거요(唐宋詩擧要)』권2에서 재인용하고 있음도 이기에 대한 정확한 생평의 구명이 여의치 않음을 보여주는 예라 하겠다. 고보영이 다음에 기술한 것을 보기로 한다.

이기는 동천인으로 영양에 거처한 바 개원 23년에 진사 급제하여 관직은 신향현위를 지내니 당시기사와 당재자전에 보인다. 은번은 말하기를 이기의 시는 음조의 발상이 이미 새로우며 수사가 또한 빼어나고 잡가를 다 잘 하고 깊은 이치를 가장 잘 담고 있다.

李頎東川人, 家於潁陽, 開元二十三年進士第, 官新鄕縣尉, 見唐詩紀事及唐才子傳. 殷璠曰 ; 頎詩發調旣新, 修詞亦秀, 雜歌咸善, 玄理最長.7)

---
6) 『唐詩選評釋』卷二, p.89(河洛圖書出版社).
7) 『唐宋詩擧要』卷二, p.6(總 p.147)(臺灣藝文印書館) 여기서 殷璠의 기술은 同書卷上.

이와 같이 청대까지 자료에는 한계가 있다할 수 있겠으나, 그 후에 원이두어(聞一多)(『당시대계(唐詩大系)』)를 위시한 기록들이 이렇다할 이기에 대한 신자료를 제시하지 못한 이유는 오직 한가지, 즉 이기에 대한 연구가 전무했다는 때문이다. 곧 연구의 필요성을 갖지 못했었다는 것이다. 단지 원이두어(聞一多)가 이기의 생존연대를 「690~751년」으로 산정했다든가 푸쉔중(傅璇琮)이 「이기고(李頎考)」라는 논문을 냈다는 것은 필자가 이기의 시를 분석하는데 간접적인 용기를 북돋아 주는 것이다. 여기 최근 자료로『당시선(唐詩選)』(상책)의 생평 부분을 소개하면,

　　이기는 동천인(지금 사천성 동부)으로 소시에 영양(지금 하남성 허창 부근)에 거주하였다. 개원 13년에 진사가 되어 일찍이 신향현위를 맡아서 고적, 왕유, 왕창령 등과 두루 수창하였고 은번에 의해 뛰어난 재사로 불리었으나 오래 관직에 오르지 못하고 고향 동천으로 돌아가 은거하였다. 그의 시가 전당시에 보인다.

　　李頎(690~751), 東川(今四川省東部)人, 少年時居住潁陽(今河南省許昌附近). 開元十三年(725)中進士. 曾任新鄉縣尉, 與高適·王維·王昌齡均有唱酬. 被殷璠稱爲偉才, 以久不升調, 歸故鄉東川隱居. 其詩見全唐詩.[8]

여기서도 생졸년대며 고향, 진사급제 연대 등 모두가 수정을 요할 만큼 고증이 되지 않은 상태로 현금에도 재인용을 반복하고 있는 실정에서 본고는 탈피를 시도하려는 것이다.

---

8) 中國社會科學院文學硏究所編,『唐詩選』上 p.75(1978).

Ⅱ. 이기의 시에 나타난 성격

『전당시』(권132~134)에 124수의 시를 수록하고 있는 이기의 시세계를 놓고 일반적으로 변새(邊塞)시인으로 간주하는 경향이 있다.9) 그러나 편면만으로 그의 시를 일괄화 시킬 수는 없다. 따라서 성당대의 한 사람으로 그 시의 개성을 개관하고자 한다. 『하악영령집(河岳英靈集)』에서의 "이기의 시는 음조의 발상이 이미 새로우며 수사가 또한 빼어나고 잡가를 다 잘 하고 깊은 이치를 가장 잘 담고 있다.(頎詩發調旣淸, 修辭亦秀, 雜歌咸善, 玄理最長.)"라고 한 평어는 격조와 시의(詩意), 그리고 표현수법 등에 있어 다양한 면모를 보여준다는 의미로 집약한다면, 그의 시는 변새풍으로만 한정시켜서는 안 된다. 기실, 그의 시에서 변새시는 5수에 지나지 않고10) 오히려 자연풍의 전원시나, 수심을 담은 송별・증수시가 주류를 이루고 있기 때문이다. 이러한 이기 시의 일반성을 이미 선인들은 지적한 바가 있다. 『예포힐여(藝圃擷餘)』에서 그의 시를(七律) "소리가 밝고 바르며 정숙하다(響亮整肅)"라고 하였다든가, 『전당시화속편(全唐詩話續編)』(권하)에서,

> 이기는 동천인으로 개원년간에 진사가 되고 시는 칠언율시를 매우 잘 지었다. 호원서가 말하기를 〈납월을 다 보내며〉는 매우 웅혼하고 거칠지 않으며 〈화궁선범〉은 지극히 공밀하면서 섬려하지 않다.
>
> 頎東川人, 開元進士, 爲詩尤善七言律. 胡元瑞曰 : 流澌臘月, 極雄渾而不

---

9) 劉開揚의 『唐詩通論』 p.108 "李頎也以邊塞詩聞名,其成就稍遜於王昌齡和高適岑參."
10) 순수한 변새시로는 「塞下曲」・「古從軍行」・「塞下曲」・「古塞下曲」・「行路難」 등이 있을 뿐이다.

笨, 花宮仙梵, 至工密而不織.

라고 하며 시의 웅혼성과 치밀성의 조화를 강조한 것은 온당한 이해에서 나온 평가라 할 수 있다. 다음 『석주시화(石洲詩話)』의 평어는 이기 시를 단적으로 결론짓는 글이라고 할 수 있다.

> 고적의 온후함과 잠삼의 기초로움은 각자 일가를 이루었지만 모두 두보의 그물 속에 있는데 이동천에 이르러서 이러하지 않게 된 것이다.

> 高之渾厚, 岑之奇峭, 雖各自成家, 然俱在少陵籠罩之中, 至李東川則不盡爾也.(卷一)

여기에서 이기 시는 변새시적 입장에서만 보아도 정밀(精密)과 호탕을 겸비한 면에서 고적·잠삼의 위에 둘 수 있으리라고 평한다. 그의 시는 진정 승화되어 나타나 있는 것이다. 또 같은 시화에서 이르기를,

> 동천의 칠율은 두보에서 벗어나 별개의 당시인인 것이다. 단지 이창명이 격조를 모의하여 거의 매우 숙달한 듯 하지만 동천의 기묘함은 창명이 이을 수 없는 것이다.

> 東川七律, 自杜公而外, 有唐詩人. 徒以李滄溟揣摹格調, 幾嫌太熟. 然東川之妙, 自非滄溟所能襲也.(卷一)

이기 시는(칠율) 두보와 짝할 만큼 완정한 묘를 발휘한다는 것이다. 그에게는 변새적인 면보다는 오히려 예술적인 면, 특히 시의 음악성, 그리고 청결한 탈속(脫俗)이라는 측면을 더욱 부각시켜야만 객관성을 지니게 될 것이다. 왕어양(王漁洋)이 이기의 시를 그의 『당현삼매집(唐賢三昧集)』

에 23수나 열입시켰으며11) 『당시삼백수』에 6수, 『당시선평석(唐詩選評釋)』에 9수, 『당시대관(唐詩大觀)』에 6수씩 수록되어 있는 이유는 이기의 시에 대한 재정립을 제시하는 것이라 하겠다.12) 이제 이러한 그간의 변새풍과 다른 면만을 간략히 소개하고 시의 본격적인 면모는 추후의 논고에서 상술하고자 한다.

　먼저 시의 음악성이다. 이기는 세 편의 음악시가 있다. 하나는 거문고(琴)를 노래한 「금가(琴歌)」로서 동정(動靜)을 주제로 하였으며, 또 하나는 호가(胡笳)를 노래한 「동대가 호가를 타는 것을 들으며 방급사에게 부침(聽董大彈胡笳弄兼寄語房給事)」으로서 시의 음악적 묘를 극대화시킨 것이다. 그리고 피리를 묘사한 「안만선이 피리를 부는 것을 들으며(聽安萬善吹觱篥歌)」로서 피리에 정통한 자만이 묘사할 수 있는 섬세한 감흥까지 작시화 하였다. 이 피리 노래를 들어보기로 한다.

　　　남산에서 대나무 꺾어서 피리를 만드니,
　　　이 악기는 본디 구자에서 나왔다네.
　　　중국에 전해져서 그 곡조가 기묘하니,
　　　양주의 호인 나를 위해 불러주네.
　　　옆 사람이 듣고서 한없이 탄식하고,
　　　먼 길 떠난 나그네는 고향 생각에 눈물 흘리네.
　　　……(중략)……
　　　문득 어양삼 곡조를 바꾸어 타니,
　　　누런 구름 쓸쓸히 떠 있고 밝은 해가 어둡구나.
　　　바뀐 곡조가 마치 양유춘 곡조를 듣는 듯 하니,

---

11) 『唐賢三昧集』 卷中에 「塞下曲」・「漁父歌」・「東郊寄萬楚」・「寄萬齊融」・「登首陽山謁夷齊廟」・「送逸人」・「送人歸河南」・「寄鏡湖朱處士」・「聽董大彈胡笳聲兼寄語弄房給事」・「送郝判官」・「送劉五」・「古意」・「愛敬寺古藤歌」・「聽安萬善吹觱篥歌」・「送陳章甫」・「少室雪晴送王寧」・「別梁鍠」・「送康洽入京進樂府」・「送劉十」・「送王昌齡」・「留別王盧二拾遺」・「緩歌行」・「放歌行答從弟墨卿」 등.
12) 각각 해당서를 참조.

상림원의 만발한 꽃 눈 앞에 새로이 빛나네.
새해의 고당에는 밝은 촛불 줄지어 있는데,
좋은 술 한 잔에 노래 한 곡조로다.

南山截竹爲觱篥, 此樂本自龜玆出.
流傳漢地曲轉奇, 涼州胡人爲我吹.
傍隣聞者多歎息, 遠客思鄕皆淚垂.
…… (中略) ……
忽然更作漁陽摻, 黃雲蕭條白日暗.
變調如聞楊柳春, 上林繁花照眼新.
歲初高堂列明燭, 美酒一杯聲一曲.

이 시는 전편이 18 구로 되어서 7회의 환운을 써서 피리의 성조의 급촉함을 상상케 한다. 보게 되면 제1연은 입성(入聲) 질운(質韻)을, 제2·3연은 상평 지운(支韻)을, 제4연은 상성 양운(養韻)을, 제5·6연은 하평 우운(尤韻)을, 제8연은 상성 함운(豏韻)을, 끝으로 상평 진운(眞韻)과 입성 옥운(沃韻)을 써서 민가에 사용되는 진운(趁韻) 활용현상을 보인다. 내용상으로 제야에 피리를 들으며 자신의 신세를 읊고 있다. 이 시에서 피리의 내원과 음조를 첫 단에 그렸다면 둘째 단에서는 곡조의 변화를 묘사한 것이다. 끝단에서 자위하는 마음과 함께 비정을 머금곤 한다. 이 시에 나오는 「魚陽摻」이나 「楊柳春」은 고곡명으로서 시인이요 음악에 대한 조예가 깊기에 시에 그 이론을 적절히 구사한 것을 본다. 또 그의 「거문고 노래(琴歌)」를 보면,

주인이 술이 있어 오늘 저녁을 즐기니,
청하여서 거문고 타서 광릉곡을 연주케 하네.
달은 성 마루에 비치고 까마귀는 낮게 나는데,
서리는 온 나무에 쓸쓸히 내리고 바람은 옷자락에 스며 드누나.

구리화로의 고운 촛불에 불빛 더하고,
처음에는 녹수가를 타고 후에는 초비를 연주하네.
한 마디 곡조에 움직이던 것이 모두 고요하니,
사방에 앉은 이들 말 한 마디 없고 별도 띄엄띄엄.
맑은 회수 따라 천여 리 벼슬길 가는데,
이르나니, 구름 낀 산 여기에서 시작이라네.

主人有酒歡今夕, 請奏鳴琴廣陵客.
月照城頭烏半飛, 霜凄萬樹風入衣.
銅鑪華燭燭增輝, 初彈淥水後楚妃.
一聲已動物皆靜, 四座無言星欲稀.
淸淮奉使千餘里, 敢告雲山從此始.

　이 시의 첫 두 구는 입성 맥운(陌雲)을, 가운데 6구는 제5구만을 제외하고는 5자에 상평 미운(微韻)을 압운하여 특이한 압운법(押韻法)을 쓰고 있으며, 끝 두 구에는 상성 지운(紙韻)을 쓰고 있어서 시의 음율적 운용이 섬세한 점을 보여 준다. 시 중의 「광릉」은 본래 금곡명(琴曲名)이며 「淥水·楚妃」 또한 금곡으로서 시 전체가 금곡의 음향을 묘사하는 가운데에 고향의 정을 절실하게 경물과 조화하여 그려내고 있다.
　한편 이기 시의 다른 특성으로 그의 도선(道仙)과 참선의 풍기를 통하여 낭만과 은일, 그리고 탈속의 경지를 추구하는 것이다.
　이제 「작은 방에서 눈 개이고 왕녕을 보내며(少室雪晴送王寧)」를 보면 한편의 송별시이지만, 그 의식의 초탈함은 과연 왕유에 접근하고 있다.

작은 집에서 산봉우리처럼 몇 봉우리 넘어 떠나가니,
한 봉우리는 잘 보이는데 한 봉우리엔 눈이 쌓였네.
성 밖 낮은 산에 푸른 솔이 줄지어 있고,
흰 빛 우뚝우뚝 산이 겹겹이구나.
지나는 경물에 취해 말이 안 나오고,

흰 구름 떠가 버리니 몸 가두기 어렵도다.
나그네와 내가 그윽한 경치 구경하노라니,
북풍이 쌀쌀히 불어 옷깃이 차갑도다.
이별하고 뜬 다리에 말을 멈추고,
머리 들어 남산 봉우리를 멀리 바라보네.

少室象峰幾峰別, 一峰晴見一峰雪.
融城半山連靑松, 素色峨峨千萬重.
過景斜臨不可道, 白雲欲盡難爲容.
行人與我玩幽境, 北風切切吹衣冷.
惜別浮橋駐馬時. 擧頭試望南山嶺.

이 시를 놓고 『당현삼매집(唐賢三昧集)』(卷中)에서는 '우뚝 빼어나다(起得聳峭)'라든가 '그지없는 마음(不盡之神)'이라고 평한 것은 핵심을 지적한 표현이라고 본다.

그의 「선공의 산지(題璿公山池)」와 「영공 선방 머물며 범패를 듣다(宿瑩公禪房聞梵)」의 두 시를 통하여 성당의 맥이 어떻게 길들여 있는지를 보기로 한다. 먼저 전자를 보면,

먼데 계신 님께서 여산 기슭에 자취 감추고,
선비는 숨어 지내며 숲 속에 의지하네.
조각돌 같은 외로운 구름은 고운 모습 보이고,
맑은 연못의 밝은 달은 참선하는 마음에 비쳐오네.
여의주를 매만지니 눈이 휘날리고,
고요한 방에 앉았으니 봄풀이 깊어가네.
이 밖에 속세의 먼지가 끼지 않았으니,
오로지 깊은 상념에 잠기는 마음.

遠公遁跡廬山岑, 開士幽居祇樹林.

片石孤雲窺色相, 淸池皓月照禪心.
指揮如意天花落, 坐臥閑房春草深.
此外俗塵都不染, 唯餘玄度得相尋.

여기서 원공(遠公)은 진대(晋代)의 혜원(慧遠)이며 개사(開士)란 조사(祖師)이고, 저수림(祗樹林)은 저타태자(祗陀太子)의 정원으로 석가가 설법한 곳이다. 이 시의 선공의 유거(幽居)는 곧 시인 자신의 심상을 대변하는 것이다. 특히 후련에서 선공의 동정을 묘사하여 속진에 물들지 않고 청담하는 참선의 희열을 기리고 현도(玄度)를 생각하면서 자성하는 계기로 삼고 있다.13) 이어서 후자를 보면,

    화궁 범패가 멀리 아득히 들리는데,
    달은 높은 성에 숨어있고 격루자 소리 뜸하도다.
    밤에는 서리 낀 수풀이 부스럭거리며 낙엽이 놀라 떨어지고,
    새벽에 자연의 소리 들리니 맑은 심기 일도다.
    쓸쓸히 벌써 찬 하늘은 고요한데,
    갑자기 가을비가 이어서 흩날리네.
    문득 헛된 인생 머물데 없음을 느끼니,
    마음에 가는 대로 돌아가 의지하리라.

    花宮仙梵遠微微, 月隱高城鐘漏稀.
    夜動霜林驚落葉, 曉聞天籟發淸機.
    蕭條已入寒空靜, 颯沓仍隨秋雨飛.
    始覺浮生無住著, 賴令心地欲歸依.

---

13) 『唐詩選評釋』(卷五)에서는 "結末言此指揮坐臥之下, 絲毫不染俗塵. 惟許一人, 如玄度者, 始得相訪而淸談. 玄度乃晋之高士, 風情簡素, 辟爲司徒椽, 不就. 與同時之名僧支遁往來, 日談禪悅. 所謂淸風明月, 輒思玄度者是也. 東川乃以自況其所以自視者, 亦非等閒可知."(河洛圖書. p.397).

이 시에서 첫 구부터 범패(梵唄)가 등장하여 하구의 적막과 이율배반인 조화를 구사한다. 입신의 경지에 드는 단계에서 자연과 합일하는 의식이 제2·3연에서 묘사되고 불교에 귀의하는 해탈을 노래한다. 『당시선평석(唐詩選評釋)』(권5)에서 이 시를 두고 「2연은 범패 소리의 완급과 질서를 나누어 묘사하여 입신과 입화의 경지에 들어가 있다.(二聯分寫梵聲之緩急疾徐, 入神入化)」라 하고 이어서 또 이르기를,

> 7, 8구엔 범패 소리가 끊기듯 이어지듯 일정치 않아서 갑자기 깊은 성찰의 흥을 일으켜 부생의 머물 데 없음을 느끼게 하니 따라서 삼법으로 귀의하여 그 마음을 맑게 씻게 한다. 나오는 말이 자연스러우며 억지로 메우어 나가는 흔적이 없다.
>
> 七八從梵聲之斷續不定, 忽發深省, 以感浮生之無住著, 因欲歸依三法, 以淸淨其心地, 出語自然, 無牽強補綴之跡.(p.399)

라고 하였으니 진실로 예리한 평가라고 할 수 있다.

Ⅲ. 이기의 시를 통한 교유관계

이기의 교우관계는 다소 의아한 데가 있다. 동시대에 살면서 유독히 이백과 두보에 관한 시작이 남아 있지 않기 때문이다.[14] 그 외에는 당대의 대가들과의 교류가 빈번하였으니, 장욱(張旭)(『全唐詩』 권117)·장인(張諲)·최호(崔顥)(『全唐詩』 권130)·유방평(劉方平)(『全唐詩』 권251)·제만융(萬齊融)(『全唐詩』 권117)·만초(萬楚)(『全唐詩』 권145)·위만(魏萬)(『全唐詩』

---

14) 이기의 142首에서 李·杜는 全無. 兩人에게도 無.

권261)·배적(裴廸)(『全唐詩』 권129)·교림(喬琳)(『全唐詩』 권196)·왕창령(王昌齡)(『全唐詩』 권140~143)·고적(高適)(『全唐詩』 권211~214)·기무잠(綦毋潛)(『全唐詩』 권135)·왕유(王維)(『全唐詩』 권125~128)·조영(祖詠)(『全唐詩』 권131)·노상(盧象)(『全唐詩』 권122)·황보증(皇甫曾)(『全唐詩』 권210) 등 외에 진장보(陳章甫)·양굉(梁鍠)(『全唐詩』 권202)·강흡(康洽)·이회(李回)(『全唐詩』 권508) 등과 깊은 교분을 맺고 있었다. 이제 이들과의 상호교류를 시교적 입장에서 일견하고자 한다.

1. 장욱(張旭)

시풍이 초당과 성당의 과도기를 거치면서 낭만적인 데로 흐르는 시를 남겨 놓았으니, 그의 시 6수는 모두 경물을 대상으로 하는 자연시인 것이다. 본래 서예가로 당시에 이백과 배민(裴旻)과 함께 삼절이요, 장약허(張若虛)·하지장(賀知章)·포융(包融)과 더불어 '吳中四士'이기도 했기에 문명이 높았다고 하겠다.15) 따라서 그의 시에는 '맑고 빼어나서 사랑스럽다(淸逸可愛)'하면서16) 서예가적인 예술성이 깃들어 있었기에 이기와의 의기가 상통할 수 있었을 것이다. 장욱에게는 이기와 상교한 적이 없으나, 장욱이 평소에 "술을 좋아하여 초서를 잘 하며 매양 술 취한 후 외치면서 미친 듯이 붓을 놀렸다. 혹은 머리를 먹물에 적셔 쓰며 이미 취하고서는 스스로 보아 신이라고 하매 세상에서는 장전이라고 불렀다.(嗜酒善草書, 每醉後, 號呼狂走, 乃下筆, 或以頭濡墨而書, 旣醒自視以爲神, 世呼爲張顚.)"(「全唐詩小傳」)라고 하였듯이 이기는 탈속의 의식을 견지하고 있는

---

15) 『全唐詩話續編』卷下에 "旭, 蘇州吳人, 嗜酒, 每大醉, 呼叫狂走, 乃下筆.文宗時, 詔以李白歌詩, 裴旻劍舞, 張旭草書爲三絶."
16) 『升菴詩話』卷十에 "'山光物態'『欲尋軒檻列淸樽』字畫奇怪, 擺雲捩風. 而詩亦淸逸可愛, 好事者模爲四首縣之."

장욱의 그 점을 기린 것으로 다음 이기의 「장욱에게 드림(贈張旭)」에서 알 수 있다.

> 장공은 성품이 술을 좋아하고,
> 확 트여서 거칠 것이 없도다.
> 흰머리에 초서·예서에 능하니,
> 그 때에 태호의 정기라고 불렀도다.
> 벗겨진 이마는 침상에 기대고서,
> 길게 서너 마디 소리 지르네.
> 흥이 나면 하얀 벽을 물로 씻고,
> 붓을 잡으면 별똥별처럼 거침없도다.
> 집을 내려오면 바람이 쓸쓸히 불고,
> 싸늘한 풀들이 뜰 안에 가득하네.
> 왼 손에는 게와 두꺼비를 잡고 있고,
> 오른 손에는 도가의 단경을 쥐고 있네.
> 눈을 부릅떠서 밤하늘을 바라보며,
> 취한 건지 깬 건지 알 바 아니로다.
> 여러 손님들 때마침 앉았는데,
> 밝은 해가 동쪽 성에 다가오도다.
> 연꽃잎 속에 강물고기 깃들고,
> 하얀 항아리에는 향기로운 멥쌀이 담겨있네.
> 미천한 벼슬에 마음을 쓸 일 아니니,
> 팔현금에 정신을 두는 도다.
> 지금 사람 알아주지 않으니,
> 이가 곧 안기생이로다.

> 張公性嗜酒, 豁達無所營.
> 皓首窮草隸, 時稱太湖精.
> 露頂據胡牀, 長叫三五聲.
> 興來灑素壁, 揮筆如流星.
> 下舍風蕭條, 寒草滿戶庭.

左手持蟹螯, 右手執丹經.
瞪目視霄漢, 不知醉與醒.
諸賓且方坐, 旭日臨東城.
荷葉裏江魚, 白甌貯香秔.
微祿心不屑, 放神於八紘.
時人不識者, 卽是安期生.

이처럼 이기는 장욱의 자유방임을 사랑하고 즐겨하였다. 장욱의 「산행 길에 머물고(山行留客)」를 보면,

산의 경물이 봄빛을 희롱하니,
경박하게 놀지 말고 곧 산에 돌아갈지라.
비록 맑은 하늘 비올 기미 없지만,
구름 낀 깊은 곳에 들어서니 또한 저고리를 적시누나.

山光物態弄春輝, 莫爲輕陰便擬歸.
縱使晴明無雨色, 入雲深處亦沾衣.

이 시야말로 자연과 사람의 합일을 보는 듯 하고 「봄풀〔春草〕」을 보면,

봄풀은 푸릇푸릇 만 리 밖까지 돋아있는데,
변방의 지는 해를 보니 이별의 시름 일도다.
이별한지 삼 년이나 된 줄 알건만,
구름 가는 길에 편지 한 장 못 부치네.

春草靑靑萬里餘, 邊城落日見離居.
情知海上三年別, 不寄雲間一紙書.

계절의 감각과 고향 떠나는 이별의 정을 담백하게 묘사하고 있어서 양인의 시흥이 상통하고 있다.

2. 장인(張諲)

장인에 대해서 『당재자전』(권2)에 보면,

> 인은 영가인으로 처음엔 소실산 아래에 은거하여 문을 걸고 수업하며 뜻이 심히 근고하니 명성과 사리를 따르지 않았다. 후에 과거에 응하여 관이 형부원외랑에 이르렀다. 역상에 밝으며 초서와 예서를 잘 하고 산수화를 겸하여 잘 그렸다. 시의격조는 고아하고 고담하며 이기와 잘 벗하여 왕유를 보시어 형으로 삼았다.

> 諲, 永嘉人, 初隱少室山下, 閉門修肄, 志甚勤苦, 不及聲利, 後應擧, 官至刑部員外郞. 明易象, 善草隷, 兼畵山水. 詩格高古, 與李頎友善, 事王維爲兄.

라 하여 장인이 시서화(詩書畵)에 삼절(三絶)로서 시가 특히 고고(高古)하고 주중의 우정(酒中之友情)을 이기와 왕유와 교분을 같이 한 것을 알 수 있는데, 이기는 장인의 그림에 특히 매료된 것을 『승암시화(升菴詩話)』(권10)에서 "이기가 장인에 준 증수시에 시는 종기실과 풍류를 샘 낼만 하고 그림은 장군과 강한 적수가 되도다.(李頎贈諲云, 詩堪記室妬風流, 畵與將軍作勁敵.)"라고 하여 장인의 그림의 명성을 유추할 수 있다.

따라서 이기에게는 장인을 전송하는 「이별에 임하여 장인이 촉에 드는 것을 송별하며(臨別送張諲入蜀)」이라든가, 장인에 수답하는 「장원외 인의 수답에 답하는 글(回張員外諲酬答之作)」 등이 있으니, 여기에 전자를 보고자 한다.

> 문 나서면 나그네가 되니,
> 아득히 슬픈 마음 덧없이 일어나네.
> 사해엔 오직 이 한 몸뿐,

망망한데 어디로 가려는가?
산 넘고 또 물 건너면서,
천백 가지 원한과 근심이 다가오도다.
검각에서 양주를 바라보니,
이곳이 그대가 애를 끊던 곳이로다.
외로운 구름은 나그네의 마음 아프게 하고,
지고 있는 해는 그대의 마음 깊이 감동시켰으리.
꿈속처럼 갈대가 물가에 서 있고,
하늘 저 끝에는 귤과 유자 숲이 있도다.
촉강은 흘러서 어디로 가는가?
촉으로 가는 길이 험난하여 찾기 어렵네.
나무에는 그리움이 어린 소리 울리고,
원숭이는 수심에 찬 소리 내는도다.
우산에는 은거를 하지 마오!
우산 땅은 가깝지 않다네.
고향으로 돌아갈 수 있으면 좋으련만,
눈앞에는 향기로운 나물이 보이는구나.

出門便爲客, 惘然悲徒御.
四海維一身, 茫茫欲何去.
經山復歷水, 百恨將千慮.
劍閣望梁州, 是君斷腸處.
孤雲傷客心, 落日感君深.
夢裏蒹葭渚, 天邊橘柚林.
蜀江流不測, 蜀路險難尋.
木有相思號, 猿多愁苦音.
莫向愚山隱, 愚山地非近.
故鄕可歸來, 眼見芳菲盡.

여기서 양인의 교분이 지극하여 이별이 얼마나 서러웠던지, 많은 한(百恨)과 근심(千慮)이 어리고 단장(斷腸)의 상심을 지녀서 나무를 보아도 그리는 마음이요, 원숭이의 소리에도 수심이 깃든 듯 애절한 정분을 그려내었다.

3. 최호(崔顥)

최호의 시는 『전당시』에 38수에 수록되어 있는데 그 중에 가행체의 시가 13수나 되며17) 변새시도 있어서 (「行路難」·「遼西作」 등) 이기의 음악적 개성과 종군의식과도 상통하고 있다. 이기 시에는 최호에 관한 것으로 「신향으로 가며 최호, 기무잠에 답함(欲之新鄕答崔顥綦毋潛)」이 있다.

> 몇 년의 벼슬아치 노릇에 집을 자주 비웠더니,
> 어느새 검은머리가 늙은이로 변했도다.
> 사나이로 세상에 보람된 일 하지 못하고,
> 나그네 되어 문 나서니 뒹구는 다북쑥과 같도다.
> 우리들 기쁨 나누니 이 어인 저녁인가!
> 남쪽 집의 다듬이 소리에 나그네 마음 고향 그리네.
> 구리화로에 불 피우고 기쁘게 술 마시리니,
> 별들은 이리저리 떠 있고 이슬 꽃이 하얗도다.
> 찬바람은 잎을 휘감아 호타강을 건너가고,
> 휘날리는 눈발이 땅에 깔리니 슬픔이 솟구치도다.
> 외로운 성에 해가 지니 둥지에 깃드는 새들이 보이고,
> 말 위에서는 때때로 어부의 노래 들리네.
> 내일 아침이면 동쪽 길에서 그대의 손을 붙잡고서,
> 섣달 그믐날 그대와 헤어지며 새해를 기약하리라.
> 쓸쓸히 떠날 마음 없는 줄 스스로 알건만,
> 마을 사람들 소 잡아 술 권하는 걸 보고 있노라.

---

17) 가행체시로는 (樂府) 「行路難」·「孟門行」·「渭城少年行」·「盧姬篇」·「邯鄲宮人怨」·「雁門胡人歌」·「代閨人答輕薄少年」·「長門怨」·「相逢行」·「長干行四首」 등.

數年作吏家屢空, 誰道黑頭成老翁.
男兒在世無産業, 行子出門如轉蓬.
吾屬交歡此何夕, 南家擣衣動歸客.
銅鑪將炙相歡飮, 星宿縱橫露華白.
寒風卷葉度潭沱, 飛雪布地悲峨峨.
孤城日落見棲鳥, 馬上時聞漁者歌.
明朝東路把君手, 臘日辭君期歲首.
自知寂寞無去思, 敢望縣人致牛酒.

이 시는 이기가 길을 떠나며 최호와 기무잠에 대한 깊은 정리(情理)를 묘사하고 있다. 나그네의 신세는 떠도는 다북쑥 같아서 기쁨을 나눌만 하면 또 이별이요, 정든 곳을 떠나니 슬픈 마음만 일고 구슬픈 어부의 노래가 더욱 새로운 약속을 기대하며 헤어지는 우정을 북돋아 준다.

4. 유방평(劉方平)

유방평은 『전당시』(권251)에 26수의 시를 남기고 있다. 758년 전후에 재세하였다 하니(『中國文學家大辭典』, p.394), 『당재자전』에서 그 생평을 보면 "방평은 하남인으로 20세에 사부에 공교하였으며 원노산과 친하여 영양대곡에 은거하여 고상을 높이어 벼슬에 나가지 아니하였으며 황보염, 이기 등과 서로 증답하였다.(方平, 河南人, 二十工詞賦, 與元魯山交善, 隱居潁陽大谷, 尚高不仕, 皇甫冉, 李頎等相與贈答.)"(권3)라고 하여 방평은 이기와 상교를 깊게 가지고 있었음이 특히 강조되어 있다.

이기의 시에 「유방평을 보내며(送劉方平)」는 방평의 재능을 칭찬하고 이별의 정을 선이 굵은 호방한 표현으로 노래하고 있다.

아름다운 의관을 입고서 상국에 나아가,
「소년행」등 시를 많이 지었도다.
22세에 사부를 지어서,
그대만이 아름다운 명성을 드러냈도다.
동안에다가 결백하고 명석하며,
품은 덕성은 옥과 같이 빼어나도다.
순씨의 풍류처럼 멋있고,
호가의 공자처럼 맑도다.
재주가 있어도 허물을 당하지 않았는데도,
줄곧 예봉을 감추고 은거의 품위를 지켰도다.
낙양의 풀빛도 절로 봄인데,
나그네는 동쪽으로 돌아가 기쁘게 부모를 뵙게 되었네.
강수의 다리 끝엔 기러기가 울고,
조가현 북쪽에는 길가는 사람 적도다.
이별의 술로 마음을 나누니,
지는 해가 반쯤 걸린 푸른 언덕엔 보슬비 내리네.
청컨대, 그대는 말 타고 서릉을 볼지니,
나를 대신해 은근히 위무제 달래 주게나.

綺紈遊上國, 多作少年行.
二十二詞賦, 惟君著美名.
童顔且白晳, 佩德如瑤瓊.
荀氏風流盛, 胡家公子淸.
有才不偶誰之過, 肯卽藏鋒事高臥.
洛陽草色猶自春, 遊子東歸喜拜親.
漳水橋頭値鳴雁, 朝歌縣北少行人.
別離斗酒心相許, 落日靑郊半微雨.
請君騎馬望西陵, 爲我殷勤弔魏武.

　　비록 5·7언 잡체시이지만 양인의 의기가 합치된 우정을 뚜렷이 보여준다. 유방평 시에서 특기할 점은 가사가 11수나 되어서[18] 이 또한 음악에 깊은 조예가 이기와 상통하는 밑거름이 되었으리라고 본다. 이기와 동제(同題)인 방평의 「연꽃 따는 노래(採蓮曲)」를 보겠다.

    지는 해가 맑은 강물에 드리우고,
    나무꾼의 노래가 아름다운 미인의 허리에 감돌고 있네.
    어려서부터 채련곡을 불러서 다져졌으니,
    열 다섯 살에 마침내 가락의 물결 타고 경지에 들게 되었네.

    落日晴江裏, 荊歌艶楚腰.
    採蓮從少慣, 十五卽乘潮.

그리고 유방평은 자연물에 대한 의경을 묘사하는데 이백을 따를만하다고 하였다 하니 그의 「매화(梅花)」를 보면,

    새해 들어 향기로운 매화나무에,
    화사한 꽃 몽우리가 사방에 하나 가득이더니,
    봄바람이 불어오매, 점차 떨어지다가,
    하룻밤 새에 몇 가지엔 텅 비었구나.
    젊은 여인이여! 지금 이와 같으니,
    장성에 맺힌 한이 그지없으리라.
    먼 바다의 눈을 가져다가,
    이 뒷 뜰에 뿌리지 말아다오.

    新歲芳梅樹, 繁苞四面同.
    春風吹漸落, 一夜幾枝空.
    少婦今如此, 長城恨不窮.
    莫將遼海雪, 來此後庭中.

---

18) 劉方平의 가사로는 「代春怨」·「春怨」·「採蓮曲」·「擬娼樓節怨」·「代宛轉歌二首」·「烏栖曲二首」·「折楊枝」·「班姨妤」·「秋夜思」 등이 있음.

이 시에 대해 『승암시화(升菴詩話)』에서 "이미 고사를 사용 안 하고 또 대우에 매이지 아니하며 기교는 천연스러워 이백이라도 앞뒤를 쉽게 가리지는 못할 것이라.(旣不用事, 又不拘對偶, 而工緻天然, 雖太白未易先後也.)"(권6)라고 하여 그 고아함을 적절히 기술하고 있다.

5. 만제융(萬齊融)

자세한 생평은 불명이지만 월주인(越州人)으로 곤산영(崑山令)을 지냈으며 시 4수가 전한다.19) 이기의 「만제융에게 부침(寄萬齊融)」은 만제융의 초탈한 삶의 경지를 묘사해 준다.

    명성이 높아도 벼슬을 택하지 아니하니,
    세상을 버리고 빈 배를 따르네.
    작은 마을에서 항상 비굴함을 탄식하니,
    고향을 떠나 유력하는도다.
    푸른 단풍은 마을 집에 반쯤 드리워 있고,
    향기로운 벼는 밭이랑에 가득 차 있네.
    바르게 살며 날로 깨끗이 지내니,
    그 누가 또 갈매기와 짝하겠는가!
    두건을 흔들며 북쪽 숲에서 저녁을 맞고,
    국화를 따며 동쪽 산에서 가을을 맞네.
    술을 대하니 연못에 구름이 잔뜩 끼었고,
    집 앞에는 호수가 흘러가고 있구나.
    언덕 그늘에는 고니가 머물러 울고,
    산 경치는 용이 있는 못에 비추이네.

---

19) 「全唐詩小傳」에는 『舊唐書』, 「文苑傳」을 引用하여 "神龍中, 賀知章與賀朝・萬齊融・張若虛・邢巨・包融俱以吳越之士・文辭俊秀, 名揚於上京……."

쓸모가 없도다, 속세의 이치여,
쓸쓸하도다, 산천의 그윽함이여.
지난 날 오 땅으로 떠나가서,
언제나 임강루에 은거하고 있도다.
내가 편지 한 통 가지고,
이 일로 해서 향기로운 두형초 핀 섬에 가 보리라.

名高不擇仕, 委世隨虛舟.
小邑常歎屈, 故鄕行可遊.
靑楓牛村戶, 香稻盈田疇.
爲政日淸淨, 何人同海鷗.
搖巾北林夕, 把菊東山秋.
對酒池雲滿, 向家湖水流.
岸陰止鳴鵠, 山色映潛虯.
靡靡俗中理, 蕭蕭川上幽.
昔年至吳郡, 常隱臨江樓.
我有一書札, 因之芳杜洲.

이기는 친구 만제융이 오월인(吳越人)이지만 그에 대한 존경심이 깊이 새겨져 있음을 알 수 있다. 만제융의 처신이 귀향하여 속된 중의 이치[俗中理]와 산천의 그윽함[川上幽]를 추구하는 고매한 친구의 청정(淸淨)하면서 갈매기[海鷗]같은 인품을 칭하는 것이다. 여기에 만제융의 「강가에서 이별하며(贈別江頭)」를 보면 그의 초탈적 의식을 엿볼 수 있다.

동남쪽에 날아가는 새가 있는 곳이,
고향의 하늘이라고 하는도다.
강가에 부는 바람에 날이 저무는데,
그대의 갈 길이 몇 천리나 되는구나.
갈 길을 따져보니 달포가 넘겠으니,
몇 번 이별하노라면 한 해가 바뀌겠네.

내년에 심양수에서,
그리는 마음으로 연꽃 따서 부치리라.

東南飛鳥處, 言是故鄕天
江上風花晩, 君行定幾千.
計程頻破月, 數別屢開年.
明歲潯陽水, 相思寄采蓮.

6. 만초(萬楚)

이기에게는 「동경에서 만초에 부치며(東京寄萬楚)」가 있는데 「전당시 소전(全唐詩小傳)」에는 개원진사(開元進士)라고 하여 시 8수를 전하고 있다. 양인은 먼저 시흥에 있어 맥을 같이 한다. 청대 왕어양(王漁洋)은 그의 『당현삼매집(唐賢三昧集)』에 이기를 중권에 만초를 하권에 열입하여 (만초는 2수)20) 이들의 시를 묘오(妙悟)의 극치로 동등하게 품평한 것에서 알 수 있다.21) 그러면 이기가 만초에게 보낸 기증시를 본다.

낙향하여 오랫동안 벼슬에 나가지 않고,
은거하며 고사리를 즐겨 캐도다.
여전히 듣고 싶은 것은 하찮은 관리들도
농부의 옷을 걸치고 살게 되기를.
영수는 밤낮으로 흘러가는데,
그리운 친구는 만나보기 힘들구나.

---

20) 『唐賢三昧集』 卷下, 五十三頁에 「題江潮壯壁」과 「河上逢落花」 2수가 실려 있음.
21) 이기와 상교의 시인으로 열거한 자 중에서 王漁洋의 『唐賢三昧集』 속에 열입된 총 43인에서 11인이나 된다는 것은 우연한 일이 아니다. 王漁洋의 안목에서 (神韻說) 작품에 의거하여 추려졌다고 볼 때 소위 무명시인까지 열입된 것은 타당한 이치라 하겠다. 이기의 시교상의 시인을 보자면, 상권에 「裴迪·祖詠·盧象」, 중권에 「王昌齡·李頎·綦毋潛」, 하권에는 「高適·崔顥·張旭·萬楚·梁鍠」 등이 있다.

봄의 산에는 알지도 못한 새에,
꾀꼬리가 동남으로 날고 있네.
발을 씻고 오래도록 떠나가서
술 한 잔에 잠시 기탁함이 어떠한가!
환하게 연못가의 달이
내 가슴 속의 더러운 심기를 쫓고 있구나.
그대가 관복을 옛날엔 벗들과 같이 입었으나,
지금은 출신을 달리 하는도다.
백호전에서 멋지게 놀며,
청쇄문에서 쉬기도 하였도다.
또 그대를 추천하는 표문이 있어,
만나서 손잡고 돌아가게 되겠지.
편지 부치며 만나지 못하니,
난초만이 공허하게 향기를 풍기네.

濩落久無用, 隱身甘采薇.
仍聞薄宦者 還事田家衣.
潁水日夜流, 故人相見稀.
春山不可望, 黃鳥東南飛.
濯足豈長往, 一樽聊可依.
了然潭上月, 適我胸中機.
衣昔同門友, 如今出處非.
優遊白虎殿, 偃息靑鎖闈.
且有薦君表, 當看携手歸.
寄書不待面, 蘭茝空芳菲.

　　만초의 은둔과 귀전원의 흥취, 그리고 탈속의 심상을 강조하고 있다. 이는 이기의 의취와 합일되는 것이다. 만초의「강호장의 담(題江湖莊壁)」은 왕어양의 논시 기준상 이기의 시흥과 상통하고 있다.

농가에서 가을 곡식 익으니 기뻐하고,
한해 저무니 나뭇잎이 드물구나.
벼와 수수가 마당에 가득 쌓여있고,
아가위와 기장은 사립문에 드리워져 있네.
들에는 한가로이 개가 때때로 짖어대고,
저녁이 되니 소가 스스로 돌아가도다.
때때로 낙화주를 들면서,
띠풀을 가지런히 깔고 저고리를 풀어 헤쳐 초야에 거하리라.

田家喜秋熟, 歲宴林葉稀.
禾黍積場圃, 樝棃垂戶扉.
野閑犬時吠, 日暮牛自歸.
時復落花酒, 茅齊堪解衣.

한 점의 사심이 없으며 한 가닥의 명예심도 없다. 오직 자연이며 전원에서의 수졸(守拙)이 아닐 수 없다.

7. 위만(魏萬)

위만의 시는 지금 『전당시』에 1수가 전해진다. 따라서 이것만으로는 이기와의 시교관계를 성립시킬 수 없다.[22] 「전당시소전」에는 "위만은 전에 왕옥산에 거하였는데 후에 명성이 드러났다. 상원 초에 등제하였다. 초년에 광릉에서 이백을 만났는데 이백이 말하기를 너는 후에 천하에 큰 명성을 낼 것이다라고 하였다.(魏萬嘗居王屋山, 後名顥. 上元初, 登第. 初遇李白於廣陵, 白曰; 爾後必著大名於天下.)"라고 하여 이백의 칭허를 받을 만큼 문재가 뛰어났으나, 시가 전부 산실되고 말았다. 양인의 시교는

---

22) 魏萬은 李白과 교분이 깊은 것으로 기록되어 있어서 1수는 이백과 유관한 「金陵酬李翰林謫仙子」가 있다.

전원의 기흥(寄興)을 매체로 한 것을 알 수 있다.

이러한 관계를 적절히 표현하고 있는 이기의 「위만이 서울 가는 것을 송별하며(送魏萬之京)」는 의미가 있다고 본다.

  아침에 나그네의 이별가를 듣노라니,
  어젯밤 잔서리가 처음 강을 건너 왔구나.
  이 가을에 기러기의 울음소리 듣기가 애처로운데,
  구름 낀 산을 지나가는 저 나그네의 심정은 어떠하겠는가!
  함곡관의 나무 빛은 추위를 재촉하고,
  궁궐 뜰의 다듬이 소린 초저녁인줄 알겠구나.
  장안의 행락하던 곳을 보지 마시오.
  헛되이 세월만 덧없이 흘러가고 마는구나.

  朝聞游子唱離歌, 昨夜微霜初渡河.
  鴻雁不堪秋裏聽, 雲山況是客中過.
  關城樹色催寒近, 御苑砧聲向晩多.
  莫見長安行樂處, 空令歲月易蹉跎.

이 시는 격조상 도삽구법(倒挿句法)을 쓰고 있어서 처완한 정을 더하고 있다.[23] 위만이 왕옥산(王屋山)에 은거한 이유는 구선(求仙) 때문이다. 이기가 만년에 영양(潁陽)에 기거하면서 위만을 전송하는 내용일 것이다.

제1연은 위만의 출발과 가을의 분위기를 서로 접목시켜서 이별의 정취를 자아내고, 제2연에서는 이별의 슬픔을 「愁」라는 수심의 뜻에 집약시키고 있다. 운산(雲山)은 아득하고 마음이 답답한 뉘앙스를 지니고 있어서 시인의 심태를 대변하는 것이다. 제3연에서는 시인이 나그네에 대한 정분과 세월의 흐름을 동시에 토로하면서 4연에서 시간의 소중함과 그에 대한 교훈을 후배에게 암시해 준다.

---

[23] 『唐詩選評釋』卷五의 시평 부분 참조(p.393), 河洛圖書.

8. 이회(李回)

이기의 시에서 이회와 유관한 시는 「쌍윤가로 이회를 보내고 유사에게 바침(雙笋歌送李回兼呈劉四)」과 「이회를 보내며(送李回)」가 있으며, 이회의 시는 『전당시』에 3수가 수록되어 있다.24) 이기의 「이회를 보내며(送李回)」를 보면,

> 그대가 대사농의 관직임을 알고 있으니,
> 여산의 직분 받아 모시는 도다.
> 해마다 돈을 내어 황실에 올리고,
> 선액전을 둘러보고 이궁을 돌보겠네.
> 천암 바위의 새벽 눈발이 궁문위에 흩날리고,
> 시월의 겨울 꽃은 궁궐 길에 피어있네.
> 명성을 보지 않아도 나라의 문물이 흥할 것이니,
> 나 홀로 쓸쓸히 떠돌며 관동으로 떠나노라.

> 知君官屬大司農, 詔幸驪山職事雄.
> 歲發金錢供御府, 晝看仙液注離宮.
> 千巖曙雪旌門上, 十月寒花輦路中.
> 不覩聲明興文物, 自傷流滯去關東.

후배이며 고관인 이회를 전송하는 든든한 마음이 유로되어 있다.

---

24) 李回詩로는 「享太廟樂章」・「天長路別朱大山路却寄」・「寄酬朱大後亭夜坐留別」 등이 있다. 李回는 중당대에 등장하는데 시기적으로 이기의 만년에 교우했는가 한다. 李回에 대해 『全唐詩小傳』에 "字子昭, 擢長慶進士, 辟揚州掌書記, 還監察御史, 會昌中, 以刑部侍郎兼御史中丞, 俄進中書侍郎, 同中書門下平章事, 出爲劍南西川節度."

9. 배적(裵廸)

이기의 시에서 「성선각에서 배적이 입경함을 전송(聖善閣送裵廸入京)」・「이비묘에서 배시어사가 계양절조사로 감을 전송(二妃廟送裵侍御使桂陽)」・「용문에서 배시어가 오령을 감찰 감을 전송(龍門送裵侍御監五嶺)」 등 3수가 배적을 주제로 하고 있다. 왕유와 망천(輞川)에서 화창하고 왕어양에 의해 『당현삼매집』에 열입된 배적은 『전당시』에 39수가 전해진다.

관중인(關中人)으로 왕유(王維)・최흥종(崔興宗)과 종남산(終南山)에서 거하기도 하며 천보(天寶) 이후에는 촉주자사(蜀州刺史)를 지낸다. 특히 두보와 이기와도 가까웠다는 것이 그의 생평의 전부이다. (「全唐詩小傳」) 따라서 이기는 왕유나 배적의 선배의 입장에서 교우를 맺어 온 것이라 본다. 「성선각에서 배적이 입경함을 전송(聖善閣送裵廸入京)」을 보겠다.

> 구름 꽃은 높은 누각에 만발하고,
> 이끼 빛은 난간 고리에 끼어 있도다.
> 약초는 텅 빈 섬돌에 조용히 피어 있고,
> 오동나무에 되 비치는 햇빛 쌀쌀하도다.
> 맑은 노래로 병을 고칠 수 있다면,
> 손을 잡고 함께 기뻐하리라.
> 떨어지는 잎은 인경소리에 어울려 날고,
> 굶주린 까마귀는 쟁반 옆에서 울고 있네.
> 이수를 따라 동쪽으로 떠나는 마음 애타니,
> 파수를 따라 서쪽으로 고개 돌리네.
> 지난 날 함께 지내던 향기 머금은 관서에서,
> 구름 낀 저녁 하늘 보니 참으로 견디기 어렵도다.

> 雲華滿高閣, 苔色上鉤欄.
> 藥草空階靜, 梧桐返照寒.
> 淸吟可愈病, 携手暫同歡.
> 墜葉和金磬, 飢鳥鳴露盤.
> 伊流惜東別, 灞水向西看.
> 舊託含香署, 雲宵何足難.

이기는 배적과 함께 성선각(聖善閣)(洛陽의 佛閣)에 올라서 전송의 별정을 나눈 것이다. 전반의 2연은 경색(景色)의 한정(閑淨)을 묘사하고 이수(伊水)가 낙양(洛陽)에 있으니 서쪽으로 보는 것이(西看) 되므로 배적이 낙양을 떠나 장안으로 가는 것을 알 수 있다. 말 연에서 향서(香署)란 상서성(尙書省)이니 배적이 상서성랑(尙書省郞)을 지낸 일이 있었기에 금번 상경에는 더 높은 관직을 기대할 수 있다는 격려의 뜻을 담고 있다. 배적시의 은일낭만성은 더 이상 부연 설명을 요치 않는다. 특히 왕유와의 망천창화(輞川唱和)는 오언절구(五絶)의 백미이다.[25] 이러한 풍격이 이기와 상통했을 것이다. 배적의 「망천구에서 비를 맞으며 종남산을 그리면서 왕유에 드림(輞口遇雨憶終南山因獻王維)」을 예거한다.

> 빗줄기 텅 빈 골목 어둡게 깔려 있고,
> 모래밭에는 어른거리는 빛이 사라졌도다.
> 망천은 유유히 흘러가는데,
> 그리운 남산은 또 어디에 있는가!

> 積雨晦空曲, 平沙滅浮彩.
> 輞水去悠悠, 南山復何在.

---

25) 졸저, 『王維詩硏究』 第二章과 三章(臺灣黎明出版社, 1987).

10. 교림(喬琳)

「전당시소전」에,

교림은 태원인이다. 천보년간에 진사되고 이어 홍평위를 제수받으니 곽자의가 절도장서기로 불렀고 감찰어사를 제수 받았다가 파주호로 폄하되고 과주, 면주, 송주의 삼주자사를 역임하고서 대리소경국자제주로 입궐했다가 다시 회주자사로 출사하였다. 장섭의 칭허로 어사대부평장사를 받았는데 후에 주자난에 관직을 받았다는 죄로 복주 당하였다. 시 한 수가 있다.

喬琳, 太原人. 天寶間擧進士, 累授興平尉, 郭子儀辟爲節度掌書記, 拜監察御史, 貶巴州戶, 歷果綿送三州刺史, 入爲大理少卿國子祭酒, 又出爲懷州刺史. 以張涉稱引, 拜御史大夫平章事, 後受朱泚僞署, 伏誅. 詩一首.(『전당시』권169)

라고 하여 개괄적이나마 고관을 편력한 바를 알 수 있는데 그가 남긴 「면주의 월왕루에서(綿州越王樓卽事)」는 면주자사 시절에 읊은 것이다. 여기에 이기의 「교림을 보내며(送喬琳)」를 든다.

풀은 작은 나루터에 푸르고,
꽃은 이수의 물가에 피어 있도다.
지금 그대가 뜻을 이루지 못하고서,
외로이 서울의 봄을 등지게 되었도다.
입으로는 황금과 비단을 말하지 않으면서,
마음은 늘상 비굴함을 품고 있도다.
완적은 오로지 술만 마셨으며,
도연명은 속세를 부끄러워하여 가난하게 살았도다.

양선은 풍류의 터요,
창강은 나그네가 머무는 곳이로다.
맥가는 오호 멀리서 들리고,
계수나무는 劉安을 추종한 팔공에 이웃해 있네.
파랑새가 외로운 노를 쫓고,
흰 구름은 이 한 몸을 따르는도다.
조수는 언덕 위에 오르고,
달빛은 돌 머리에 새롭도다.
명예와 사리를 피할 수 없다면,
응당 관리의 옷을 입어야 하리라.
강의 물섬엔 향기로운 두형초 피었는데,
그대에게 잠시 낚시질하며 쉬기를 권하노라.

草綠小平津, 花開伊水濱.
今君不得意, 孤負帝鄕春.
口不言金帛, 心常任屈伸.
阮公惟飮酒, 陶令肯羞貧.
陽羨風流地, 滄江遊寓人.
菱歌五湖遠, 桂樹八公隣.
靑鳥逗孤棹, 白雲隨一身.
潮隨秣陵上, 月映石頭新.
未可逃名利, 應須衣縉紳.
江洲芳杜色, 勤爾暫垂綸.

양인의 관계는 청담적 의식의 상통점을 지녔다기보다는 이기의 입장에서 교림의 영달을 긍정적으로 보고 있다. 그러나 고빈(孤貧)의 삶이 또한 중요하고 필요하다는 점을 제시하면서 완적(阮籍)과 도잠(陶潛)의 세계를 중시하고 있다. 교림의 의식에 내재되어 있는 명리(名利)와 진신(縉紳: 관리)에의 욕망도 부정하지는 않고 있다.

11. 왕창령(王昌齡)

여기서 왕창령에 대해서는 부연하지 않겠다. 다만 이기와의 시교만을 기술하고자 한다. 양인의 시교는 이기에게는 「왕창령을 보내며(送王昌齡)」가 있으며 왕창령에게는 「동경부현의 제공과 기무잠, 이기와 함께 백마사에 머물며(東京府縣諸公與綦毋潛李頎相送至白馬寺宿(一作同府縣諸公送綦毋潛李頎至白馬寺)」(『全唐詩』권140)가 있는데 푸쒠중(傅璇琮)에 의하면26) 왕창령이 강녕승(江寧丞)으로 부임하면서 낙양을 지나다가 쓴 시이며, 이기 또한 당시에 낙양에서 강녕으로 떠나는 왕창령을 전송한 시이기 때문에 양인의 시교 시기를 개원 29년 여름(741)의 일로 추정하고 있다. 먼저 왕창령의 시를 보기로 한다.

> 말에 안장하고 동문에 들어가서,
> 두리번거리다가 호젓한 쪽배를 탔도다.
> 어지신 님들 서로 전송하면서,
> 노를 저어서 천리 뱃길 떠나네.
> 붉은 언덕에는 해가 지고 있고,
> 텅 빈 물가에는 엷은 안개 걷히도다.
> 벼슬에 맺힌 심기를 잊고서,
> 술에 취하여 잠시 머물러 있으리라.
> 달 밝은데 옛 절을 보니,
> 수풀 저 밖의 높은 누각에 오르노라.
> 남풍에 긴 낭채를 열어 놓으니,
> 여름밤이 서늘한 가을 같도다.
> 강가의 달이 오현 땅을 밝히는데,

---

26) 이 시교의 시기에 대해 傅璇琮은 「王昌齡事跡考略」과 「李頎考」에서 공히 기술함. (『唐代詩人叢考』·中華書局).

서쪽으로 돌아가서 꿈속에서 놀고프네.

鞍馬上東門, 裴回入孤舟.
賢豪相追送, 卽櫂千里流.
赤岸落日在, 空波微煙收.
薄宦忘機括, 醉來卽淹留.
月明見古寺, 林外登高樓.
南風開長廊, 夏夜如涼秋.
江月照吳縣, 西歸夢中遊.

　여기서 시기는 여름밤(夏夜)이며 장소는 오현(吳縣)의 고루(高樓)이며, 그리고 경물은 명월이 비치는 외로운 배를 옆에 두고 있다. 아울러 이기의 시를 본다.

조수의 동쪽으로 멀리 떠나니,
그대를 보내는 저녁의 다정한 이 마음.
들녘의 절에 잠시 머물다 떠나니,
등 뒤의 호젓한 산이 노을에 물들었네.
앞에는 수 천리 밖이 보이는데,
가운데는 부들풀 조차 나지 않았네.
석양은 쪽배의 노에 가득한데,
단지 맑은 잔물결이 사랑스럽도다.
배는 수풀과 달 위에 두둥실 떠 있거늘,
초야로 돌아가는 그에게 물새도 따라 우는도다.
밤에는 연화계에서 노닐고,
꿈속에서는 금릉성에서 노는도다.
탄식하며 이 이별을 이기기 어려운데,
강물은 유유히 흘러만 가노라.

漕水東去遠, 送君多暮情.

淹留野寺出, 向背孤山明.
前望數千里, 中無蒲稗生.
夕陽滿舟楫, 但愛微波淸.
擧舟林月上, 解衣沙鳥鳴.
夜來蓮花界, 夢裏金陵城.
歎息此難別, 悠悠江海行.

여기서도 '暮情·夕陽·夜來'와 '孤山明·林月' 그리고 '舟楫·金陵城' 등의 시어에서 앞의 시와 시기·지점이 합치하고 있음을 본다. 그러니까 10년 위의 선배인 이기와 정분도 통하려니와 종군의 시풍을 추구한 시흥 상의 상통점도 간과해서는 안 될 것이다.

12. 고적(高適)

고적에 관해서도 재론의 여지없이 연구가 많이 되어 있다. 여기서는 다만 양인의 시교환의 예만을 들고자 한다.

고적의 시에는 (『全唐詩』 권212~214) 이기에 관한 것이 남지 않았지만 이기에게는 「고삼십오를 송별하며(贈別高三十五)」와 「고삼십오에 답하며(答高三十五留別便呈于十一)」 등이 남아 있다. 앞의 시를 들어보면,

오십 세에 맡은 일 없이 지내니,
마음 홀가분하여 온갖 것이 풍성하네.
…… (중략) ……
홀연히 왕명을 받고 나니,
말들 하기를 어서 뱃사공을 따르라고 하네.
목욕하여 하사한 의관을 입으니,
서쪽으로 말이 떠남이 느리도다.
승상부가 중하거늘,

장차 함곡관에서 기약하리라.
작은 현에 마음 편치 않으련만,
허리 굽혀서 그대는 사절치 말지라.
내가 임금의 뜻을 살펴 보건대,
머지않아 서울로 불림을 받으리라.

五十無産業, 心輕百萬資.
······(中略)······
忽然辟命下, 衆謂趨舟墀.
沐浴著賜衣, 西來馬行遲.
能令相府重, 且有函關期.
小縣情未愜, 折腰君莫辭.
吾觀主人意, 不久召京師.

여기에서 첫 구의 '五十'에서 고적의 나이가 50세쯤 된 것을 알 수 있는데 이 시기가 고적이 봉구위(封丘尉)로 낙양을 지나다가 양인이 상봉을 한 때(천보 8년·749)인 만큼[27] 고적의 생년을 추정할 수 있는 중요한 자료가 된다. 그러니까 이기의 이 시는 고적 생존의 자료가 되기도 하지만 의기가 상합하는(憂國) 양인의 만남은 간과할 수 없는 대상이 된다.

13. 기무잠(綦毋潛)

기무잠에 대해 『당재자전(唐才子傳)』에 기재하기를,

잠은 자가 효통이고 형남인이다. 개원 14년 엄적으로 진사급제하고 의수위를 제수 받고 우습유로 옮겼다가 집현원대제에 들고 교서를 다시 제수받은 후 저작랑으로 끝맺음하였다. 이단과 동시대 사람으로 시가 우

---

27) 푸쉔중(傳璇琮)의 「高適年譜中的幾個問題」(상동).

뚝 기상이 넘치고 고운 구가 풍부하며 방외의 정을 잘 묘사하였다.

潛字孝通, 荊南人. 開元十四年, 嚴迪榜進士及第, 授宜壽尉, 遷右拾遺, 入集賢院待制, 復授校書, 終著作郞. 與李端同時, 詩調屹峷峭蒨, 足佳句, 善寫方外之情.(卷二)

라고 하여 달인의 경지에 든 초탈의 기풍을 지녔음을 본다. 기무잠은 26수의 시를 남기고 있지만(『全唐詩』 권135), 이기에게는 시교상 기무잠에 관한 시를 가장 많이 남기고 있다. 즉, 「기무삼이 방급사를 알현함을 전송하며(送綦毋三謁房給事)」・「기무교서의 별장(題綦毋校書別業)」・「신향으로 가려하여 최호, 기무삼에 답함(欲之新鄕答崔顥綦毋三)」・「기무삼에 부침(寄綦毋三)」・「오숙이 입경함을 전송하고 기무삼에 부치며(奉送五叔入京兼寄綦毋三)」・「기무삼을 보내고 절에서 초롱등을 얻음(送綦毋三寺中賦得紗燈)」 등이다. 이 중에서 「기무교서의 별장(題綦毋校書別業)」을 보면,

항상 관직에 매였다가,
어제서야 창주로 돌아갔도다.
나그네는 저녁에 돛대 달고 멀리 떠나니,
주인의 뜰 안 나무는 가을이 짙구나.
어찌 천명에 물어 보리오,
오직 산에서만 놀고 지내리라.
만물에 내 또 뭘 바라리오?
흰 구름만 공허하게 그윽이 떠 가누나.
쓸쓸한 강가에 서 있으니,
석양에 붉게 물든 언덕이 보이는구나.
살아가는 일 낚시질이 아니지만,
마음을 즐겁게 임의에 맡기리라.
아깝도다! 저 아득히 가는 달을

건너고 싶지만 쪽배가 없도다.
홀연히 이 노인에게,
흘러가는 강물을 생각나게 하는구나.

常稱掛冠吏, 昨日歸滄洲.
行客暮帆遠, 主人庭樹秋.
豈伊問天命, 但欲爲山遊.
萬物我何有, 白雲空自幽.
蕭條江海上, 日夕見丹丘.
生事非漁釣, 賞心隨去留.
惜哉曠微月, 欲濟無輕舟.
悠忽令人老, 相思河水流.

이 시는 양인의 사심없는 교류를 단적으로 표출해준다. 다른 교우와 달리 양인의 교왕은 담박했다는 점을 엿볼 수 있다. 그러길래 7·8구의 "만물에 내 또 뭘 바라리오? 흰 구름만 공허하게 그윽이 떠가누나."라는 시심이 가능했던 것이다.

14. 왕유(王維)

왕유에게는 「이기에 드림(贈李頎)」가 있으며[28] 이기에게는 증시가 남아 있지 않다. 그러나 배적과의 깊은 관계로 보아 만년에 친분이 있었다고 본다. 왕유의 시를 본다.

듣건대 그대가 단약을 먹는다 하더니,
안색이 참으로 좋아졌도다.
지금 떠나가면,

---

28) 왕유에 대해서는 졸저, 『王維詩硏究』 참조.

언제 날개 날지 모르지만,
서왕모는 고운 영지 향초를 살포시 감추고,
그대를 곤륜산 옆에서 보게 되리라.
무늬 진 이무기가 붉은 표범 쫓아가듯,
만리 가서 숨 한번 쉬게 되는 경지에 이르리라.
슬프도다! 세상 사람들이여,
이 비린내 나는 음식을 달다고 하는도다.

聞君餌丹砂, 甚有好顏色.
不知從今去, 幾時生羽翼
王母翳華芝, 望爾崑崙側.
文螭從赤豹, 萬里方一息.
悲哉世上人, 甘此羶腥食

여기서는 이기가 선도(仙道)에 심취하여 연단술(鍊丹術)을 익혀 건강이 좋아 선인이 될 듯한 탈속의 경지에 든 것을 설명해 준다.29) 변새시인으로서의 이기가 만년에 도가에 몰입한 것은 주위의 교우관계에서의 영향도 있었을 것으로 본다. 시불(詩佛)인 왕유와의 교류에는 왕유의 시와는 달리 이기에게도 선시(禪詩)가 적지 않아 승려와의 교분도 있었으니30) 무진상인(無盡上人)·영공(瑩公) 등이 시제에 나온다.

15. 노상(盧象)

『唐才子傳』에 이르기를,

---

29) 이기에게는 「送暨道士還淸玉觀」·「送王道士還山」·「王母歌」·「題盧道士房」·「寄焦鍊師」 등 다수가 있음.
30) 禪詩로는 「光上座廊下衆山五韻」·「無盡上人東林禪居」·「題神力師院」·「愛敬寺古藤歌」·「宿瑩公禪房聞梵」·「宿香山寺石樓」·「長壽寺粲公院新甃井」 등이 있음.

자는 위경이며 문수인으로 홍의 조카이다. 가족을 데리고 강동에 거한 지 아주 오래되고 교서랑, 좌습유, 선부원외랑을 지내고, 안록산의 관직을 받았다고 하여 영주사호참군으로 폄하 되었다가 후에 주객원외랑이 되었다. 시명이 있어 고아하면서 거칠지 않아 대체로 국사의 풍모를 지녔다. 문집은 20권이 지금 전해진다.

> 字緯卿, 汝水人, 鴻之姪也. 携家來居江東最久, 仕爲校書郎・左拾遺・膳部員外郎, 受安祿山僞官・貶永州司戶參軍, 後爲主客員外郎. 有詩名, 雅而不素, 有大體, 得國士之風. 集二十卷今傳.(卷二)

라고 하여 다양한 삶의 여정을 엿보게 한다. 노상의 시는 27수(『全唐詩』 권122)가 전하는데, 조영(祖詠)・기무잠(綦毋潛) 등 이기의 교우와 같은 시인들과 깊은 관계를 지니고 있음을 알 수 있다.31) 왕어양은 노상을 그의 『唐賢三昧集』(상권)에 열입시키고 강락공(康樂公・謝靈運)과 같은 선경을 그리고 있음을 부기하고 있다.32) 이기는 노상에 대하여 시를 6수 남겼으니 「노소부가 연능에 부임을 전송(送盧少府赴延陵)」・「노오의 옛집(題盧五舊居)」・「사훈 노원외에 부침(寄司勳盧員外)」・「노일인을 보내며(送盧逸人)」・「왕.노이습유를 이별하며(留別王盧二拾遺)」・「노도사의 방(題盧道士房)」 등이 그것이다. 그 중에 「노도사의 방(題盧道士房)」을 보면,

---

31) 노상의 시에는 「同王維過崔處士林亭」・「送綦毋潛」・「送祖詠」 등이 있으며, 왕유에게는 「與盧象集朱家」・「與蘇盧二員外期遊方丈寺而蘇不至因有是作」・「與盧員外象過崔處士興宗林亭」 등이 있다. 그리고 조영에게는 「歸汝墳山莊留別盧象」・「長樂驛留別盧象裴總」,(『全唐詩』 권131) 등이 있어서 상호교왕이 잦은 것을 알 수 있다.
32) 王漁洋,『唐賢三昧集』卷上에 盧象의 시 3수를 열입시켰다. 특히 「家叔敬君東谿草堂」을 두고 「方之康樂遊仙詩別是一副」라 함. 이외에 「送祖詠」・「寄河上段十六」 등이 실려 있다.

가을 다듬이 소리에 나뭇잎 떨어지는데,
함께 그대의 초가집에 앉았노라.
단지 두 동자만이 보일 뿐,
수풀 앞에서 우물물을 뜨고 있도다.
텅 빈 단대는 대낮인데도 고요하고,
신령한 정대에는 단사의 향이 날리도다.
…… (중략) ……
도사는 속세와 떨어져서,
바둑을 두는데 오동나무 그늘이 비스듬히 기우네.
머리 숙여 신선의 요체를 물어보니,
국화의 정기를 모우며 꽃을 먹는다.

秋砧響落木, 共坐茅君家.
惟見兩童子, 林前汲井華.
空壇靜白日, 神鼎飛丹砂.
…… (中略) ……
上章人世隔, 看奕桐陰斜.
稽首問仙要, 黃精堪餌花.

여기에서 노상의 칩거지가 선가에 의거한 것을 엿볼 수 있으며, 이러한 생활이 이기에게는 동감의 기상을 갖게 한 것이다. 노상의 「가숙 징군의 동계 초당(家叔徵君東谿草堂)」은 이기의 시와 상통하는 선미(仙味)를 느끼게 한다.

산길 따라 십여 리에,
푸른 벽 같은 수풀이 서로 기대어 있네.
…… (중략) ……
학이 부러우니 늙을 때가 없음이요,
거북이로 말하면 섭생의 이치 때문이라.
허튼 말로 육갑을 떠들고,

기운의 조화를 손가락 하나로 누르려 하는구나.
구름 낀 사다리 쓸 겨를조차 없으면서,
공연히 완적 선생을 업신여기는 이 마음.

開山十餘里, 靑壁森相倚.
…… (中略) ……
鶴羨無老時, 龜言攝生理.
浮言啖六甲, 元化潛一指.
未暇掃雲梯, 空慙阮家子.

이와 같이 구절마다 선계를 묘사하고 시인 자신이 탈속의 담백을 밝히면서, 속정을 완전히 벗지 못하는 아쉬움을 읊고 있다. 양인의 관계는 시풍의 취향에서 어울렸을 것이다.

16. 황보증(皇甫曾)

황보증에 대해서는 푸쉔충(傅璇琮)의 「皇甫冉皇甫曾考」(『唐代詩人叢考』)에서 상세히 고증한 바, 여기서는 역시 양인의 관계만을 기술한다. 『당재자전』(권3)에서,

황보증은 자가 효상이며 염의 아우이다. 천보 17년 영리하여 진사에 뽑히고 시를 잘 하였다. 왕유의 문하에 출입하며 형의 명망에 다음 갔다. 당시 장씨네 경양과 맹양에 비교되었다.

曾, 字孝常, 冉之弟也, 天寶十七年, 揚儇榜進士, 善詩. 出王維之門, 與兄名望相亞. 當時以比張氏景陽孟陽.

라고 하여 왕유의 문하생이며 지향하는 풍격이 청아한 것을 알 수

있다. 그의 시 48수가 전하나 이기에게 준 시는 없으며(『全唐詩』 권 210), 이기는 5언 고시인 「황보증이 양양의 산수를 유람하고 위태수를 알현하러 감을 전송(送皇甫曾遊襄陽山水兼謁韋太守)」 한 수를 남기고 있다.

> 양양의 언덕에 베개 삼아 누우니,
> 한수가 출렁이며 길게 흘러가네.
> 산이 깊어서 용의 집이 될 만 하고,
> 물이 맑아 이무기의 고향보다 낫도다.
> 원개가 춘추전을 쓴 곳이요,
> 소명이 문선을 정리한 마루터로다.
> 풍류가 고금으로 가득 차 있고,
> 안개 낀 섬은 미묘한 상념에 들게 하네.
> 흰기러기는 저녁에 눈을 가르고,
> 맑은 수풀에는 찬 기운이 서리를 끼게 하네.
> 갈대꽃 핀 외로운 수자리에 날이 저물고,
> 귤 열매는 온 집안에 향기롭구나.
> 옛 고향을 여기서 떠나간 후에,
> 가벼운 쪽배 멀리 끝없이 떠나갔네.
> 백화정은 아련하고,
> 일주관은 푸르도다.
>
> ······(하략)······
>
> 峴山枕襄陽, 滔滔江漢長.
> 山深臥龍宅, 水淨斬蛟鄕.
> 元凱春秋傳, 昭明文選堂.
> 風流滿今古, 烟島思微茫.
> 白雁暮衝雪, 清林寒帶霜.
> 蘆花獨戍晚, 柑實萬家香.

舊國欲玆別, 輕舟眇未央.
百花亭漫漫, 一柱觀蒼蒼.

...... (下略) ......

이 시는 황보증의 인품과 전원풍의 의향을 시인 자신의 이해와 결부시켜 묘사하고 있다. 양인의 관계는 청결한 시흥에 기반을 두고 있다.

17. 진장보(陳章甫)

이기의 「진장보를 보내며(送陳章甫)」는 명작의 하나이다. 『당시선(唐詩選)』에 주석하기를,

진장보는 초인으로 개원에 진사가 되다. 전당문 권373 진장보의 〈이부 손원외에의 글〉에 의하면 그가 호적의 착오로 소매를 여미고 귀가하였다고 한다. 이기의 이 시는 대략 진장보가 낙제하여 회향할 시에 전송하던 작이다.

陳章甫, 楚人, 開元進士. 據全唐文卷三百七十三陳章甫與吏部孫員外書, 說他因籍有誤, 蒙袂而歸. 李頎這首詩大約就是送陳落第回鄕之作.

라고 하였으며 『봉씨견문기(封氏見聞記)』(권3 制科條)에는,

예전에 거인이 급제에 응하는데 검토하여 호적이 없는 자는 급제하지 못하였다. 진장보는 제책으로 등과하여 이부의 방에 나왔거늘 장보가 상서하기를 어제 보니 방에 이르기를 호부에 호적이 기록되지 않은 자로 보고했음이라 하더라.

이가(李頎)의 시를 통한 교유관계 • 265

舊擧人應及第, 開檢無籍者不得與第. 陳章甫制策登科, 吏部榜放. 章甫上書, 昨見榜云, 戶部報無籍記者.

여기서 진장보가 제과(制科)에 등제하고 진사 등제한 것이 아니며 등제는 하였지만 무적 문제로 난처한 입장에 있었음을 알 수 있다. 「진장보를 보내며(送陳章甫)」는 이렇게 귀향하는 벗을 전송하며 노래한 것이다.

  4월의 남쪽 바람에 보리가 누렇게 익어가고,
  대추 꽃 지지 않았는데 오동나무 그늘이 길어지네.
  푸른 산의 아침에 헤어졌다가 저녁에 다시 만나니,
  우는 말이 문을 나서자 고향을 그리워하네.
  진공의 처세가 어찌도 호탕한가!
  용 수염과 호랑이 눈썹에다가 큰 이마를 지녔구나.
  뱃속에 쌓인 책이 일만 권이니,
  머리 숙여 초야에 묻히게 해두지 않았다네.
  동문에서 술을 떠서 우리 서로 마시니,
  마음이 가벼워서 만사가 모두 새털 같구나.
  취하여 누우니 날이 저무는 줄도 모르고,
  때때로 멍하니 높이 뜬 외로운 구름을 바라보네.
  긴 강의 파도 끝에 하늘이 검게 줄달아 있어,
  나루터 입구에 머문 배가 건너가지 못하네.
  정나라의 나그네가 아직 집에 못 왔으니,
  낙양의 객이 공허히 탄식만 하는도다.
  듣자하니 옛 숲에는 아는 사람 많다하니,
  벼슬 그만두고 어제처럼 오늘 놀아봄이 어떠한가!

  四月南風大麥黃, 棗花未落桐陰長.
  靑山朝別暮還見, 嘶馬出門思舊鄕.
  陳侯立身何坦蕩, 虯鬚虎眉仍大顙.
  腹中貯書一萬卷, 不肯低頭在草莽.

束門酤酒飲我曹, 心輕萬事皆鴻毛
醉臥不知白日暮, 有時空望孤雲高.
長河浪頭連天黑, 津口停舟渡不得.
鄭國遊人未及家, 洛陽行子空歎息.
聞道故林相識多, 罷官昨日今如何.

　　이기는 송별시에서 흔히 인물평을 하는 경우가 있는데 이 시는 그 대표적인 경우이다. 초인이어서 과거에 급제하였지만 호적이 없어 등용의 길이 없었다. 상설한 바이지만 특청(特請)하여 등용되어 낙양 일대에서 활동하였다. 이 시는 진장보가 파관하고 귀향할 때 나루터에서 송별하는 광경을 그리고 있다. 시 중에서 귀향이란 원적인 강릉지방이 아니고 숭산(嵩山)으로 보인다. 첫 4구는 경쾌하면서 향정(鄕情)이 넘친다. 들판에 보리가 익었고 길은 무성하여 자연에의 회귀가 짙게 묘사된다. 은사(隱士)의 본색이 적절히 표현되어 있다. 제3·4연은 진장보의 품덕·용모·재학과 지조를 묘사하고 제5·6연은 그의 출사불운과 청고한 품성을 기술하였다. 「長河」 2구는 비흥법을 써서 정감 어리면서 생동적인 묘법을 강구하고 있다. 송별시이면서 단순하게 별정에 그치지 않고 수심과 희망, 긍지까지 함축시키고 있는 것이다.
　　그후 임보(林寶)의 『원화성찬(元和姓纂)』(권3)에서 "태상박사 진장보—강능인(太常博士陳章甫－江陵人)"이라 했듯이 태상박사까지 지낸 것을 본다. 이기와 진장보는 앞의 「이부 손원외에 주는 글(與吏部孫員外書)」에 "한번 숭산에 누워 20여 년이라(一臥嵩丘, 二十餘載)"라 했듯이 진장보가 숭산에 거하며 이기(潁陽과 숭산이 이웃)와 친분을 가졌기에 그의 시에 진장보의 호탕한 성격을 잘 묘사하였다.

18. 양굉(梁鍠)

양굉은 「全唐詩小傳」에 "관은 집극을 지내고 천보 사람으로 시가 15수이다."(官執戟. 天寶中人. 詩十五首.)라 하고 (『全唐詩』 권202), 이기에게는 「양굉을 송별(別梁鍠)」이 있다. 그 일부를 들어본다.

> 양군은 탁월하여 마음에 매이지 아니하나,
> 길이 다하고 기가 덮인 장안의 사나이로다.
> 고개 돌리고 눈을 굴리니 의젓한 자태는 독수리 같고,
> 뜻은 울며 날아가는 새와 같으나 남이 어찌 알겠는가!
> 비록 나이 사십에 관직 하나 못 얻었지만,
> 일찍이 대군의 장서기를 하였도다.
> ……(중략)……
> 부귀를 오래도록 의탁하지 말지니,
> 무궁화도 아침에는 아름답지만 저녁에는 시든다네.
> 옛날의 변방의 노인을 보지 않았는가?
> 은거하며 본래대로 하늘의 뜻에 맡겼노라.
> 흘러가는 저 물결은 다시 오지 아니하니,
> 오호와 삼강의 풍경이 수심에 차게 하누나.

> 梁生倜儻心不羈, 途窮氣蓋長安兒.
> 回頭轉盻似鵰鶚, 有志飛鳴人豈知.
> 雖云四十無祿位, 曾與大軍掌書記
> ……(中略)……
> 莫言富貴長可託, 木槿朝看暮還落.
> 不見古時塞上翁, 倚伏由來任天作.
> 去去滄波勿復陳, 五湖三江愁殺人.

여기에서 이기는 양굉의 인물됨을 묘사하고 있다. 양굉이 종군한 것이

며 광방불기(狂放不羈)한 호방을 특히 강조하였다. 양굉의 사람됨을 그린 타인의 시로는 전기(錢起)와 잠삼(岑參)의 시가 있어 참고 할만 하다.[33] 양굉의 「칠석날 배를 띄우고(七夕汎舟)」 시를 보기로 한다.

> 구름 끝에 신령스러운 배필이 있는데,
> 빛을 가리고 화장대를 거두네.
> 밤이 깊어지자 패물을 흔드니,
> 하늘이 높아서 소리가 안 닿네.
> 기쁨 하나하나 가을에 펴내고,
> 옅은 꿈 새벽에 뒤척여 더하누나.
> 오히려 강을 메우는 까치를 원망하나니,
> 다리에 머물러서 돌아오지 않을까 해서이네.
>
> 雲端有靈匹, 掩映拂妝臺.
> 夜久應搖佩, 天高響不來.
> 片歡秋始展, 殘夢曉頻催.
> 却怨塡河鵲, 留橋又不廻.

19. 강흡(康洽)

강흡은 서역 소수민족 출신의 음악가이다.[34] 이기는 「강흡이 입경하여 악부가를 진상함을 전송(送康洽入京進樂府歌)」에서,

> 그대를 알게 된지 10년 동안 어찌하여 자주 못 만나는지!
> 형과의 정분을 기뻐하는데 이제 또 서울 길을 달리하누나.

---

33) 錢起의 「秋夜與梁鍠文宴」(『唐詩紀事』 卷二十九)와 岑參의 「題梁鍠城中高居」(『全唐詩』 권198).
34) 向達의 「唐代長安與西域文明」 第二節.

아침에 좌씨의 교녀편을 읽고,
밤에는 상여의 미인부를 읽노라.
…… (하략) ……

識子十年何不遇, 兄愛歡游兩京路.
朝吟左氏嬌女篇, 夜誦相如美人賦.
…… (下略) ……

라고 하여 강흡이 소무구성(昭武九姓)의 혈통을 지녔지만 좌사(左思)와 사마상여(司馬相如)의 작을 읊는 것에서 중국고전문학에도 상당한 조예가 있었음을 알 수 있으며, 이기 또한 음악에 조예가 깊었던 만큼 강흡에게서 배운 바 없지 않다고 본다. 이것은 이단(李端)의 「강흡에 드림(贈康洽)」시에서도 그 면을 엿볼 수 있다.35)

이기는 연구가 덜 되어 있지만 성당대 중요시인으로 자리를 차지할 만큼 비중이 크다. 생졸을 위시한 생평상의 문제점은 푸쉔중(傅璇琮)에 의해 해명되고 있는 만큼 여기서는 주제로 삼지 않았다. 단지 이기의 시교 관계는 아직 연구가 안 된 상태이므로 본고에서 개괄적이나마 수집하는 형식을 취했을 뿐이다. 한 작가의 이해를 위해서 다소간 주관의 개입되고 그에 따른 분석도 심도가 부족한 점을 자인하게 된다. 이기의 시교는 새로운 이기 시에 대한 연구 시발일 뿐 아니라, 그의 시 자체에 대한 본격적인 고찰에 필요한 과정인 점을 간과할 수 없는 것이다.

---

35) 『全唐詩』 권284.

소영사(蕭穎士)의 교유와 그 시의 시경(詩經)체론

중당대의 고문운동을 선도하고 당대에 살면서 시경시대의 시풍을 추구하며 특이한 작시활동을 했던 천재시인 소영사(717~760)는 리위에강(李日剛)이 이미 기술한 바,

  소영사와 이화는 모두 고문가로서 시문의 작품은 경서를 바탕으로 하고 도리를 담고 있으면서 간이함을 높여야 한다고 생각했기에, 한유와 유종원의 고문운동의 선봉이 되었다. 문집 10권과 전당시에 시 한권이 있다. 4언체가 대다수 차지하고 체제가 시경의 풍아를 본받고 있으며 5언시 또한 고풍을 지니고 있다.

  穎士與李華均爲古文家, 以爲詩文之作應宗經載道而尙簡易, 爲韓柳復古運動之先鋒. 有集十卷, 全唐詩存詩一卷. 四言居多, 體效風雅, 五言亦有古意.1)

---

1) 리위에강(李日剛)『中國詩歌流變史』p.315.

라고 한 바와 같이 성당대의 이백・두보・왕유 등의 유파와는 전혀 별개의 시작을 남겨 놓고 있다. 그가 남긴 시는 15제 41수(『全唐詩』권254)에 지나지 않지만 그 특성으로 보아 거의 경이로운 시경의 속편을 보여주는 듯 하다. 이러한 그의 시를 당시의 사조와 상이하다고 하여 제외시키고 단지 산문가 또는 고문운동가로만 한정시키는 것은 그의 문학 자체를 이해하는데 공평치 못하다고 생각되어, 본문에서는 그의 시만을 놓고 시고하려는 것이다. 따라서 특이한 시작을 남길 수 있었던 배경을 살펴야 할 것이며, 그 생평과의 유관점도 추출해야 할 것이다.

I. 생평과 교유

『全唐詩』의 소전에서,

> 소영사는 자가 무정이다. 개원 주에 대책제일이 되어 비서정자에 보하고 봉시로 조위 간에 남긴 서간을 총괄하는데 오래 보고하지 않으매 유사에 탄핵되어 면직하고 복양의 교수로 머무니 그 당시 소부자라 칭하였다. 집현교리로 나가게 되자 재상 이림보가 극히 노하여 광릉참군사를 맡게 되고 사관 위술이 영사를 추천하여 자기를 대신케 하매 사관대제 만나자, 임보가 더욱 질시하니 마침내 관직을 면하게 되었다.

> 蕭穎士, 字茂挺. 開元中, 對策第一, 補秘書正字, 奉使括遺書趙衛間, 淹久不報, 爲有司劾免, 留客濮陽敎授, 時號蕭夫子. 召爲集賢校理. 宰相李林甫怒其不下已, 調廣陵參軍事, 史官韋述薦穎士自代, 召詣史館待制, 林甫愈見疾, 遂免官.(권154)

라고 기록하고 있듯이 소영사의 자는 무정(茂挺)이며 개원년간에 「對策

第一」 등의 관직을 거쳐 높아야 「집현교리(集賢校理)」라는 미관에 머물렀음을 알 수 있다. 그리고 여남(汝南)에서 객사했다는 정도로 기록되어 있다.

따라서 소영사의 생애를 다각적으로 보완하기 위하여 그의 생평사적을 양분하여 살펴보고자 한다.

1. 생평사적

소영사의 생년시기를 보면 이화(李華)의 『소영사문집(蕭穎士文集)』서(序)에서 "십구 세에 진사에 급제하다.(十九進士擢第.)"라 한 것과 또 『당척언(唐摭言)』에서 "소령사 개원 23년에 급제하다.(蕭穎士開元二十三年及第.)"라 한 것으로 미루어 보아 소영사(蕭穎士)는 현종 개원 5년(717)에 출생한 것으로 본다. 소영사가 진사에 급제한 기록으로는 『구당서』 권190 손적전(孫逖傳)에,

> 개원 21년 들어가서 고공원외랑, 집현수찬이 되고 손적이 선공 12년 간 준재를 많이 얻었다. 초년에 두홍점이 재상에 보하고 안진경이 상서가 되었다. 후년에 이화, 소영사, 조화를 뽑아서 등제케 했다.
>
> (開元)二十一年, 入爲考功員外郎・集賢修撰, 逖選貢士二年, 多得俊才. 初年則杜鴻漸至宰輔, 顔眞卿爲尙書. 後年, 拔李華・蕭穎士・趙驊登上第.

라고 한 데에서 소영사가 등제한 시기를 알 수 있다. 소영사가 등제 후에 첫 관직을 금단위(金壇尉)와 계주참군(桂州參軍)으로 시작하였으니 이화의 집서에 보면,

> 19세에 진사급제하고 금단위, 계주참군을 역임하고서 사임한 후 강좌 지역에서 은거하였다. 영왕 린이 책을 다듬는데 그를 청하니 그가 은둔

하여 상면하지 않았다. 회남절도사가 그를 양주공조참군에 천거하고 상
국제도조용 제오기가 글 청하여 보좌로 삼으려 하니 그는 선세를 빈소
하는 일이라 하여 옮겨 합장하는 일을 마치고 여남에 가서 졸하였다.

    十九進士擢第, 歷金壇尉・桂州參軍辭官避地江左. 永王璘修書請君, 君
遁逃不與相見. 淮南節度使表君爲揚州功曹參軍, 相國諸道租庸使第五琦請
君爲介, 君以先世寄殯嵩條, 因之遷祔終事, 至汝南而歿.

이라고 하여 초관의 역임과정을 기술하고 있다. 상기한 두 관직을 거쳐
서 비서정자(秘書正字)가 되기까지는 소영사가 금단(潤州)에 있음과 계주
에 나가 있었음을 알 수 있으니, 그 때가 개원 26년 전후(738)의 동 29년
(741) 사이에 해당한다.
  소영사는 그후 천보 8년(749)에 집현교리(集賢校理)를 지낸다. 그 짧은
시기에 인간관계의 불화로 인해 광릉참군사(廣陵參軍事)로 옮긴다. 그 대
상이 당대의 권세가인 이임보(李林甫)이다. 그의 「앵두나무 베기 서문(伐
櫻桃樹賦序)」를 보면,

    천보 8년 내가 이전의 교리를 파면되어 광릉대부군사의 참모로 강등
    되다.

    天寶八載, 予以前校理罷免降資參廣陵大府軍事.

라고 하고 『신당서』 열전에도

    집현교리가 되니 재상 이임보가 그를 보려하자 영사가 마침 부친상을
    당해서 찾지 않았다. 임보는 일찍이 친구 집에 들러 영사를 부르자 영사
    는 앞으로 나가서 문에서 울며 기다리거늘 임보는 어찌지 못하고 앞에
    서 조문하고 갔다. 광릉참군사의 직을 내리다.

    召爲集賢校理, 宰相李林甫欲見之, 穎士方父喪, 不詣. 林甫嘗至故人舍

邀穎士, 穎士前往, 哭門內以待, 林甫不得已, 前弔乃去. 調廣陵參軍事.

라고 하여 소영사의 인생에 있어 어려운 고비를 겪었음을 보여준다. 이어서 천보 10년(751) 소영사는 사관 위술(韋述)의 추천으로 대제사관(待制史館)이 되는데, 그의 「흰 꿩의 노래 서(白鷴賦序)」에 보면,

천보 신묘년 내가 강가에 정박하니 물이 넘칠 때라. 추 8월 산음에서 도양에 머무니 마침 왕명이 있어서 서울로 갔다.

天寶辛卯歲, 予飄泊江介, 流岩踰時. 秋八月, 自山陰前次東陽, 會有命自天, 召赴京闕.

이라고 하였고 또 「뜰의 사초 노래 서(庭莎賦序)」에는,

천보 10년 나는 사신으로 선택되어 궐하에서 조서를 기다리다.

天寶十載, 予以史臣推擇, 待詔闕下.

라고 했으니 이임보로 인해 선발되지 못하다가 이임보가 죽은 후에야 관운이 트이기 시작했음을 알 수 있다. 이와 같은 설명은 『신당서』 열전에 상세하게 기록되어 있다.

사관 위술이 영사를 추천하여 사관대제로 되니 영사가 전갈에 따라 서울에 이르렀는데 임보가 마침 위세를 휘잡으매 영사는 마침내 굴하지 아니 하자, 더욱 미움 받아 돌연 관직을 면하고 저두간에 왕래하다가 임보가 죽자 다시 하남참군사가 되었다.

史官韋述薦穎士自代. 召詣史館待制, 穎士乘傳詣京師. 而林甫方威福自

攬, 穎士遂不屈, 愈見疾俄免官, 往來鄠杜間. 林甫死, 更調河南參軍事.

이와 같이 이임보의 사망은 소영사로 하여금 활동의 폭을 넓혀준 것이다. 소영사는 4년간 비교적 평탄한 생활 속에서 교유를 넓히며 문물을 작품화하는 중요한 시기로 삼는다.[2]

그러나 천보 14년(755) 안록산(安祿山)이 범양(范陽)에서 반란을 일으키니 소영사는 장안을 떠나 양양(襄陽)으로 피난하였다. 그 피난하던 정황을 다음과 같이 기술하고 있다.

> 변란이 시작되니 나는 기원에 머물다가 처음 솜옷 들고 남으로 가니 파할대는 무너졌고 병이문에 다다르니 대신의 집에는 수레가 없고 울퉁불퉁한 땅에는 지도와 호적을 버렸도다. 저자는 쓸쓸하고 길에는 사람이 드물도다. 도적이 몰아대며 길에 가득하며 달아나는 마부는 없는데 울부짖는 아이들이 있도다. 냇물은 겹겹이 얼어서 매양 건너고 길에는 눈이 쌓여 뒤뚱대며 걷도다. 밤낮으로 내달릴 길밖에 없으니 오직 자나 먹으나 어찌 두려움을 잊었으리오.

> 變之始也, 予旅寓於淇園, 初提挈而南奔, 崩波滑臺, 逼迫夷門, 亡車徒於鼎城, 擯圖籍於輾轅. 市蕭條以罕人, 盜充斥以盈路. 微奔走之僕御, 有啼呼之幼孺. 川層永而每涉, 塗積雪而猶步. 書兮夜兮, 曾莫解於馳騖. 惟寢與食, 曷嘗忘於恐懼. (文集「登宜城故城賦」)

따라서 지덕(至德) 원년(756)에 소영사는 양양에서 남산절도부사(南山節度副使), 소장잘도서기(召掌節度書記) 등을 지낸다. 그러나 그의 심기는

---
[2] 이림보의 사후에 장안(長安)에서 하서참군사(河南參軍事)로 나갈 때 유태진(劉太眞)이 소영사를 송별하는 「送蕭穎士赴東府」序에 「吾徒喟然, 瞻望不及, 賦詩仰餞者, 自相理造・賈邕以下, 凡十二人, 皆及門之選也.」라 하니 그 12인은 곧 相理造・賈邕・劉舟・長孫鑄・房白・元晟・劉沖・劉太眞・姚發・鄭愕・殷少野・鄔載 등이다. (『唐詩紀事』卷27).

편하지 않았으니 그의 「최중서 원에게 보내는 글(與崔中書圓書)」에 보면,

> 나그네 되어 궁한 시기에 다행히 녹을 받다가 필묵을 같이하며 의견을 나누기도 어려워 공연히 생각을 품고 진술할 수 없었다. 막부의 빈객이 되어서 긴 밤을 탄식하며 나도 모르게 눈물을 머금었다.

> 羈窘之辰, 幸忝俸祿, 然任翰墨, 罕參籌議, 徒懷所見, 莫獲申述. 忝職幕賓, 言不見錄, 長宵歎息, 不覺飮淚.

라고 하여 신용을 잃고 심적인 고통을 겪는 상황을 엿볼 수 있게 한다. 그리하여 소영사는 질병에 걸리고 이화의 「소영사의 제문(祭蕭穎士文)」(『全唐文』 권321)에서,

> 건원 3년 2월 10일 고자 조군 이화는 맑은 술잔을 제전에 올려 망우고 양주공조 소난릉공의 영전에 제사 드리나이다.

> 維乾元三年二月十日, 孤子趙郡李華以淸酌之奠, 祭於亡友故揚州功曹蘭陵蕭公之靈.

라고 한 바와 같이 소영사는 여남(汝南)에서 건원(乾元) 원년(760)에 사망하였음을 확인할 수 있는 것이다.

한편 소영사의 성품은 재능만을 믿어 오기가 있고 조급한 면이 있어 처신상 불화가 있었으니 상기한 바 이림보 등 상관에 대한 결례 등이 되겠다. 그러나 결백하고 유속에 물들이 않는 염사(廉士)적 기질이 있기도 하였기에 그 시문의 간결미와 묘사의 청일함이 두드러진다고 할 것이다. 정처해(鄭處誨)의 『명황잡록(明皇雜錄)』(상)에서,

소영사는 개원 23년에 급제하여 재주를 믿고 오만하여 자못 비길 데가 없었다. 항상 스스로 술항아리를 쥐고 교외로 나가서 객사에 쉬면서 홀로 마시며 읽고 읊었다.

蕭穎士開元二十三年及第, 恃才傲物, 曼無與比. 常自攜一壺. 逐勝郊野, 偶憩於逆旅, 獨酌讀吟.

라고 한 것이라든가 당대 범터(范攄)의 『운계우의(雲谿友議)(卷中 李右座條)에서

재상(이임보)이 말하기를 한 소영사란 자 있는데 이미 과거 급제를 욕하며 시세를 경시하여 멋대로 술을 마시면서 명교를 따르지 않는다.

右座(李林甫)曰, 有一蕭穎士, 旣叨科第, 輕時縱酒, 不遵名敎.

라고 한 것에서 그의 품성을 규지할 수 있다. 그리고 그의 「위사업에게 드리는 글(贈韋司業書)」에는 자신의 품성에 대해서 자평하고 있어서 더욱 기묘한 일면을 확인하게 한다. 곧

저는 학식을 닦은 이래로 기호가 적어서 경술 이외에는 대개 마음을 두지 아니 하였다. 어려서 배울 때에 논어, 상서를 전수 받아서 정미하게 이해할 수 없다 해도 여전히 말이 지금에 어긋나지 아니 하면 이에 마음을 열고 뜻을 편히 하여 날마다 천여 말을 외웠다.

僕有識以來, 寡於嗜好. 經術之外, 略不嬰心. 幼年方小學時, 受論語・尙書, 雖未能究解精微; 而依說與今不異. 由是心開意適, 日誦千有餘言.

여기서 소영사는 어려서 경학을 배우고 잡기를 멀리하며 고고한 처신을 하였음을 밝히고 있다. 그의 시문에서 이러한 흥취가 우러나고 있음을

보게 될 것이다.

2. 교 유

소영사는 뛰어난 재주로 인해 양명하게 되고 뜻을 같이 하는 우인의 교왕도 나름대로 적지 않았다. 그의 교우관계를 우인과 후배 등으로 양분하여 살펴보고자 한다. 이화는 「삼현론(三賢論)」(『전당문』 권317)에서,

> 공부시랑 위술, 예부시랑 양준, 여남 소진위경, 영천 진진정경, 천수 윤징지 성명은 모두 소영사에 후덕한 사람들이다. 상서 안공은 명절을 중히 여기고 고우를 돈독히 하여 무정과 어려서 친하였다. 안공은 육거, 유방과 가장 친하고 무정은 조화, 소진과 가장 친하여서 천하가 일컬어 안소지교라 하였다.
>
> 工部侍郎韋述・禮部侍郎楊浚・汝南邵軫緯卿・穎川陳晋正卿・天水尹徵之誠明, 是皆厚於蕭穎士者也. 尙書顔公重名節, 敦故舊, 與茂挺少相知. 顔與陸據, 柳芳最善. 茂挺與趙驊・邵軫最善, 天下謂之顔蕭之交.

라고 하여 소영사와 교분이 있는 인물들을 열거하고 있다. 이제 교분우인들과의 교유관계를 약술하고자 한다.

1) 이화(李華)

이화의 자는 하숙(遐叔)이며 조주 찬황인(趙州贊皇人)이다. 개원 23년(735)에 소영사와 같이 진사에 오른다. 소영사와의 교분은 『당척언(唐摭言)』 권1에서 "이화 원외의 조칠 시어에게 부치는 시에 예전에 소소우로 네사람이 어른 아이로다.(李華員外寄趙七侍御詩, 略曰; 昔日蕭邵友, 四人總成童.)"라고 하였으며, 이화도 소영사의 제문에서 그에게 애도를 표하

면서, "아아. 우정은 평생의 지기로서 마음과 몸이 하나 같으니 세월의 이별은 언 듯 고금을 이루었나니 하늘이 나를 버린 것이로다. 이 아픔 어이 다 지난날을 다듬을 수 있으리오.(嗚呼茂挺, 平生相知, 情體如一. 歲月之別, 俄成古今. 天乎喪予, 此痛何極華疇昔之歲.)"라고 하여 소영사에 대한 절실한 연민을 토로하고 있다.

2) 조화(趙驊)

자가 운경(雲卿), 정주(鄧州) 양인(穰人)이다. 개원 23년에 진사에 급제하여 좌보궐(左補闕)·감찰어사(監察御史)·전중시어사(殿中侍御史)·상서비부원외랑(尙書比部員外郎) 등을 역임하였다. 소영사와의 관계는 이화의 「조칠시어에게 부침(寄趙七侍御)」의 일단에서 확인할 수 있다.

   옛날 소영사와 소진이 교유하는데
   네 사람이 곧 아이가 되었다네.
   문장은 공자의 문하를 부러워하고
   벼슬에 들어서는 상공되기 바랬다네.
   소위경은 죄에 빠지지 않고
   우리들 창끝을 꺾었다네.
   올곧게 홀로 먼저 선도하고
   몸을 일으켜 서울의 다리를 건넜도다.
   이 사람 밝은 세대를 떠나서
   백대토록 관직을 떨쳤도다.
   세상 변고가 일어나 가로질러 흐르니
   그대와 함께 길이 막혀 모욕당함을 슬퍼하노라.

   昔日蕭邵遊, 四人纔成童.
   屬辭慕孔門, 入仕希上公.
   緯卿陷非罪, 折我昆吾鋒.

> 茂挺獨先覺, 拔身渡京虹.
> 斯人謝明代, 百代墜鵷鴻.
> 世故隆洪流, 與君哀路窮.

　이 시는 이별한지 10년 후에 그리운 우정을 토로하고 있기 때문에 대개 대종(代宗) 대력9大曆) 6년(771) 전후의 작으로 본다.

3) 소진(邵軫)

　자가 위경(緯卿)이며 여남인(汝南人)이다. 이들의 관계는 『당척언(唐撫言)』 권1에서,

> 영휘 이후에 문인으로 이름을 드러낸 자는 두 든든한 사람 아니고는 드물다. 대개 친우의 장단점, 문예의 우세로써 갈고 닦아서 조석을 가리지 아니 하고 삶의 기복과 언행의 모든 것을 더불어 함께 하였다.
>
> 永徽之後, 以文儒亨達, 不由兩堅者稀矣. 蓋以朋友之臧否, 文藝之優勢, 切磋琢磨, 匪朝伊夕, 抑揚去就, 與衆共之.

라고 하여 양인이 수학(修學)은 물론 서로의 발전을 위해 상호 격려와 노력을 경주하였음을 알 수 있다.

4) 안진경(顔眞卿)(709~785)

　자는 청신(淸臣)이며 장안인(長安人)이다. 헌부상서(憲部尙書)·어사대부(御史大夫)를 거쳐서 상서우승(尙書右丞)·노군공(魯郡公)을 지냈다. 양인의 관계는 조년에 있었으니 「삼현론」에 "상서 안공은 몡분과 절개를 중히 여기고 고우를 돈독히 여겨서 무정과 어려서 서로 가까이 지내니

천하가 안소지교라 하였다.(尚書顏公重名節, 敦故舊, 與茂挺少相知. 天下謂之顏蕭之交.)"라고 한데서 엿볼 수 있다.

5) 원덕수(元德秀)(696~754)

자가 자지(紫芝)이며 하남(河南)의 하남인(河南人)이다. 개원 26년(733)에 재행제일진사(才行第一進士)로 급제하여 형주남화위(邢州南和尉)와 좌용무군록사(左龍武軍錄事)를 지냈다. 원덕수는 효성이 지극하였는데, 소영사보다 21세 연장으로 소영사와 이화는 그를 형으로 섬겼다.3) 이화는 「삼현론」에서,

> 원의 지행은 도로써 천하의 기틀을 삼는다. 원은 우둔과 지혜를 고루 지녀서 원의 도는 부자의 문하에 달해 있은 즉, 통달한 것이 그 유파인 것이다. 원은 본래 부모에 효도하여 상을 당해 애곡하며 고아를 인자로 어루며 친구의 위급에 희생하며 직분에 임하여 상벌을 분명히 하여 종신토록 빈천하며 천명을 알고 즐겼도다.
>
> 元之志行, 當以道紀天下. 元齊愚智. 元之道及於夫子之門, 則達者其流也. 元奉親孝, 居喪哀, 撫孤仁, 徇朋友之急. 蒞職明於賞罰. 終身貧而樂天知命焉.

라 하여 원덕수의 인품을 극찬하고 있으니 평소 그에 대한 존경심을 알 수 있다.

6) 가지(賈至)

자가 유린(幼隣)이며 하남(河南) 낙양인(洛陽人)이다. 개원 23년(735)에

---
3) 『新唐書』卷202 蕭穎士傳과 『全唐文』卷317의 李華 「三賢論」 참조.

소영사·이화 등과 진사에 급제하여[4] 상서우승(尙書右丞)과 예부시랑(禮部侍郞)·병부시랑(兵部侍郞)을 지냈다. 당대 임보(林寶)의 『원화성찬(元和姓纂)』 권7에 「중서사인·예부병부 두 시랑·경조윤·우상시에 이르다.(至中書舍人·禮·兵二侍郞·京兆尹·右常侍.)」라고 하여 가지의 관로를 밝히고 있다.

7) 위술(韋述)

경조(京兆) 두릉인(杜陵人)으로[5] 중종(中宗) 경룡(景龍) 2년(708)에 진사에 오르고[6] 개원 27년(739)에 국자사업(國子司業)을 거쳐 천보 초에 은청광록대부(銀靑光祿大夫)가 되었다. 소영사와의 교분은 소영사가 진사에 급제한 이후일 것이다. 소영사는 「위사업에게 드림(贈韋司業書)」에서 "갑자기 왕년에 뵐 때를 기억하니 귀하가 말하기를 손대는 으뜸의 진사라 하였는데 그대야말로 그런 사람이도다.(忽記往年奉詣時, 足下云; 孫大所言第一進士, 子則其人.)"라 하니 손대(孫大)란 손적(孫逖)으로서 개원 23년(735) 고공원외랑지공거(考功員外郞知貢擧)에 소영사(蕭穎士)·이화(李華)·조화(趙驊) 등을 선발한 일을 말하는 것이다. 천보 10년(751) 사관(使官) 위술(韋述)이 영사를 사관대제(史館待制)로 추천하였으나 선발되지 못하였다.

그러나 양인의 우의는 깊었으니 위술은 「소십에게 답하는 글(答蕭十書)」(『全唐文』 권302)에서 소영사의 학문적 자세를 칭찬하여, "귀하는 여러 언사를 꿰뚫어 널리 알지 못하는 것이 없으며 하나를 들으면 열을 알고 몰라 묻는 것이 절실하여 항상 깊이 생각하였다.(足下貫穿群言, 靡不該

---

4) 『登科記考』 卷8.
5) 『元和姓纂』 卷2.
6) 『登科記考』 卷4.

覽, 聞一以知十, 切問而近思.)"라고 하면서 소영사의 문재를 "사어가 고아하고 이치기 넓다(詞高理博)"라 하고 '알지 못하는 것이 없다(靡不該覽)'라고 하여 소영사의 탁월한 능력을 강조하였다. 한편 소영사도 위술에게 보내는 「위사업에게 드리는 글(贈韋司業書)」을 보면,

> 저는 귀하를 만난 것은 어찌 단지 백개와 왕찬의 가회나 자산과 연능의 회합만으로 여기겠습니까? 비록 수백 년이 지나도 멀리 서로 바라보며 또한 성글게 헤어져 있지 않으리다.
>
> 僕遇於足下, 豈徒伯啮·王粲之嘉會, 子産·延陵之胎合耶. 雖數百年外, 邈邇相望, 亦不爲遼闊也.

라고 하였으니 두 사람이 망년지교(忘年之交)가 깊었음을 알 수 있다.

한편 후배들과의 교분을 보면 소영사는 선배보다는 후배에게 후의를 베푼 것을 볼 수 있다. 『唐詩紀事』에서는 "소영사는 남의 선을 듣기 좋아하여 후진을 천거함을 임무로 삼았다. 이양빙, 이유경, 황보염, 육위 등은 이로 하여 명사가 된 것이다.(蕭穎士樂聞人善, 以推引後進爲己任. 如李陽冰·李幼卿·皇甫冉·陸渭輩, 由獎自爲名士.)"(권27·李幼卿條) 라고 하여 소영사가 후진 중에 유능한 자를 적극적으로 격려하였음을 밝히고 있으며, 후진의 기량에 따라 본받을만한 점은 솔직히 인정해 주는 포용력을 지니고 있었다. 그러므로 적지 않은 청년 선비들이 소영사를 추종한 것이다.

8) 유태진(劉太眞)(725~793)

자가 중적(仲適)이며 금릉인(金陵人)이다. 정원(貞元) 3년(787) 예부시랑(禮部侍郎)까지 지냈다. 태진이 소영사를 받든 사실은 다음의 「양상공에

게 올리는 글(上楊相公啓)」(『全唐文』권395)에서 볼 수 있다.

> 엎드려 생각하건대 조년에 장강 가에 궁거하면서 널리 경전을 보아도 근원을 다 알지 못하였는데 천보 중에 일찍이 고 양주고공조 난릉 소군을 만나서 언어와 문학을 사승 받았다. 그러나 가정이 빈한하고 세상이 어지러워 끝내 그것을 이기지 못하였다.
>
> 伏念早年僻居江介, 泛窺經典, 莫究宗源, 天寶中, 嘗遇故揚州功曹蘭陵蕭君, 語及文學, 許相師授; 而家貧世亂, 不克終之.

여기서 세란(世亂)은 안록산(安祿山)의 난이며, 태진이 올린 계(啓)의 대상은 양관(楊綰)이다. 한편 소영사 역시 태진의 재능을 높이 평가하였다.

9) 육엄(陸淹)과 정악(鄭鄂)

정악은 천보 12년(753)에 진사에 급제하였는데, 『唐詩紀事』에 소영사를 전송하는 시 한 수가 수록되어 있다.[7] 소영사는 그의 "강에 단풍이 있어(江有楓)"서에서 「강가의 단풍나무는 육엄과 정악 두 벗이 오지에서 옛 교유하며 참소를 미워하던 일을 그리워한 것이다. 두 방 사이엔 척수라는 단풍나무가 있었는데 강남의 단풍과 모양이 비슷하거늘 그 아래에서 쉬면서 이 시를 지어 그대들에게 주노라.(江有楓. 思陸鄭二友吳會舊遊, 且疾讒也. 二室之間有樲樹焉, 與江南楓形胥類, 憩於其下, 而作是詩, 以貽夫二三子焉.)」라고 하여 강가의 단풍나무를 보고 육엄과 정악을 그리며 옛날 놀던 때를 노래한다고 하였다. 그리고 그 시의 제6장에서는 "내 친구가 있는데 저 사람은 육의 아들로 솔 같고 구기자 같아서 정숙한 문답이 그지 없도다.(我朋友在矣, 彼陸之子, 如松如杞, 淑問不已.)"라 하여 육엄의

---

[7] 『唐詩紀事』 卷27에 「送蕭穎士詩」 一首 수록.

곧고 맑은 성품을 노래하였고, 또 제7장에서는 "내 벗 우정은 정악의 아들이다. 구슬 같고 꽃 같으며 덕음이 고명과 같다.(我友于征, 彼鄭之子(自註; 愕也). 如琇如英, 德音孔明.)"라 하여 정악의 인품을 옥 같고 꽃답다고 하였으며, 제8장에서는 "我思震澤, 菱芡幕幕, 我思剡溪, 杉蒢萋萋, 寤寐無迷."라고 하여 소영사가 육엄의 고향인 「진택(震澤)」을 써서 육엄을 노래하고 있다.

Ⅱ. 시문계년(詩文繫年)

소영사의 문집은 『숭문총목(崇文總目)』에 『소영사문집(蕭穎士文集)』(10권)의 목록이 있는데, 『신당서』예문지와 『송지(宋志)』에도 이와 같다. 그리고 『당지(唐志)』에는 『양신집(梁新集)』(3권)이 있다. 조공무(晁公武)의 『군재독서지(郡齋讀書志)』와 진진손(陳振孫)의 『직재서록해제(直齋書錄解題)』에 모두 10권이라 한 것을 보아 양송간에도 소영사집이 완전히 산실된 것은 아니다. 이화의 집서에서는 "문집 열 권이 세상에 유행하니 그 편목이 있지만 장구가 일실되어 옛날 소위 뜻은 있으되 그 사어가 없다의 경우인 것이다.(有文十卷行於世, 其篇目雖存, 章句遺逸, 古所謂有義而無其辭者也.)"라 하여 그 산실이 적지 아니함을 애석히 여겼다. 따라서 원명 이래로 저록이 보이지 않았는데, 청대의 육씨벽송루(陸氏皕宋樓)와 정씨선본서실((丁氏善本書室)에 구초본(舊抄本)이 있다함은 그 근거가 명확하지 않다.8) 『사고전서(四庫全書)』는 이 판본을 근거로 기록하기를,

단지 부 9편, 표 5편, 첩 1편, 서 5편, 서 5편일 뿐 ,이른 바 그 〈최원에 주는 글〉은 지금 문집에 등재되지 않았다. 서록해제의 이른 바 〈유병

---
8) 완만(萬曼)의 『唐集叙錄』, 74면.

서)도 지금 일실 되었다. 그리고 후인이 문원영화, 당문수 등 여러 책에서 골라서 문집을 만들었으나 10권의 옛 문집대로 복원하지는 못하였다.

> 僅賦九篇・表五篇・牒一篇・序五篇・書五篇,史稱其與崔圓書,今集中不載.書錄解題所云柳幷序, 今亦佚之. 又後人抄撮文苑英華・唐文粹諸書而成, 非復十卷之舊矣.

라고 하여 초본의 본래 문집이 아니고 제서에서 초사한 과정을 거쳐 나왔음을 기술하고 있다. 또한 팔천권루서목(八千卷樓書目)에는 성씨간본(盛氏刊本)이 있다고 하는데9), 성씨간본 말미의 「청대 광서 병신 10월 하한 성의표 발문(淸光緖丙申十月下澣盛宣懷跋文)」에는 소영사 작품이 산재되어 있는 상태가 나쁘고 그 수집 또한 용이치 않음을 밝히고 있다. 이제 다음에 판뤼치창(潘呂棋昌)의 『蕭穎士硏究』(臺灣 文史哲出版社)에 의거하여 그의 시문학 시기를 개관하고자 한다.

(1) 「몽산시(蒙山詩)」; 시에 "동몽의 진해소는 합답에서 백여 리이네.(東蒙鎭海所, 合沓餘百里.)", 그리고 말 연의 "마침 계림의 영예 좇느라 도원의 미를 볼 겨를이 없도다.(方馳桂林譽, 未暇桃源美.)"로 보아 진사에 등제한 시기인 개원 23년(735)의 작으로 본다.

(2) 「중양 날에 원노산 덕수를 모시고 북성에 올라 갓 개인 날을 보며 작별하여 드림(重陽日陪元魯山德秀登北城矚對新霽因以贈別)」; 시제의 자주(自注)에 "이 시기에 원형이 자주 벼슬의 뜻이 있음(時元兄屢有掛冠之意)"라 했는데, 이는 통감(通鑑) 권214의 "개원 23년 춘 정월에 노산영 원덕수가 오직 악공 몇 명으로 위 땅에서 소매 여미며 노래하다.(開元二十三年春正月, 魯山令元德秀惟樂工數人, 運袂歌于蔿.)"와 상통한다.

(3) 「양주의 이장사가 황태자 책립의 축하를 위한 표문(爲揚州李長史賀立皇太子表)」; 현종이 태자를 책봉한 일은 두 번이 있는데, 하나는 개원

---

9) 주8과 동일.

3년이니 소영사가 출생 전이며, 또 하나는 개원 26년 칠월 기사(己巳)(738)에 충왕(忠王) 여(璵)를 책봉한 일이다.

(4) 「진정경이 상서를 잇도록 하기 위한 표문(爲陳正卿進續尙書表)」; 글 속에 "개원성문신무황제(開元聖文新武皇帝)"라고 하였는데, 이러한 호는 개원 27년에서 29년에만 쓰인 것이며, 소영사 자신은 개원 29년에 사부전선(史部銓選)에 부임하였다. 그러므로 개원 29년(741) 작으로 본다.

(5) 「위사업에 드리는 글(贈韋司業書)」; 위술이 개원 27년에 국자사업이 되는데10), 글 속에 "일찍이 비서성의 한 관직을 얻기 원한 바, 봉래. 열전적과 교리 등 이런 직에 올랐는데 이제 절망하였다.(嘗願得秘書省一官, 登蓬萊・閱典籍, 校理是司, 於今絶望.)"라고 하니 소영사가 비서정자(秘書正字)가 된 것은 천보 원년이므로 이 글은 임명되기 직전, 즉 개원 29년(741)에 쓰여진 것이다.

(6) 「추상선에 답함(答鄒象先)」;『唐詩紀事』권22 (추상선조)에 "상선이 임환위가 되니 소영사는 서울에서 동으로 귀환하지 않았으니, 상선과 동년생이다. 시를 지어 보내니 이듬해 소영사가 비서정자가 되매 상선이 시를 부치어 지난 일을 다시 썼다.(象先尉臨渙, 蕭穎士自京邑無成東歸. 吏象先同年生也, 作詩贈之, 來年蕭補正字, 象先寄詩, 重述前事.)"라 했고 천보 원년에 비서정자에 임명되니 이 시기의 작이다.

(7) 「임하성에 올라서(登臨河城賦)」; 서에 이르기를 "천보 원년 추 팔월 절도사를 받들어 세상에 남겨진 책을 구하려고 임하의 구읍에 머물면서 열람하며 더 슬퍼지니 흐느끼며 부를 짓다.(天寶元年秋八月, 奉使求遺書於人間, 屆於臨河之舊邑, 覽物增懷, 泫然有賦.)"

(8) 「이청하에게 다시 답하는 글(重答李淸河書)」; 이청하는 이등(李登)으로 천보 초에 청하태수를 지냈다.(『舊唐書』권187・『新唐書』권191) 본문 중에 "모는 아뢰노라. 임청부마 마원이 창락에 이르러 주급을 받들다.(某白; 臨淸傅馬遠至昌樂, 奉問及.)"라 하니 여기서 임청(臨淸)은 청하(淸河)의 남방이며 청하와 같이 패주(貝州)에 속한다. 창락(昌樂)은 임청의 남방에 있으며 위주(魏州)에 속한다. 천보 원년 추팔월 소영사가 복양(濮陽)에 머물렀는데 이곳은 창악의 남쪽에 있으므로 이 시기로 본다.

---

10) 『舊唐書』권102 韋述傳.

(9) 「국화꽃 5장(菊榮五章)」; 서에 "국화꽃은 이별의 정을 드려서 뜻을 편 것이다. 오래 큰 읍에 머물며 어진 재상 송후가 자혜로이 베풀어주시니 우는 매미를 노래하여 작별하노라.(菊榮, 酬贈離, 且申志也. 久寓大邑, 賢宰宋侯, 惠而好予, 賦鳴蟬以貺別.)"이라 하니 송후(宋侯)는 복양재(濮陽宰) 송화(宋華)를 가리킨다. 『전당시』 권257의 송화의 「매미 울음 5장(蟬鳴五章)」서에 "매미가 우니 가을의 흥취가 나서 귀향함을 송별하노라. 편벽한 외방의 읍을 지키면서 …… 시를 지어 뜻을 보이고 드리노라.(蟬鳴, 感秋興, 送將歸也. 守僻外邑, …… 賦詩見志, 以申贈焉.)"이라 한 것으로써 앞의 작품과 동시기로 본다.

(10) 「앵두나무(代櫻桃樹賦)」; 서에 "천보 8년 나는 이전에 교리직에서 파면되어 광릉대부군사의 자참으로 강등되고 자극궁의 도학관에 기거했는데 조정 우편에 큰 앵두나무가 있었다.(天寶八載, 予以前校理罷免降資參廣陵大府軍事. 寓居於紫極宮之道學館. 朝庭之右, 有大櫻桃樹.)"에서 보듯이 이 작품은 천보 8년(749)에 지었다.

(11) 「백한부(白鷴賦)」; 서에 "天寶辛卯歲, 予飄泊江介, 流岩蹤時. 秋八月, 自山陰前次東區.(이미 인용되어 한역했음)"라고 한 데서 신묘(辛卯)는 천보 10년(751)에 해당한다.

(12) 「정사부(庭莎賦)」; 서에서 "天寶十載, 予以史臣推擇, 待詔闕下."(이미 인용)라고 기록한 것에서 소영사는 천보 10년에 참군사를 원하여 동 12년에 河南府로 나가고 이듬해에 사직한다. 따라서 이 글은 사직한 이듬해인 천보 12년(753)의 작이다.

(13) 「江有歸舟三章」; 序에 "여름 5월 경락으로 돌아갔다가 강가로 돌아오다.(夏五月, 廻棹京洛, 告歸江表.)"라 하니 유태진(劉太眞)과 윤징(尹徵)이 함께 진사에 급제한 것이 천보 13년(754)이므로11) 그 해 5월의 작이다.

(14) 「蓬池禊飮序」; 서에 "천보 을미세 모춘 3월 봉지에서 술 마시다.(天寶乙未歲暮春三月, 帳飮於蓬池.)"라 하니 을미세는 천보 14년(755)이다.

(15) 「登宜城故城賦」; 제주(題注)에 "병신년에 양양으로 내려갔다가 장절도서기로 막부 원공을 모시고 강릉으로 가서 짓다.(丙申歲避地襄陽, 見召掌節度書記, 陪幕府源公赴江陵作.)"라 하였는데 병신세는 숙종(肅宗)

---

11) 『登科記考』卷9.

지덕(至德) 원년(756)이다. 원공(源公)은 원유(源洧)로 그 당시 산남절도 부사(山南節度副史)와 강릉장사(江陵長史)를 역임하였다.

Ⅲ. 문학사상

소영사는 박학다식하여 이화는 「삼현론」에서 "학식이 넓고 치우치지 않으며 그 관통함이 더욱 정밀하다.(學廣而不偏精, 其貫穿甚於精者.)"라 하였고, 소영사도 「贈韋司業書」에서 "나이 30세에 수천 권을 독서하다.(行己三十年, 讀書數千卷.)"·"除經史老莊之翫, 所未忘者有評析古賢, 儒釋典己."(이미 인용)라고 했으며, 「伐櫻桃樹賦序」에서는 "지궁의 도학관에 우거하여 이로 인해 그 교직을 다스리다.(寓居於紫宮之道學館, 因領其教職焉.)"라 하니 소영사가 유석도(儒釋道) 삼교에 정연하였음을 알 수 있다.

따라서 그를 "삼교에 해박하다(該博三教)"[12]라 칭하였으나, 소영사 자신도 유술이 자기 학문의 근본임을 자처하였다.(「贈韋司業書」 참고) 따라서 그의 문학도 기술한 바와 같이 선진의 시종을 접하는 그 당시로서는 별개의 시작유형을 추구하였다고 본다. 지금까지 그의 시는 제외하고 그의 산문에서 그의 문학 장점을 찾는 이유도 여기에 있는 것이다. 사상으로는 진자앙의 풍아를 좋아했고 아래로는 독고급(獨孤及)이나 양숙(梁肅)·한유(韓愈)의 재도설(載道說)을 유도하였다.

먼저 연원 관계를 보면 소영사의 문학사상은 멀리는 유협(劉勰)과 소작(蘇綽)·왕통(王通)[13] 그리고 초당 이백약(李百藥)·위징(魏徵)·이연수(李延壽)의 영향을 받았지만 가까이는 왕발(王勃)의 경국론(經國論)과 문장에 관한 이론에 계시를 받았고 직접적으로는 진자앙(陳子昻)·노장용(盧藏用)·

---

12) 『朝野僉載』 卷6
13) 劉勰의 『文心雕龍』 卷1과 蘇綽에 대해서는 『周書』 卷213 蘇綽傳.

부가모(富嘉謨) 등의 영향이 크다고 할 것이다. 진자앙 등의 영향은 『新唐書』(蕭穎士傳)에서 "당세를 칭할만한 자로 진자앙, 노장용, 부가모의 문장인 것이다.(所許可當世者, 陳子昻·盧藏用·富嘉謨之文辭.)"(권202)라고 한 것이라든가, 이화의 소영사 문집서에서 "근일에 진습유 자앙은 문체가 가장 엄정하다.(近日陳拾遺子昻, 文體最正.)"(『全唐文』 권315)라고 한 평가에서 소영사의 존숭의식과 사승관계를 확인하게 된다.

따라서 소영사의 문학사상은 내용상 경서를 숭앙하고 도덕관을 중시한 점에 주안해야 할 것이다. 이것은 그의 시작 분석에서도 같은 맥락에서 보게 되는 근거로 삼을 것이다. 먼저 전자의 경우는 소영사 자신이 말한 바 "저는 학식을 배운 이래로 기호에 밝지 못해서 경술 이외에는 대개 마음을 두지 않고 있습니다.(僕有識以來, 寡於嗜好, 經術之外, 略不嬰心.)"(「贈韋司業書」)에서 경학에 대한 강한 집념을 읽을 수 있으며, 또 이화의 「삼현론」에서 "나의 뜻은 마땅히 고대로 금세를 바꾸는 것이니 문은 아상의 지당함을 회복하고 시는 백대를 거쳐 갖춘 것을 근본으로 할 것이라.(蕭之志行, 當以中古易今世. 文方復雅商之至當, 以律度百代爲己任.)"라고 한데서도 상고적 심지를 확인할 수 있다.

한편 후자의 경우는 소영사가 유가적 의식의 윤리관을 추구하였다는 것이다. 부재(符載)의 「소존묘지명(蕭存墓誌銘)」을 보면 "영사는 자가 무정인데 특히 총명하여 시서예악과 황제 패왕의 술수가 정통하였다.(穎士字茂挺 特達聰明, 以詩書禮樂, 皇帝覇王之術爲己任.)"(『全唐文』691)라고 하여 시서에 능통하였음을 알 수 있다.

IV. 시의 분석

기설한 바와 같이 소영사의 현존시는 15제 41수이다. 그 시체를 구분해

보면 다음과 같다.(『全唐詩』 권154)

형 식	詩經體의 四言	三·四言雜體	五言古體	五言律詩
작품의 수	21	4	12	4

그리고 소영사의 시를 주제별로 분류하면 다음과 같다.

주 제	懷友	別情	宴樂	諷刺	贈酬	敍景	隱居
시 수	14	8	7	3	6	2	1

이상과 같은 분류를 통해 소영사 시의 특성을 살펴보고자 한다.

1. 시체(詩體)의 복고풍(復古風)

소영사의 시는 마치 시경의 국풍을 읽는 것 같다. 이것은 기설한 바 소영사의 사상에 근거한다. 이화는 소영사의 문집서에서 철저한 숭경복고(崇經復古)의 의식을 다음과 같이 설명하고 있다.

> 소영사는 생각하기를 육경 이후에 굴원과 송옥이 있어서 문이 자못 웅대하나 경서답지는 않았으며 그 후로는 가의가 있어 문사가 가장 바르고 설리체에 가깝다. 매승, 사마상여 또한 아름다운 재사이지만 풍아에 가깝지 아니 하다. 양웅은 용의가 자못 깊고 반표는 이치가 있고 장형은 웅대하고 넓으며 조식은 풍섬하고 왕찬은 초일하며 혜강은 표거하다.
>
> 君以爲六經之後, 有屈原·宋玉, 文甚雄而不能經, 厥後有賈誼, 文詞最正, 近於理體. 枚乘·司馬相如亦瓌麗才士; 然而不近風雅. 揚雄用意頗深, 班彪識理, 張衡宏曠, 曹植豐贍, 王粲超逸, 嵆康標擧.(『全唐文』 315)

이밖에 소영사 자신도 "평생 글 짓는데 그 격조가 속되지 않다. 무릇 본받음이 반드시 고인을 바랄진대 위진 이래로 이에 마음을 두지 않았도다.(平生屬文, 格不近俗. 凡所擬議. 必希古人, 魏晋以來, 未嘗留意.)"(「贈韋司業書」)라고 하여 그의 상고(尙古) 의식을 나타내고 있다. 그러므로 그의 시가 4언체를 쓰고 있는 것이 신기할 정도이다. 이러한 작품을 예로 들자면14) 다음과 같다.

「江有楓, 其葉蒙蒙」句(「江有楓」)
「想彼槭, 亦類其楓」句(「江有楓」)
「采采者菊, 芬其榮斯」句(「菊榮」)
「習習凉風, 冷冷浮飇」句(「凉雨」)
「有竹斯竿, 于閤之前」句(「有竹」)
「夏之日, 炎景斯鬱」句(「有竹」)
「江有歸舟, 亦瀰其流」句(「江有歸舟」)

소영사가 이러한 시체를 구사한 근거는 그 자신이 「강에 돌아가는 배가 있네(江有歸舟)」서에서 피력한 것으로 더욱 명백히 알 수 있는데,

전범을 본받는데 힘쓰면 덕의를 기름지게 할 따름이다. 문이라는 것은 형사를 받들어서 대구를 맞추어 기이하고 화미한 데에 빠지는 것을 말하는 것이 아니니 그 말에 있어서 반드시 옅으면서 경박하게 된다.

所務乎憲章典法, 膏腴德義而已. 文也者, 非云尙形似. 以局夫儷偶, 放於奇靡. 其於言也, 必淺而乘矣.

라고 한 것은 소영사가 작시의 방향을 상고적인데 둔 이유이다. 이제 「강

---

14) 四言의 시경체를 가진 시로는 「江有楓一篇十章」・「菊榮一篇五章」・「凉雨」・「有竹一篇七章」・「江有歸舟三章」 등이 있음.

에 단풍이 있네(江有楓)」의 제4장을 보겠다.

    동쪽에서 놀고 언덕으로 가네
    산이며 물이며 사당이며 절에 가네.
    정자에서 동네에서 군자는 논다네
    연회에 기뻐하니 그 즐거움이 대단하도다.

    東可遊矣, 會之丘矣.
    于山于水, 于廟于寺.
    于亭于里, 君子遊焉.
    于以宴喜, 其樂亹亹.

  이 시의 3~7구에서 「于」는 허사로서 발어사의 역할을 하는 시경의 기법인데, 이러한 묘사는 소영사의 작품에서 흔히 보인다.

    「我友自東, 于以遊從」(「江有楓」)
    「我友徂北, 于以休息」(「江有楓」)
    「采采者菊, 于邑之城」(「菊榮」)
    「采采者菊, 于邦之府」(「菊榮」)
    「采采者菊, 于賓之館」(「菊榮」)
    「有竹斯竿, 于閣之前」(「有竹」)
    「有竹斯竹, 于閣之側」(「有竹」)
    「稱觴燕喜, 于岵于屺」(「江有歸舟」)

  이외에도 첩어용례 또한 적지 않은데, 시경 「谷風」의 「習習」구를 쓰는 경우를 위시하여 4언시에서의 2첩어에 뛰어난 묘사법을 강구하고 있다. 예를 들면

    其葉蒙蒙(「江有楓」一)
    其葉漠漠(「江有楓」二)

其樂嚢嚢(「江有楓」四)
其樂徐徐(「江有楓」五)
菱芡幕幕(「江有楓」七)
杉蒢萋萋(「江有楓」七)
采采者菊(「菊榮」一章)
習習涼菊(「涼雨」)
冷冷浮颰(「涼雨」)

2. 묘사의 비흥법(比興法)

시경의 부비흥법(賦比興法)을 소영사의 시에서 활용하는 것은 당연한 일이다. 시경의 비흥에 대해 여기서 다시 거론할 필요는 없을 것이다. 소영사의 「강에 단풍이 있네(江有楓)」과 「국화꽃(菊榮)」을 보기로 한다.

먼저 「江有楓」은 강가에 서 있는 단풍나무를 보고 정악(鄭愕)과 육엄(陸弇)이 생각나서 읊은 것이다. 그 1·2장을 보면 다음과 같다.

강에는 단풍나무
그 잎이 무성하도다
나의 벗 동쪽에서
따라와 같이 노네.

江有楓, 其葉蒙蒙.
我友自東, 于以遊從.(一章)

산에는 낙엽나무
그 잎이 한이 없도다.
나의 벗 북쪽에 가서
거기서 휴식한다네.

山有櫟, 其葉蒙蒙.
我友徂北, 于以休息.(二章)

이것은 비(比)에 해당한다. 그러나 같은 시의 3장인,

저 낙엽나무 생각하니
또한 그 단풍나무 닮았도다.
하물며 그 사람 그리워하여
동쪽 길을 잊었도다.

想彼櫟矣, 亦類其楓.
矧伊懷人, 而忘其東.

이 시는 벗을 그리는 마음이 직설적으로 묘사된 부(賦)가 된다. 이러한 시인의 마음은 그의 시서(詩序)에 잘 표현되어 있다. 다시 말하면 현인의 언행을 돌아보며 두 우인을 상기하는데, 비유의 매개체로 단풍나무를 이용한 것이다. 다음은 「국화꽃(菊榮)」이다.

국화를 따는데 그 꽃이 향기롭도다.
보라 빛 꽃에 노란 꽃받침이
붉은 지대 뜰에 밝게 빛나도다.
진실한 군자는 몸에 걸친 의패가 어울리도다.
임금은 나라의 기강이요 대군은 보좌로다.
그대 자손에게 백록이 무성하리라.

采采者菊, 芬其榮斯.
紫英黃萼, 照灼丹墀.
愷悌君子, 佩服攸宜.
王國是維, 大君是毗.
貽爾子孫, 百祿萃之.(一章)

소영사는 이 시의 서에서 "국화꽃은 이별의 증수로 마음을 편 것이다. 오래 대읍에 거하며 현재 송후는 나에게 은혜 베풀고 좋아하였으니 우는 매미소리로 작별을 표한다.(菊榮, 酬贈離, 且申志也. 久寓大邑, 賢宰宋侯 惠而好予, 賦鳴蟬以貺別.)"라 하여 송후(宋侯)의 은혜에 감사 답신의 형식을 취하였다. 1장에서는 국화꽃을 비유한 비흥법을 쓰고 있는데, 자손이 잘되기를 기원하며 백록(百祿)을 축원하고 있다. 또한 동시의 2장을 보면,

> 국화를 따는데 읍내의 성에서 하네
> 옛 뿌리와 새줄기에
> 잎이 나고 꽃이 드리웠네.
> 저 아름답고 정숙한 여인은
> 시집에 어울리는 기둥이라네.
> 악기의 현이 이미 울리니
> 우리의 정치는 곧 태평이라네.
> 그대 높으신 동량재들이여
> 반드시 그 경사 얻으리라.

> 采采者菊, 于邑之城.
> 舊根新莖, 布葉垂英.
> 彼美淑人, 應家之楨.
> 有弦旣鳴, 我政則平.
> 宜爾棟崇, 必復其慶.

라고 하여 여기서의 국화는 그 뿌리와 줄기가 조화되어 잎이 퍼지고 꽃이 드리워지듯 가정의 길조가 드러나 우리가 바르고 평화롭게 되어 경사가 있을 것이라는 기축을 하고 있다. 이는 소영사가 한 송이의 국화꽃을 통하여 절개와 근면·집념의 신조를 표출한 것이다.

3. 간직(簡直)의 도덕성

소영사는 성당대의 안일과 나태한 도덕의식을 경계하면서 유속에 빠지지 않으려고 노력하였다. 그리하여 그 기개를 지키기 위해서 타인에게 오만하고 고고한 모습을 보였을 것이다.

그러나 그것은 당시 정치와 사회현실에 나타난 불의와 부회(附會)에 대한 불만의 표시였다. 소영사 자신이 쓴 「위사업에 드림(贈韋司業書)」에 보면 관리의 부도덕성을 신랄하게 비판하고 있다. 다음은 소영사의 「강에 돌아가는 배 있네(江有歸舟)」를 보고자 한다.

> 강에는 돌아가는 배가 있고
> 그 강물이 어지러이 흘러가네.
> 그 사람 돌아가는데
> 아름다운 이름 크고 선하도다.
> 왕정에 이름 드날려
> 그 덕성 더욱 빛내리라.

> 江有歸舟, 亦亂其流
> 之子言旋, 嘉名孔修.
> 揚于王庭, 允焯其休(一章)

이 작품에서는 혼란한 역경 속에서도 난류에 휘말리는 배처럼 방황하지 말고 명예를 지키고 발양할 것을 강조하고 있다. 이 시의 서에서는 "도를 존중하고 덕을 이루나니 엄한 스승 참 어렵도다.(尊道成德, 嚴師其難哉)"라고 하여 도덕의 중요성을 밝히고 있는데, 이를 통해 이 시의 작시 의도를 알 수 있다. 계속해서 2장과 3장을 보도록 한다.

배는 이미 돌아갔고
사람 또한 영화롭도다.
형제들이여 효도를 행하여라.
초목 우거진 산에서도 민둥산에서도
기쁜 잔치하며 술잔을 높이 드네.

舟旣歸止, 人亦榮止.
兄矣弟矣. 孝斯踐矣.
稱觴燕喜, 于岵于屺.(二章)

저 돛대 올려 배를 띄우니
바람이 더욱 이는구나.
저 빛나는 어르신네
학문이 더욱 빛나리라.
내 그 뜻 마음에 새겨서
힘써서 잊지 않으리라.

彼遊惟帆, 匪風不揚.
有彬伊父, 匪學不彰.
予其懷而, 勉爾無忘.(三章)

    여기서 2장은 난류를 뚫고 목적지에 도착한 배를 통하여 부도덕의 흐름을 극복하고 절개와 정의를 지키는 영광 속에 효도 있는 가정의 경사를 노래한다. 3장은 돛배가 가는데 바람이 일듯이 도덕의 규범을 지키고 배우는 노력과 그 사표를 생각하고 잊을 수 없는 고귀한 지조를 중시하여 강조한다. 이러한 개선의 자세는 그의 서에서 "아아. 그는 나를 편벽되다 하고 너는 나를 바르다하여 같은 소리로 서로 바라는도다. 이후론 내가 먼저 어이 묻지 아니하리오. 물어서 가르치고 가르쳐서 순응하고 순응하여 통달하도다.(於戲. 彼以我爲僻, 爾以我爲正, 同聲相求, 爾後我先, 安

得而不問哉. 問而敎, 敎而從, 從而達.)"라고 하여 상호개선과 노력을 요구하였으니, 이것이 곧 '同聲相求'가 되는 것이다.

  소영사가 복고적 도덕의식에서 고문운동을 열어주고 선진(先秦)의 시를 구사하며 관로의 부패와 타락을 유도적 입장에서 경계하였지만, 성당의 문풍은 도선의 풍류에 심취되어 있었기 때문에 편벽된 삶을 영위할 수밖에 없었다. 그러므로 그는 환멸과 은둔이라는 길을 택하게 되고 관로가 막히게 되어서 도덕관의 괴리에서 오는 귀전적인 의향을 낳게 된다. 그것이 그의 시에서 표출되고 있으니「산장의 달밤(山莊月夜作)」을 보면,

> 임금에 문서 드리는 일 집어치우고
> 지치고 옹졸하여 전원으로 돌아왔네.
> 그 일이 이치에 맞는다고 여기니
> 장차 공야장의 새소리 내는 뜻에 맞추리라.
> 뽕나무·느릅나무가 저녁 풍경에 맑게 어울리고
> 닭과 개소리가 먼 마을에서 응답하네.
> 누에치는 일 끝내니 마을이 평온하고
> 보리 거두니 들판이 시끄럽네.
> 냇물소리는 베개와 대자리에 이어져 있고
> 산에서 오는 비는 섬돌과 난간에 떨어지네.
> 동산의 기녀가 연주하기도 전에
> 먼저 북해의 술잔을 기울이네.
> 언덕의 오이 향기롭게 익어가고
> 뜰 안의 과일은 익어서 풍성하네.
> 야인의 마음 더욱 기쁘니
> 농사하는 얘기 속에 날이 저물도다.

> 獻書嗟棄置, 疲拙歸田園.
> 且事計然策, 將符公冶言.
> 桑楡淸暮景, 鷄犬應遙村.
> 蠶罷里閭晏, 麥秋田野喧.

澗聲連枕簟, 峰勢入階軒.
未奏束山妓, 先傾北海尊.
隴瓜香早熟, 庭果落初繁.
更悒野人意, 農談朝竟昏.

처음부터 끝까지 야인으로서의 자세를 견지하여 혼탁한 현실에서 초월하여 은둔하고자하는 심정이 보인다. 내심의 웅지와 호방을 잃지 않으려 하지만(6·7연) 현실과 괴리된 심신의 현시점에서는 농촌의 소담(笑談)으로 하루를 점철시킬 수밖에 없었을 것이다.

소영사는 천재적인 문장력을 지니고 있고 결백한 성품을 지녔으며 복고풍의 창작을 했지만 평가의 핵에서 벗어난 이유는 시류를 긍정하면서 영역을 확보하는 문학세계를 형성하지 못한 때문이다. 이백이나 두보와 동시대를 살면서 교유의 폭을 그들과 맺지 못한 것도 살펴야 할 소영사가 지닌 문제점이 될 것이다.

V. 후인에의 영향

소영사의 문학사상이 후인에게 준 영향 관계를 부언하며 본고를 맺으려 한다. 소영사는 중당에 개화하는 고문운동을 유도하여 그 모범을 보여주었다. 즉, 이것은 상기한 그 시의 독특성에서 보여주고 있는데 그 의식이 철저함을 통해 그것을 확인할 수 있다. 그리하여 유도(儒道)를 부흥시켜 국교인 도교적 문풍에 경종을 울렸으며, 따라서 문장의 복고에 대한 절실성을 강조하였다. 양숙(梁肅)의 「이한전집서(李翰前集序)」에는 그 변풍(變風)의 조류를 다음과 같이 말하고 있다.

당은 천하에 근 200년 있으면서 문장은 세 번 변화가 있었다. 처음은 진자앙이 풍아로써 부허하고 사치함을 개혁하고 다음은 장열이 굉대와 무성함으로써 파란을 넓혔다. 천보 이후에는 이원외, 소공조, 가상시, 독고상주가 견주어 나오니 고로 그 도가 더욱 성하였다.

> 唐有天下幾二百載. 而文章三變; 初則廣漢子昂以風雅革浮侈, 次則燕國公張說以宏茂廣波瀾. 天寶以還, 則李員外・蕭功曹・賈常侍・獨孤常州比肩而出, 故其道益熾.

여기서 소영사에 이르러 명실상부하게 문장의 본면을 회복할 수 있는 기틀을 마련하였음을 알 수 있다.

소영사가 영향을 준 자로는 이화(李華)・가지(賈至)・안진경(顏眞卿)・한회(韓會)・진진(陳晉)・이주(李舟)・배도(裵度) 등을 들 수 있다. 이제 그들과의 영향 관계를 개괄하고자 한다.

(1) 이화(李華); 이화는 스스로 소영사에게 사승했다고[15] 하였듯이 양인은 중당 고문운동에 길잡이 역할을 담당하였다. 독고급(獨孤及)은 「李華中集序」에서 "천보 중에 공은 난능 소무정, 장낙 가유기와 우뚝 일어나서 중고의 풍격을 떨치니 문덕이 크게 되었다.(天寶中, 公與蘭陵蕭茂挺, 長樂賈幼幾, 勃焉伏起, 振中古之風, 以宏文德)"(『唐文粹』권92)이라 하여 성당대의 고문가로서의 위치를 말해준다.

(2) 가지(賈至); 소영사와 이화의 단짝으로 개원 23년 진사에 같이 급제하였다.[16] 가지의 「양관의 주공거를 의론하는 상소문(議楊綰條奏貢擧疏)」에 보면,

> 지금 응시자들은 첩자로 정통을 삼아서 담긴 뜻을 익히지 않으니 어찌 노함을 바꾸고 과오를 고치는 도리를 알 수 있겠는가? 글을 보는 자

---

15) 『唐摭言』卷五總論.
16) 『唐文粹』卷92, 獨孤及의 「李華中集序」.

들은 성병으로 시비를 삼아 단지 부염함만을 택하니 어찌 풍속을 개혁하여 천하를 교화시킬 줄 알겠는가? 이로써 위로는 그 근원을 잃었고 아래로는 그 유속을 답습하여 물결을 타고 출렁대어 그칠 바를 알지 못하니 선왕의 도리는 행해질 수가 없다. 선왕의 도가 사라지면 소인의 도가 자라고 소인의 도가 자라면 난신과 도둑이 여기서 생긴다. 신하가 왕을 시해하고 아들이 부친을 죽이는 일이 일조일석에 일어나는 것이 아니고 그 요인이 점차 나오는 것이다.

  今試學者以帖字爲精通而不窮旨義. 豈能知遷怒移過之道乎? 考文者以聲病爲是非, 而惟擇浮艶, 豈能知移風易俗, 化天下之事乎? 是以上失其源, 而下襲其流, 乘流波蕩, 不知所止, 先王之道莫能行也. 夫先王之道消, 則小人之道長 ; 小人之道長, 則亂臣賊子由是生焉, 臣弑其君, 子弑其父, 非一朝一夕之故, 其所由來者漸矣.」(『全唐文』 권368)

라고 하여 유도(儒道)의 발흥을 강조하였으니 소영사의 정신을 닮고 있는 것이다.

(3) 안진경(顔眞卿) ; 이화의 「三賢論」에 "상서 안공은 명분과 절개를 중히 여기고 고우를 돈독히 하여 무정과 어려서 가까이 지내니 천하가 안소의 교분이라고 일컬었다.(尙書顔公重名節, 敦故舊, 與茂挺少相知. 天下謂之顔蕭之交.)"라 하니 양인은 교분이 깊고 의식도 상통하였음을 알 수 있다. 이화의 사상은 글로 심지(心志)를 표달하고 문질(文質)이 서로 조화되어야 나라의 기강도 잡힌다는 문이재도(文以載道)의 관념을 이미 펼치고 있었던 것이다. 그의 「문집서」(소적〈孫逖〉이 씀)에,

  옛날 글 짓는 자는 심지를 표달하고 성정을 드러내는 데에 있어 가영에 바탕을 두어 아송으로 매듭을 지었다. 왕이 잘못하면 신하는 안색이 변하고 왕의 은택이 마르면 풍성한 교화가 행해지지 않았다. 정치의 흥쇠는 진실로 교화에 달려 있다. 그러나 문식이 실질에 앞서면 그 띠와

수건에 무늬를 놓아 실속 없이 낭패를 보게 되는 격의 내용이 부족한 상태가 되고 실질이 문식에 앞서면 예악에 거칠게 되어 순박하여 말이 적고 꾸미지 않은 격의 다듬어지지 않은 모양이 되니 역대로 서로 상관되어 있어서 조화롭게 잘 맞출 수 없는 것이다.

古之爲文者, 所以導達心志, 發揮性靈, 本乎歌詠, 終乎雅頌. 帝庸作而君臣動色, 王澤竭而豊化不行. 政之興衰, 實繫於此. 然而文勝質則繡其鞶革帨而血流漂杵；質勝文則野於禮樂而木訥不華, 歷代相因, 莫能適中.

이라고 하여 그 뜻이 적절하게 표현되어 있다.

(4) 소존(蕭存) ; 소영사의 아들로 부친의 풍도을 받아 명성을 얻었다. 그에 대해 『新唐書』에서 "양직은 부친의 풍도를 지녀서 문사에 능하니 한회, 심기제, 양숙, 서대 등과 친하였다.(亮直有父風. 能文辭, 與韓會·沈旣濟·梁肅·徐岱等善.)"(권202 蕭穎士傳)라 하고 있듯이 그는 당시의 문인들과 교우하였으며, 그의 사상에 대해서는 부재(符載)가 「소존 묘지명(蕭存墓誌銘)」에서 "행실은 교화 받을만하고 재주는 시대를 떨칠만하니 대개 유가에 근원하여 명리를 숭상하고 남의 선을 말하기 좋아하고 남의 나쁜 것을 없애려 하였다.(行可以輔敎, 才可以拯時. 大抵根儒術, 尙名理, 喜言人之善, 鋤人之惡.)"이라 한 것을 통하여 그가 부친의 기풍을 계승하고 있음을 볼 수 있다.

(5) 한유(韓愈) ; 그의 백형인 한회(韓會)가 소영사의 문하생이어서 한유는 소존전(蕭存尊)의 상찬을 받았으니, 조린(趙璘)의 『因話錄』에 보면 "양부의 공조 영사의 아들 존은 자가 백성이며 금부원외랑을 지냈는데 진실하고 곧아서 공조의 풍모를 지녔다. 한문공이 소시에 항상 소금부의 징찬을 받았다.(揚府功曹諱穎士一子存, 字伯誠, 爲金部員外郎, 諒直有功曹之風. 韓文公少時, 常受蕭金部知賞.)"(권3)이라 하여 한유가 사제간에 소영사와 간접적인 영향관계에 있었음을 알 수 있다.

(6) 이주(李舟) ; 자가 수공(受公)이며, 수부낭중(水部郎中)과 미주자사(眉州刺史)를

지낸 이잠(李岑)의 아들이다. 이잠이 소영사와 교우하였으니 소영사를 항상 받들어 이주에게 강조하였다. 이러한 예문을 이주의 『비릉집(毘陵集)』에서 볼 수 있는데, "나의 벗 난릉 소무정, 조군 이하숙, 장락 가유기는 모두 육예를 본받아서 고인의 지은 글의 뜻을 능히 탐구하였다.(吾友蘭陵蕭茂挺, 趙郡李遐叔, 長樂賈幼幾, 皆憲章六藝, 能探古人述作之旨.)"라고 한 것과 같이 소영사의 문단 위치는 높았고 고문의 발양에 선구적 역할을 하였다. 그에 맞추어 그의 시 41수도 시종 그 당시로서는 특수한 영역을 제시해 주었고 엄격한 복고적인 시교(詩敎)를 담은 시경의 재현이라는 의미에서 매우 중요한 시론적 가치를 부여할 수 있는 것이다.

육지(陸贄)의 문체론과 그 시의 제량풍

육지(陸贄, 754~805)는 그 당시에 유명한 정치가의 하나로서 그의 문장은 정치에 못지 않게 뛰어났으나 아깝게도 그의 문집 20권 중에서 시는 오직 3수만 잔존해 있는 것이다. 그러나 그의 사상은 육경에 근원하고 있으며 제자에 정통한 것이어서 대인관계와 처세에 있어서 공정함을 견지하고 정치에 임하여서도 덕을 기본 바탕으로 삼았기에 수기(修己)로써 남을 평안케 하는(安人) 자세를 가진 바, 예리한 안목으로 직언을 아끼지 않았으며 덕정을 통해 정치를 맑게 펴고 백성을 감화시켜야 함을 주장한 것이다. 다음 글은 그의 의식을 잘 표현해 준다.

소신이 알건대 왕 된 자의 도리는 환히 드러나 밝은 것입니다. 세 가지의 사사로움이 없음(삼무사)을 받들어 천하를 다스리면 공평하고 당당하여 기울거나 치우치지 않으니 소위 삼무사라는 것은 마치 하늘에 사사로이 덮음이 없는 것과 같고 땅에 사사로이 실음이 없는 것과 같으며 일월이 사사로이 비추임이 없는 것과 같습니다.

> 臣聞王者之道, 坦然著明, 奉三無私, 以勞天下, 平平蕩蕩, 無側無偏. 所謂三無私者, 如天之無私覆也, 如地之無私載也, 如日月之無私照也. (「謝密旨因論所宜事狀」)

여기서 덕정의 요체가 왕이 사사로운 마음을 버리는 데에 있음을 분명히 하고 있다. 잘못을 알아 고쳐나가고 민본의식을 지녀야만 바른 정치를 할 수 있다는 것이다. 고로 왕은 민심을 알아서 백성의 호오(好惡)와 고락을 파악하여 중지(衆智)를 왕의 지혜로 삼을 것을 강조한 것이다. 육지는 덕종이 민의를 존중할 것을 다음 글에서 밝히고 있다.

> 백성은 나라의 근본이며 재물은 백성의 마음이며 병기는 재물의 좀벌레입니다. 마음이 상하면 그 근본이 상하고 그 근본이 상하면 가지와 줄기가 마르고 뿌리가 빠집니다.

> 人者邦之本也, 財者人之心也, 兵者財之蠹也, 其心傷則其本傷, 其本傷則枝幹顚瘁, 而根抵蹶拔矣. (「論兩河及淮西利害狀」)

육지의 문학은 변문(駢文)에 뛰어나니 그의 변문은 당대에 쇠퇴한 이 문체의 재흥(再興)에 기여하여 나름의 한 격식을 갖추었다고 할 것이다. 대개 당대의 변문은 육조의 여습을 좇아 문체가 기려하고 기상이 고화(高華)하여 초당사걸의 경우에 간중(簡重)한 면이 부족한데 육지는 질박하면서 자연스런 묘사법을 구사하여 실질적인 기풍을 갖추니 이는 변문에 대한 신경지의 개척이라 할 것이다. 육지는 초당의 제량(齊梁)풍을 지닌 시를 단지 3수만을 남기고 있는데 그 제목을 보면, 「새벽에 남궁을 지나다가 태상청악을 들으며(曉過南宮聞太常淸樂)」·「궁궐의 봄소나무(禁中春松)」·「궁궐 뜰의 방초를 노래하며(賦得御園芳草)」 및 「강회위로 부임하며(任江淮尉題廳)」 2구 등이다. (『全唐詩』 권288)

I. 육지의 생평

  이 부분은 신·구당서「본전」,『한원집(翰苑集)』·『全唐詩』·우룽꽝(吳榮光)의『역대명인연보(歷代名人年譜)』, 시에우시웅(謝武雄)의「陸宣公之言論及其文學」등에 의거하여 기술한다. 육지의 자는 경여(敬輿), 당오군 가홍인(唐吾郡嘉興人)(지금 浙江省 嘉興縣)이다.『구당서』,「본전」에 이르기를,

    육지는 어려서 외롭게 지내며 특별히 남보다 뛰어나지 않았지만 자못 유학을 열심히 하여 십팔 세에 진사급제하고 박학굉사로써 과거에 등급한 후 화주의 정현위를 제수 받았다가 직위를 그만두고 어머니를 뵈러 돌아갔다. 가는 길에 수주에서 자사 장일이 이름을 떨치매 육지가 가서 뵈었다. 장일이 처음엔 잘 알아보지 못하다가 삼일 지나서 다시 만나 얘기해보고 마침내 그를 크게 칭찬하여 각별한 관계를 맺기를 청하였다. 작별인사 하자 육지에게 백만 전을 주며 말하기를, "원컨대 태부인 하루의 선불을 마련토록 하시오." 하니 육지가 받지 않고 단지 갓 만든 차 한 두름만 받고서 말하기를 "감히 그대의 후의를 받아들이지 못하겠습니다." 또한 서관에 뽑혀 위남현주부에 나갔다가 감찰어사로 옮겼다. 덕종이 동궁 시절에 본디 육지의 이름을 잘 알고 있다가 이내 불러 한림학사를 맡겼다가 사부원외랑으로 전직하였다. 육지의 성품이 매우 충직하여 이미 임금 가까이 거하게 하매 임금께 중히 여김을 깨닫고서 받들어 보답할 것을 생각하였기에 정치에 혹시 잘못이 있으면 크던 작던 반드시 아뢰었다.

    贄少孤, 特林不群, 頗勤儒學, 年十八, 登進士第, 以博學宏詞登科, 授華州鄭縣尉. 罷東歸省母. 路由壽州, 刺史張鎰有時名, 贄往謁之. 鎰初不甚知, 留三日, 再見與語, 遂大稱賞, 請結忘年之契. 及辭, 遺贄錢百萬, 曰; "願備

太夫人一日之膳." 贄不納, 唯受新茶一串而已. 曰. "敢不承君厚意." 又書判拔萃, 選授渭南縣主簿, 遷監察御史. 德宗在東宮時, 素知贄名, 及召爲翰林學士, 轉祠部員外郎. 贄性忠盡, 旣居近密, 感人主重知, 思有以效報, 故政或有缺, 巨細必陳.

라고 하였으며, 다시 『신당서』, 「본전」에 이르기를.

육지의 자는 경여이며 소주의 가흥인이다. 십팔 세에 진사에 급제하고 박학굉사에 붙여서 정위직을 맡았다가 파하고 수주로 돌아가다가 자사 장일이 명성이 대단하매 육지가 가서 만나 보았는데 삼일을 얘기 나누다가 범상하지 않으므로 망년의 교분을 맺기를 청하였다. 길 떠나게 되자, 백만 전을 주면서 말하기를 "청컨대 모부인 하루의 비용으로 하시오." 하니 육지가 받지 않고 차 한 두름만 받고서 말하기를 "공의 하사를 감히 받지 못하겠습니다." 하였다. 서판에 뽑히어 위남위에 보임되었다.

陸贄字敬輿, 蘇州嘉興人, 十八歲, 第進士, 中博學宏詞, 調鄭尉, 罷歸壽州, 刺史張鎰有重名, 贄往見, 語三日, 奇之, 請爲忘年之交. 旣行. 餉錢百萬, 曰 …… "請爲母夫人一日費", 贄不納, 止受茶一串, 曰 …… "敢不承公之賜." 以書判拔萃渭南尉.

이상으로 육지는 청렴하고 충직한 성품에 금전을 중히 여기지 않고 친우와의 교제 등이 잦았다. 다음에 연령 별로 그의 생평을 개관하고자 한다.

○ 현종 천보 13년(754) ; 육지 출생. 우룽꽝(吳榮光)의 「역대명인보(歷代名人年譜)」에 기록되기를,

선공이 현종 천보 13년에 출생한데 중외역대대사년표에 의거하면 덕

종 건중 원년이 선공 27세이니 이로써 미루어 보면 선공은 응당 754년에 출생한 것이다.

> 宣公生於玄宗天寶十三年. 據中外歷代大事年表, 德宗建中元年, 宣公爲二十七歲, 以此推之, 宣公應爲七五四年出生也.

라고 하였다. 대력(大曆) 6년(771)에 진사 급제하니 『구당서』, 「본전」에 "18세에 진사에 급제하여 박학굉사에 등과하고 화주 정현위를 받다.(年十八, 登進士第, 以博學宏辭登科, 授華州鄭縣尉.)"라 하고 『신당서』, 「본전」에서는 "18세에 진사에 급제하여 박락굉사에 들어 정위가 되다.(十八歲, 第進士, 中博學宏辭, 調鄭尉.)"

○ 대력 8년(773) ; 이 해에 「궁궐의 봄소나무(禁中春松)」시 지음.

○ 대력 11년(776) ; 수주자사(壽州刺史) 장일(張鎰)을 알현. 『구당서』, 「대종본기(代宗本紀)」; "이영요가 대력 11년에 반란하다.(靈耀反在大曆十一年.)"라 하고 『구당서』, 「장일전(張鎰傳)」; "이영요가 변주에서 반란하여, 시어사로 회진수사를 더 맡게 하다.(李靈耀反於卞州, 加侍御史沿淮鎭守使.)"

○ 덕종(德宗) 건중(建中) 원년(780) ; 한림학사(翰林學士)로 됨. 『신당서』, 「본전」 ; "덕종이 동궁에서 황제에 오를 때 이미 그 이름이 알려지고 한림학사가 되다.(德宗立.帝在東宮時, 已聞其名矣, 召爲翰林學士.)"

○ 건중 4년(783) ; 효공낭중(孝功郎中)이 되다. 『구당서』, 「본전」에, "육지가 붓을 잡고 글을 쓰면 생각이 샘솟듯 하는데 처음에는 생각이 안 나다가 이미 완성되면 사정을 진실하게 다 표현하지 않은 것이 없었다. 기회에 맞추느라 관리의 간찰 내기에 틈이 나지 않으니 동료들 모두 그의 능력에 감복하였다. 효공낭중으로 옮기고도 여전히 직분에 맞추어 나갔다.(贄揮翰起草. 思如泉注, 初

苦不經思慮, 旣成之後, 莫不曲盡事情, 中於機會, 胥吏簡札不暇, 同舍皆服其能. 轉老功郎中, 依前充職.)"

○ 정원 6년(德宗.790) ; 병부시랑이 되다.(兵部侍郞)『구당서』,「덕종본기」; "2월 병술 중서사인 육지가 병부시랑의 전권을 잡다.(二月丙戌, 以中書舍人陸贄權兵部侍郞.)"

○ 정원 7년(791) ; 지공거(知貢擧)가 되다.『신당서』,「최군전(崔群傳)」; "약관에 진사에 올라서 육지는 공거가 되고 양숙은 공이 재능이 있다하여 갑등에 발탁하다.(未冠擧進士, 陸贄主貢擧, 梁肅薦其有公輔才. 擢甲等.)"

○ 정원 10년(794) ; 태자빈객(太子賓客)이 되다.『신당서』,「덕종본기」; "정원 10년 2월 임술에 육지를 폄하하여 태자빈객을 삼다.(貞元十年二月壬戌, 貶陸贄爲太子賓客.)"

○ 정원 11년(795) ; 충주별가(忠州別駕) 되다.『구당서』,「본전」; "11년 이른 봄 변군에 곡식이 배급되지 않아서 사실을 알리니 연령이 육지와 장방, 이충 등이 군사의 정세를 동요하였다고 고하매, 덕종이 노하여 육지 등 4인을 죽이려 하자 마침 간의대부 양성 등이 간절히 상주하여 이에 육지를 충주별가로 좌천시켰다. 육지가 충주에서 10년을 지내며 상시 문을 닫고 조용히 지내니 사람들이 그 얼굴을 알지 못하였다. (十一年春早, 邊軍芻粟不給, 具事論訴, 延齡言贄與張滂李充等搖動軍情. 德宗怒, 將誅贄等四人. 會諫議大夫陽城等極言論奏, 乃貶贄爲忠州別駕. 贄在忠州十年, 常閉門靜處, 人不識其面.)"

○ 순종(順宗) 영정(永貞) 원년(805) ; 52세에 졸하다.『구당서』,「덕종본기」; "정원 11년 봄 정월 계사에 왕이 붕어 하다. 병신에 발상하고 황태자가 즉위하니 영정 원년이다.(貞元二十一年 春正月癸巳, 上崩. 丙申發喪, 皇太子卽位, 卽位

永貞元年.)"『구당서』,「본전」; 순종이 즉위하여 양성 정여경과 조소로 불렀는데 조소가 이르기 전에 육지가 졸하니 그 나이 52세이다. 병부시랑을 증수하고 시호를 선이라 하다. 아들 간례가 진사에 급제하여 사부를 지내다.(順宗卽位, 與陽城鄭餘慶司詔徵還, 詔未至, 而贄卒. 時年五十二, 贈兵部尙書, 諡曰宣, 子簡禮, 登進士第, 累辟使府.)"

육지는 경제 정책에 밝아서 덕종이 위급한 국가상황에서 육지의 간언을 받아 인의(仁義)에 기반하여 선정을 하기도 하였다. 육지의 저작은 정확하지는 않지만, 『신당서』,「예문지」별집류(別集類)에 『陸宣公之議論表疏』十二卷, 『翰苑集』十卷 등으로 기록되고 의술류(醫術類)로는 『陸氏集驗方』十五卷이 있다고 기록되었으며, 『宋書』,「藝文志」별집류에는 『陸贄集』二十卷이 있다고 하였다. 그리고 『사고전서총목제요(四庫全書總目題要)』에는 "한원집 12권은 내부장본이다. 예문지에 육지의 의론표소집 12권, 한원집 10권, 위처후편 등을 재록하고, 진진손의 서록해제에는 육선공집 22권 중에 한원과 방자를 나누어 2집으로 하니 그 목록이 사지와 같다고 하였다. 단지 조공무의 독서지만은 주의 12권과 방자집 5권 의론집 3권, 한원집 10권을 기재하였다.(翰苑集二十二卷, 內府藏本. 案藝文志載陸贄議論表疏集十二卷, 又翰苑集十卷, 韋處厚纂. 陳振孫書錄解題載陸宣公集二十二卷中, 分翰苑牓子爲二集. 其目亦與史志相同. 惟晁公武讀書志所載, 乃祗有奏議十二卷, 且稱舊有牓子集五卷, 議論集三卷, 翰苑集十卷.)"라 하고 전대흔(錢大昕)은 『十駕齋養新錄』에서 "육선공집 22권, 제고 10, 주장 6, 중서주의 6은 앞에 권덕여의 서가 있고 뒤에는 원우 6년 5월 7일 자로 소식 등의 잡자가 실려 있다.(陸宣公集二十二卷, 制誥十, 奏章六, 中書奏議六. 前有權德輿序, 後載元祐六年五月七日蘇軾等劄子.)"라고 기록하여 육지는 대개 142편의 저작을 남긴 것을 알 수 있다.

Ⅱ. 육지의 변문재흥과 문학사상

서두에서 이미 밝힌 바이지만 육지의 문학은 당대에 이르러 변문(駢文)을 재흥(再興)시키는데 많은 역할을 한 것이다. 그의 문학사상의 바탕은 유가사상에 두고 있어서 그것을 통하여 결실을 보게 되는데 그 핵심을 성신(誠信)에 두어 다음과 같이 기술하고 있다.

  소신이 들어 알건대, 사람의 도울 바는 신의에 있으며 신의가 서는 것은 정성에서 연유합니다. 마음에 정성을 행하고 그런 후에 백성들로 미혹됨이 없게 하는 것입니다. 자신에게 신의가 있으면 남이 속이지 못하게 할 수 있습니다. 오직 신의와 정성만이 보탬이 있고 잃음이 없게 합니다. 하나라도 정성스럽지 않으면 마음을 바르게 지킬 수 없으며 하나라도 신의롭지 않으면 바르게 행할 수 없습니다. 따라서 성인께서는 그것을 중히 여기어 식사하는 중에도 신의를 잃지 않으려 했습니다. 그런고로 정성은 모든 사물의 처음과 끝이니 정성이 아니면 사물의 이치도 얻지 못합니다.

  臣聞人之所助在乎信, 信之所立由乎誠. 循誠於中, 然後俾衆無惑. 存信於己, 可以敎人不欺. 惟信與誠, 有補無失. 一不誠則心莫之保, 一不信則莫之行. 故聖人重焉, 以爲食可去而信不可失也. 又曰; 誠者物之終始, 不誠無物. (「奉天請數對群臣兼許令論事狀」)

성실과 신의는 자신을 닦아 나아가고 남을 다스리는 도리(修己治人之道)이며 나라를 세워나가는 근본(立國之本)이 된다는 것이다. 그리고 육지는 천인사상(天人思想)을 중시하여 하늘의 뜻이 사람과 하나되는 즉 천명을 따르는(天人合一) 삶의 자세를 강조하고 그래야만 천지운행(天地運行)의 도리를 본받아서 인사(人事)와 그에 따른 공적을 극대화할 수 있다는 것이다.[1] 천도(天道)와 인도(人道)가 필히 배합하여야 천인(天人)이 혼연일체되어 상보상성(相輔相成)의 기능을 발휘한다는 점을 다음에서 기술하고 있다.

아아, 소자는 마땅히 짐의 명령을 경건히 들어야 할 것입니다. 우리나라가 천하를 지킨 지 지금에 백 칠십 년 되었습니다. 조상께서 교화하시고 왕통을 세우셔서 그 공덕이 이어져 성하며 위세가 더욱 세상을 덮으니 온 천하를 널리 다스렸습니다. 바닷가 백성까지 대대로 보살핌을 입고 행복과 장수를 누리게 하고, 인화로써 따스하게 품습니다.

嗚呼, 小子誼其敬聽朕命. 我國家之有天下, 百七十載於玆矣. 祖宗垂化紹統, 功德繼茂, 威加殊俗, 惠治普天. 海隅蒼生, 代受亨育, 躋之於福壽, 煦之以仁和. (「普王荊襄江西道兵馬都元帥制」)

라고 하여 국가의 흥쇠의 단서를 밝히고 인사는 천명에 의해서 가능하다는 점을 아래에서 밝히고 있다.

성명하신 뜻은 또한 나라의 흥망에 빌미되니 모두 하늘의 뜻입니다. 지금 이런 액운을 만난 것은 모름지기 사람에 있지 않다. 소신의 성품이 졸열하고 학식이 천박하여 무릇 점산의 비술에 있어 모두 그 원류를 섭렵치 못했지만, 흥망의 근원에 대해서 일찍이 여러 전적을 살핀 적이 있습니다. 일렀으되, 하늘은 나에게 백성이 보는 것을 보고, 하늘은 나에게 백성이 듣는 것을 듣습니다.

聖旨又以家國興衰, 皆有天命, 今遇此厄運, 應不由人者. 臣志性介劣, 學識庸淺, 凡是占算秘術, 都不涉其源流, 至於興衰大端, 則嘗聞諸典籍, 書曰 ; 天視自我民視, 天聽自我民聽. (「論敍遷韋之由狀」)

---

1) 『書經』, 「泰誓」 所云, 「天視自我民視, 天聽自我民聽」 與, 『論語』, 「泰伯篇」 所云, 「巍巍乎惟天爲大, 惟堯則之.」

이 글은 육지가 난을 다스리는 도리는 실지로는 인사에 의하되 마땅히 천도를 지켜서 길상(吉祥)이 오고 만사가 형통하는 고정을 밟아야 온당하다는 것이다.

한편 육지는 인본의식(人本意識)을 중히 여겨서 인민은 국가의 본체이며 임금이 치국하려면 먼저 민심을 얻어야 하고 민심을 얻으려면 필히 인민과 호오(好惡)를 같이 하고 고락을 같이 하여야 한다는 것이다. 그리고 중지(衆智)를 자신의 지혜로 하여 국가의 흥망과 도리의 득실을 모두 인심에 연계시켜서 다음과 같이 기술하였다.

> 소신이 듣건대, 순임금께 백성의 말을 살피시어 성명한 교화를 할 수 있으셨고 백성의 소리를 널리 경청하시어서 왕업을 넓힐 수 있었습니다. 큰 도리란 꼴꾼과 나무꾼의 말에도 물어 살펴야 하고 큰 법도란 백성의 신의를 더불어 하는데 있습니다. 이것은 성현을 도리로 삼아, 백성의 마음을 힘써 살피고 미세한 것을 소홀히 하지 말며 홀아비나 과부를 욕되게 하지 말아야 합니다. 지나친 말에 증거가 없으면 받아들일 필요가 없고, 성실한 말이 도리에 맞으면 절대로 어겨서는 안 되며, 마음에 공손하다고 해서 반드시 그렇게만 보아서도 안 되고 마음에 거슬린다고 해서 반드시 부정해서도 안 되며, 남보다 뛰어나다고 반드시 옳게 보아도 안 되고, 속된 대중과 같다고 해서 반드시 나쁘게 봐서도 안 되며 말은 보잘것없는데 보람이 빨랐으면 한다고 반드시 어리석게 보아도 안 되고, 말은 달콤하고 이익이 크다고 하여 반드시 지혜롭게 여겨서는 안 됩니다. 이것들 모두 실지에 맞게 살피고 끝맺음을 잘 하시어 달리 써서는 안 되며 오직 선한데 두어 한다면 천하에 대한 도리를 다 할 수 있으며 천하 백성의 마음을 살필 수 있습니다.

> 臣聞虞舜察邇言, 故能成聖化, 普文聽輿誦, 故能恢覇功. 大雅有詢於芻蕘之言, 洪範有謨及庶人之義. 是則聖賢爲理, 務詢衆心, 不敢忽細徵, 不敢侮鰥寡. 侈言無驗不必用, 質言當理不必違, 遜於志者不必然, 逆於心者不必

否, 異於人者不必是, 同於衆者不必非, 辭拙而效遲者不必愚, 言甘而利重者 不必智. 是皆老之以實, 虛之以終, 其用無他, 唯善所在, 則可以盡天下之理, 見天下之心. (「奉天請數對群臣兼許令論事狀」)

다음으로는 육지는 사람의 의리(義利)를 중하게 여겨서 그것을 유가의 이치에 근본으로 해서 범사(凡事)에 의(義)를 본(本)으로 이(利)를 말(末)로 여기는 것을 다음에 강조하였다.

무릇 천하를 다스리는데 정의로써 근본을 삼으며 사리(私利)를 말단으로 삼을 것이며, 백성을 근본으로 삼고 재물을 말단으로 삼을 것입니다. 근본이 흥성하면 말단은 절로 드러나고 말단이 커지면 근본은 절로 기우는 것입니다. 예부터 지금까지 덕성과 정의가 서면 사리가 성하지 못하며, 백성이 평안한데 재물이 따르지 못한다고 해서 나라를 잃고 임금 자리를 놓치는 일이 아직까지 없었습니다.

夫理天下者, 以義爲本, 以利爲末, 以人爲本, 以財爲末. 本盛則其末自擧, 末大則其本自傾. 自古及今, 德義立而利用不豊, 人庶安而財貨不給, 因以喪邦失位者, 未之有也. (「論裵延齡姦蠹書」)

이와 같이 육지는 인을 근본으로 하고 인이라는 것은 의를 에너지로 하여서 예를 통해 실천으로 옮겨진다는 것이다. 고로 그의 문학사상도 유가사상에 기초를 두고서 소위 형식을 중시하는 변문을 통해 상주문을 기술하는데 활용하여야 했기 때문에 쉽게 변문의 대가로서 평가되었다고 필자는 보는 것이다. 그러므로 육지의 변문에 대한 입지는 곧 그의 시 3수와 불가분의 관계를 지닌다고 보아서 다음에 육지의 변문의 특성을 논함이 그의 문학사상의 요지를 구명하는 것과 상통한다고 본다.

1. 변문을 재흥시킨 선구자

 육지가 변우(騈偶)의 사구(詞句)로써 시정(時政)을 논하고 경세(經世)를 편 점에 있어서는 당대의 처음이며 변문을 실용에 맞추고 궁상(宮商)에 조화시킨 것은 변문의 대중화를 추구했다는 면에서 특기 할만 하다. 이제 그의 예문을 들어보기로 한다.

 무릇 제왕의 권위는 덕성과 위엄을 밝히는데 있으며 나라를 세워나가는 권세는 그 〈덕성·위엄〉의 경중을 살피는데 있는 것입니다. 덕성과 위엄은 어느 한 쪽도 없앨 수 없으며, 어느 것을 경히 여기냐, 중히 여기느냐고 치우쳐 행할 수도 없는 것입니다. 위엄을 쌓는 데는 덕성을 밝힘으로써 할 것이며 어느 한 쪽을 없애면 위태로워지는 것입니다. 중한 데에 두고서 경한 것을 몰아내면 치우쳐서 무너지고 말 것입니다. 위엄을 믿고 덕성이 몸에서 떠나면 패망의 길을 취하게 되며 중한 것을 버리고 자신을 경솔한 데로 나가게 하면 재앙의 문을 여는 것이 됩니다.

 夫君人之柄, 在明其德威, 立國之權, 在審其輕重. 德與威, 不可偏廢也, 輕與重, 不可倒持也. 舊威以昭德, 偏廢則危；居重以馭輕, 倒持則悖. 特威則德喪於身, 取敗之道也；失重則輕移諸己, 啓禍之門也.(「論關中事宜狀」)

그리고 다른 글을 다음에 다시 들기로 한다.

 나라를 다스리는 것은 비축하여 대비하는 것이니 비록 흉년이 들더라도 백성에겐 굶주린 기색이 없는 것입니다. 때때로 원정을 풀고 이익을 나누기도 하며 아껴 쓰고 골고루 나누기 힘쓰며 있는 것으로 없는 것을 고르게 해주며 넉넉한 데서 실패한 곳을 채워 줄 것입니다. 환란을 구제하는 길은 그 다음입니다. 수자리 부역을 계속하면 하남과 하북 지방이 더욱 어려워져서 농사와 누에치기가 날로 피폐해지고 마을은 폐허되며, 장정이 전쟁을 치르느라, 지쳐서 병든 몸이 고랑과 골짜기에 쓰러지고 상처는 아물지 못하며 황폐와 굶주림이 연이어 닥쳐옵니다. 하삭에서 태원까지, 그리고 회기에서 낙수 북쪽까지 마디충의 피해가 크고 비조차 때에 맞지 않게 와서 농사가 잘못되어 병들었으니 백성들은 더욱 고생이 큽니다. 그러나 갈수록 세금징수는 그치지 않고 원정부역도 편치 않아서 춥고 굶주려 흩어져서 목숨을 의지할 곳조차 없으니 말마다 슬픔에 차고 마음마다에는 분노가 불타듯 합니다.

國之經制, 儲蓄備災, 雖遇凶年, 人無菜色. 時或弛征散利, 務積權及, 徙有以均無, 因豊而補敗. 救患之術, 抑其次焉. 自戎役繁興, 兩河尤極, 農桑日廢, 井邑爲墟; 丁壯服其戈, 疲羸委於溝壑, 傷痍未復, 荒饉薦臻. 歷河朔而至於太原, 自淮沂而被於洛汭, 蟲螟爲害, 雨澤愆時, 稼穡卒痒, 烝黎重困. 然猶徵賦不息, 征役未寧, 凍餒流離, 寄命無所, 興言感悼, 焚灼於懷.(「賑恤諸道將使吏百姓等昭」)

대개 이런 글은 변화무궁하고 구법이 근엄하며 필봉이 예리하니 유조의 경미하고 부염한 기풍과는 전혀 다른 것이다. 그러니까 육지의 변문은 이미 음풍영월의 단계로서의 변문이 아닌 경세제민의 도구로서의 경계에 올려놓은 점을 지적할 수 있다.

2. 전고(典故)가 많지 않음

변문이란 전고가 다용되고 조탁(雕琢)과 미식(美飾)이 주된 문장인데 육지는 변문을 실용성화 한 점을 강조할 수 있고 전고의 사용을 가능한 한 억제하여 문장의 생동감과 함께 영활(靈活)이라는 귀결처를 제시한 것이다. 이제 「정원개원대사제(貞元改元大赦制)」의 일단을 들기로 한다.

임금이란 몸이 지극한 데에 서 있어, 흠모함이 천지신명과 같고 왕업을 세우고 왕통을 이어서 엄격히 왕조의 종사를 받들고 百神을 모셔 조화하면 억조 백성이 길이 의지할 것이로다. 나라를 세우는 근본은 여기에 큰 도리가 있습니다.

　　王者體元立極, 欽若乎天地, 纂業承統, 嚴奉乎祖宗, 用能百神允諧, 兆庶永賴. 立國之本, 斯其大經.

소신은 선대의 업을 이었으나 감당할 수 없고 사람됨이 보잘것없게 되고 일마다 알맞게 하지 못하여 비뚤어지고 흠이 났습니다. 궁궐을 어지럽히고 좌천되는 허물은 소신이 진실로 자초한 것입니다. 종사를 놀라게 하고 때를 놓치며 제사를 결하여 내우외환이 일어 깊은 계곡에 빠진 듯 하니 스스로 힘써 큰 수치를 씻기로 맹세합니다.

　　臣嗣服先業, 不克負荷, 人流於下, 事失其中, 姦魁乘釁. 作亂京邑, 播遷之咎, 臣實自貽. 震驚宗祧, 曠時乏祀, 外憂內愧, 若墜深谷, 勵己誓心, 期刷大恥.

이상의 두 글은 읽기 쉬워 산문과 차이가 없으며 전고를 적게 쓰고 있는 것을 알 수 있다. 첸지보(錢基博)는 『변문통의(騈文通義)』에서, "원래 변문이라는 것은 박학이 어려운 것이 아니라 웅장함이 어려운 것이다. 그러나 웅장하지 않으면서 박학하면 고사를 즐겨 쓰게 되고, 크게 구속을 받는다. 육지가 박학하여 두루 통하여 제고주의 등의 글을 쓰면서 변문의 진부한 논술상의 난점을 풀어 버리고 그 응용범위를 넓혀 놓았다. 그래서 육지는 산문체를 사용하여 이에 기존 변문을 홍기 시켜 그 취향을 크게 달리하게 된 것이다.(自來爲騈文者, 非博之難, 而雄爲難. 然不雄而博, 喜用故事, 彌見拘束. 宣公博學多通, 發爲制誥奏議, 解除騈文敷陳論述敍之困難, 使其應用範圍廣大. 故宣公文槪用散文體, 此興旣騈文, 大異其趣)"라고 하였으며 그의 「山陰陳廣寧四六叢話跋」에서는 "육지의 주의는 우아하고 진지하여 살아있는 면모가 열리어 있다.(宣公奏議, 篤雅眞摯, 生面獨開.)"라

하고, 이어서 「주조사육총화서(奏潮四六叢話序)」에서는 "사육문은 육조에 다투어 숭상하여 문체가 자주 변하였는데 오직 육지만은 그 뛰어난 점을 드러내었다.(四六文競尙六朝, 體凡數變, 惟陸宣公擅厥朗暢.)"라 하니 이들 평가는 타당성이 있다고 본다.2)

3. 자연미(自然美)와 논리성(論理性) 중시

변문의 결점이라면 생기(生氣)가 부족한 것인데 육지는 기세의 자연성을 중시하였으니 그의 「양하와 회서의 이해를 논함(論兩河及淮西利害狀)」을 보면,

> 소신은 본래 서생이니 군사를 익히지 못하여 삼가 곽거병과 한나라 장수의 좋은 점을 생각하며, 매양 행군과 군사 이용에 관한 법도를 말하며 전략을 어떻게 할 것인가를 돌아볼 뿐이지, 고대병법을 배우자는데 있지 않았습니다. 일의 사정을 보고 그 변화를 살피면, 득실을 가릴 수 있고 성패를 알 수 있습니다. 옛 사람이 술자리의 연회석에 앉아서도 천리 밖을 제압할 수 있었던 까닭은 이런 도리를 터득한 때문입니다.

> 臣本書生, 不習戎事, 竊惟霍去病, 漢將之良者也, 每言行軍用師之道, 顧方略何如耳, 不在學古兵法, 見其情而通其變, 則得失可辯, 成敗可知. 古人所以坐籌樽俎之間, 制勝千里之外者, 得此道也.

여기서 의론의 경쾌함이 산문과 다르지 않다. 『사고전서제요(四庫全書提要)』에 육지를 언급한 부분을 보면, "진의가 진지하고 반복하여 자세히 통달해서 배우의 자취가 보이지 않는다.(眞意篤摯, 反覆曲暢, 不見排偶之

---

2) 錢基博, 『駢文通義』所言之 "宋人章奏多法陸宣公奏議, 宣公議論文章, 自出機杼, 易短爲長, 改華從實, 質文互用."

跡.)"라고 한 것은 전혀 헛된 말이 아니다. 본래 변문이란 논리가 진부하니 손송우(孫松友)는 『사육총화(四六叢話)』에서 이르기를, "사육문은 덧붙여 늘어놓음이 장점이고 논의에 단점이 있거늘 대개 사물을 비유하여 내어서 위아래를 끌어나가니 비유컨대 개미둑을 도는 말이 넘어지지 않는 일이 드물다는 것과 같다.(四六長於敷陳, 短於論議, 蓋比物遠類, 馳騁上下, 譬之 蟻封盤馬, 鮮不跌矣.)"(권31)라고 하였는데 육지의 경우는 굉대한 기세와 풍부한 구상으로 변문의 한계를 벗어나서 그 형식을 변혁하고 또 경사백가에 능통한 학문과 나라를 바로 잡고 국민을 구제하는 정책으로 제고를 지어 본보기로 삼았으니 깊고 넓지 않음이 없고 사실을 에 절실하게 묘사하였다. 그러므로 육지는 자연스레 장편의 글이 나왔던 것이다. 「녹변수비를 논함(論綠邊守備事宜狀)」같은 글은 전문이 5천여 자로서 그 중에 족히 먹음의 도리(足食之道)에 대해 다음에 기술한 것은 의미가 크다.

> 진실로 변방을 대비하고 오랑캐를 막아서 나라의 중대한 일을 해나가야 하는데 병사를 다스리고 식량을 풍족히 하는 것이 대비하여 지키는 큰 도리인 것입니다. 병사를 다스리지 못하면 쓸만한 군사가 없게 되고 식량이 부족하면 굳게 지킬 영토가 없게 됩니다. 병사를 다스리는 것은 적재적소에 배치하는데 있으며 식량을 풍족히 하는 것은 거두어들이는 올바른 방도를 갖추는데 있다. 폐하께서 어리석은 소신의 아뢰움을 경청하시어 먼저 곡식을 모으시는데 힘쓰시어서 백성에게 세금을 더 매기지 마시고 관청에서는 재물을 아끼시며 변방의 비축을 하시어 넘치도록 하시고 여러 진현에 곡식을 걷어 모으면 이제 모든 것이 완료되시는 것입니다.

> 誠以備邊禦戎, 國家之重事, 理兵足食, 備禦之大經 ; 兵不理則無可用之師, 食不足則無可固之地. 理兵在制置得所, 足食在斂導有方. 陛下幸聽愚言, 先務積穀, 人無加賦. 官不費財, 坐致邊儲, 數逾百萬, 諸鎭收糴, 今已向終.

그리고 다시 군사훈련의 도리를 논하기를,

집안을 편안케 한 후에 그 거처가 즐거워지며 마음이 안정되고 기세가 드러나서 그 은혜가 깊게 맺혀집니다. 자혜로써 달래면 감화되어 교만하지 않으며 위엄으로써 대하여도 숙연하여 원망하지 않으니 일을 부과하여 재촉하지 않아도 사람들이 스스로 하게 됩니다.

安其室家, 然後使之樂其居, 定其志, 奮其氣勢, 結其事情. 撫之以惠, 則感而不驕, 臨之以威, 則肅而不怨, 靡督課而人自爲用.

서술의 구도가 매우 엄정하여 단계적으로 분석한 것이 정밀하다. 고로 증국번(曾國藩)은 육지의 문장을 논하여, "육지는 한 구라도 대구 아닌 것이 없고 한 자라도 평측이 조화되지 않음이 없으며 한 연이라도 말굽과 어울리지 않음이 없다. …… 한유는 본래 육지에 의해 뽑힌 바 되고 소식의 주의는 종신토록 육지를 본받았다.(陸公則無一句不對, 無一字不諧平仄, 無一聯不調馬蹄. …… 退之本爲陸公所取士, 子瞻奏議, 終身效法宣公."(「鳴原堂論文」卷上) 라고 한 것은 결코 빈 말이 아닌 것이다.

Ⅲ. 『全唐詩』상의 시 3수 분석

육지의 현존하는 시는 단지 3수일 따름이다. 그 시제는 이미 서에서 언급한 바와 같다. 본고에서 육지의 문학을 논하면서 그의 시에 대해서는 일체 거론하지 않았다. 왜냐하면 그의 시에 있어 달리 논할만한 자료의 제시가 별다른 의미가 없기 때문인 것이다. 그러므로 여기서는 그 시의 성격 몇 가지를 제시하려는 것이다. 육지가 변문 대가인 점이 그의 시에도 풍격상 관련된다는 점을 염두에 두고 본다면 가능할 것이다. 먼저 시 3수를 제시하고 그것들을 종합해서 다음 세 가지 면으로 구분하여 살펴보려 한다.

(A) 「새벽에 남궁을 지나다가 태상청악을 들으며(曉過南宮聞太常淸樂)」

남쪽 궁궐에 옛 음악 소리 들리니,
새벽녘에 들리는 소리에 문득 놀라 깨누나.
안개, 아지랑이 자욱하여 아득히 어디에서인지 모르겠는데,
거문고의 소리로 자못 이름을 알아보겠네.
마디마디 새 음률에 따라 달라지고,
성조는 실바람에 어울려 가벼이 나는데,
그 우아함은 속세의 때를 벗기고,
그 온화함은 절로 마음을 녹이누나.
멀리서 들리는 소리 새벽과 어울리고,
그 은은한 여운은 봄날의 성내를 드나드네.
연주가 다 하여 아침 햇살이 밝으면서,
고요히 다 끝나니 천지가 밝아지도다.

南宮聞古樂, 拂曙聽初驚.
煙霧遙迷處, 絲桐暗辨名.
節隨新律改, 聲帶緖風輕.
合雅將移俗, 同和自感情.
遠音兼曉漏, 餘響過春城.
九奏明初日, 寥寥天地淸.

(B) 「금원의 봄 소나무(禁中春松)」

무성하고 깨끗한 궁궐 안에,
새파란 기운 봄날의 솔가지에 넘치도다.
비와 이슬이 흠뻑 맺혀 있는데,
밝고 화창한 봄빛은 더욱 짙구나.
높은 가지엔 새벽의 햇살 갈라지고,
신령한 소리가 저녁의 종소리에 어울려 나네.
향내는 화로의 연기처럼 멀리 퍼지고,
자태는 덮개의 그림자처럼 더욱 중후하도다.
원컨대, 천년의 수를 누리리니.
다섯 봉후도 부럽지 않으리!
지극히 큰 하늘의 은혜를 입는다면,
오랜 푸른 저 봉우리보다 우뚝하리라.

陰陰淸禁裏, 蒼翠滿春松.
雨露恩偏近, 陽和色更濃.
高枝分曉日, 靈韻雜宵鐘.
香助鑪煙遠, 形疑蓋影重.
願符千載壽 不羨五株封.
儻得廻天眷, 全勝老碧峰.

(C) 「궁궐 어원의 방초를 노래하며(賦得御園芳草)」

무성한 궁궐 정원에는,
옥 같이 고운 풀이 햇빛 속에 자란다.
바람에 나부끼며 안개를 머금고 있고,
아련히 저녁의 햇살을 두르고 섰네.
비 온 후에 띠풀은 더욱 촘촘해지고,
따사한 바람 부니 혜초가 새삼 향기로운데,
지팡이 잡고 거동하시는 길,
가마에 올라 건장궁에 드시는 길.
촉촉한 안개 흔들흔들 흩어지지 않고,

가녀린 꽃 그림자 어른대며 가시질 않는데,
늘상 두렵기는 화창한 봄빛이 날 저물면,
그 누가 이 향내를 알아 볼까나.

陰陰御園裏, 瑤草日光長.
霍靡含煙霧, 依稀帶夕陽.
雨餘萋更密, 風暖蕙初香.
擁杖綠馳道, 乘輿入建章.
濕煙搖不散, 細影亂無行.
恒恐韶光晚, 何人辨早芳.

위의 3수는 모두 궁정의 응제류의 시들이다. 고아하고 온후하며 세밀하면서도 친밀한 맛을 지니고 있다. 변문체의 기풍이 넘친다. 고로 이 시들을 다음 두 가지의 특색으로 분류하여 살펴보고자 한다.

1. 궁중풍물의 제재(題材)

먼저 A시를 보게 되면 대상 장소가 남궁이어서 시인은 거기서 듣는 태평청악을 통해 궁정의 태평성세를 묘사하였고 나아가서 구가의 성세와 만안을 기원하고 있다. 그 시어로서 '古樂', '絲桐', '新律', '遠音', '餘響', '九奏' 등은 음악용어이며 계절은 봄이어서 제4구 이하의 '煙靄遙迷處', '聲帶緒風輕', '餘響過春城' 구들은 양춘의 화락한 경물을 상징해 준다.

다음으로 B시를 보면 영물을 통하여 사물에 대한 감흥을 노래하고 있다. 봄 소나무의 고매한 기품은 제왕의 위세와 품격을 상징한다. 이 시는 궁정의 한 그루 소나무와 봄을 묘사하면서 궁궐의 아름다운 경치, 그리고 평강과의 융화를 의도하고 있다. 제왕의 위상도 강조되어 표현되고 있다. 청대의 판본인『육선공집(陸宣公集)』의 서(序)를 보면,

무릇 선생의 글은 양웅의 난해하며 깊은 맛이라든가 한유의 현학적이며 풍유적인 맛이 없이 바로 마음의 생각이나 일을 두루 다 드러냈으니 누구나 다 알 수 있다. 따라서 따라 배우고 싶고 마음에 느끼게 한다.

夫先生之文, 非有子雲之艱深, 退之之佶屈, 正以其周盡事情, 人人可曉, 故足以興起來學, 感發性情.

시인은 제왕을 존중하여 충간의 진안을 다하여 신하의 충성심을 드러낸다. 소동파는 그의「유괄에게 답함(答兪括盡書)」에서 육지에 대한 경모심을 다음과 같이 묘사하고 있다.

문인이 많아 성한 것은 근세만 못하지만 내가 흠모하는 분은 오직 육선공 한 분이시다. 집에 선공의 주의에 관한 선본이 있어서 문득 받들어 읽으면 임금께의 상주가 충심에 차서 맹자의 임금 경외에 가깝다 할 만하다.

文人之盛, 莫若近世, 然私所欽慕者, 獨陸宣公一人. 家有宣公奏議善本, 頃侍講讀, 區區之忠, 自謂庶幾於孟軻之敬王.

그리고 C시의 경우를 보면, 어원(御園)의 한 가지의 방초(芳草)를 읊었는데 '瑤草', '煙霧', '雨餘蕢', '風暖蕙', '建章', '韶光' 등의 시어들은 모두 어원의 숭엄함을 정중히 묘사하였는데 이러한 초목을 통한 비유법은 그 묘사법이 매우 화미하고 고아하다.『사육총화(四六叢話)』에서 육지의 이러한 달관(達觀)을 지적하기를, "예컨대 장면을 잡아서 두 가지 면을 그리어 내고 풀을 끌어다가 봄을 꾸려 놓은 것은 나름의 일가를 이루었다고 할 것이니 결코 남이 지니지 못할 것이다. 사어가 기험하고 평이하지 않아 붓을 씻어 놀림이 공교롭고 문장이 전혀 추함이 없이 언사가 곧 아름다우니 오직 육선공만이 집대성한 것이다.(若夫擅場挾兩, 擒藻爲春, 要可自成一家, 不必人所應有, 辭無險易, 灑翰卽工, 文無自醜, 敷言輒儷, 惟陸宣公爲集大成也.)"라고 한 것은 실로 빈 말이 아니다. 그러나 장계(張戒)는 『세한당시화(歲寒堂詩話)』에서 육지의 문풍(文風)을 평가하기를,

    동파의 문장은 전국책, 육선공의 주의문에서 연유하였으니 의론에 뛰어나지만 웅대하고 미려함이 부족하다고 할 것이다.

    子瞻文章, 從戰國策陸宣公奏議中來, 長於議論而欠宏麗.

이 글은 육지의 산문에 국한시켜서 논한 것이지만 그의 시에 있어서는 응제시의 화려한 맛을 떨치기에는 미흡한 점을 지적한 것으로 본다.

2. 변체식(騈體式)의 묘법(描法)

손덕겸(孫德謙)은 『육조여지(六朝儷指)』에서 이르기를,

    변문은 모름지기 순수한 자연스러움이 깃들어야 품격이 높으니 율부에 들게 되면, 섬미하고 기교에 빠지게 되는 것을 면키 어렵다.

    騈文宜純任自然, 方是高格, 一入律賦, 則不免失之纖巧.

위 글은 육선공의 문장이 고문을 골간으로 하고 배우(排偶)를 기본 묘사상의 어사로 해서 그 표현이 극히 자연스러운데, 그의 시도 전통적인 변문의 틀에서 탈피하여 그 맛이 섬려(纖麗)하면서 자연적이어서 결코 무의미한 미사여구(美辭麗句)를 구사하거나 수식을 가하지 않고 온아(溫雅)

하면서 진지(眞摯)하다는 점을 강조한 것이다. 여기서 A시를 보면 그 묘사가 매우 기묘하니 제2구의 '聽初驚', 제7구의 '合雅', 제8구의 '同和', 그리고 말구의 '寥寥天地淸' 등은 모두 화아불미(華而不靡)의 기풍을 보여준다. 그리고 B시의 '陰陰', '蒼翠', '更濃', '高枝分曉日', '靈韻雜宵鐘' 등 구도 자연적이며 고아한 풍격이 드러나 있고, C시에서의 '陰陰', '日光長', '含煙霧', '依稀', '濕煙', '細影' 등은 어원의 온화함과 기려함이 묘사되어 있다. 육지도 직설적으로 자신의 글을 거론하기를,

  이것은 곧 작은 알맹이는 버리고 큰 알맹이를 이루는 것이며 작은 보물은 덜고 큰 보물을 굳히는 것이다. 하나의 일을 들어서 여럿 아름다움을 가꾼다면, 행하여서 또 무엇을 의심하겠는가?

  是乃散其小儲而成其大儲也, 損其小寶而固其大寶也, 擧一事而衆美其, 行之又何疑焉.(「奉天請罷瓊林大盈二庫狀」)

 이와 같이 육지는 그의 문학을 변문이라는 기존의 문풍을 가지고 변혁을 시도한 것이다. 산문의 전통적 형식(유가 경전과 제자서)으로 배우(排偶)에 가미시켜 평이하면서 자연스러운 데로 나아가게 하여 경국제민(經國濟民)의 이론을 전개할 수 있었음은 변문체의 실용화라는 관점에서 볼 때, 산문뿐만 아니라 문학 전체에 대한 영향이 적지 않다고 본다. 첸지보(錢基博)는 『변문통의(騈文通義)』에서 이르기를, "이상은은 송대 사람의 선도자인 것이다. 송대 인들은 변문을 사륙문이라 하고 그 명칭이 이상은의 번남갑집의 서문에서 기원된 것으로 하여 번남사륙이라 불렀다. ······ 송대인의 장주는 다분히 육선공의 주의를 본받은 것이다.(李商隱者, 宋人之先聲也, 宋人名騈文曰四六, 其名亦起於商隱自序樊南甲集, 喚曰樊南四六 ······ 宋人章奏, 多法陸宣公奏議)" 산문은 물론, 시에 있어서도 기존의 변

문체의 상식을 탈피한 자연어법을 구사한 면모는 바로 육지에서부터 가능해졌다는 점을 아무리 강조해도 지나치지 않을 것이다. 예컨대, 『서계당가록(瑞桂堂暇錄)』에서,

　　육선공은 일대의 문장태두로서 그 구사된 사실 하나마다 문체에 합당하다. 작시에 있어서 거의 이백과 두보를 따를 만 하고, 비명문과 서기문에서는 한유에 뒤지지 않는다. 사륙문은 곤체를 일신시킬 만 하고 주의문은 거의 육선공이 문장의 전체를 관통한 것이다.

　　陸宣公爲一代文章冠冕, 亦以其事事合體. 如作詩, 幾及李杜, 碑名記序, 卽不減韓退之, 作四六, 一洗崑體, 作奏 議, 庶幾陸宣公, 蓋得文章之全者.

라고 평한 것은 육지의 문학과 그의 문체 개혁적인 위치를 적절하게 기술하였다고 할 것이다. 육지의 시가 응제시에 속하지만 마치 낭만은 일적인 성당대의 산전원시를 감상하는 묘미를 갖게 하는 것은 또 하나의 시의 개혁이라고 할 것이다. 그런 의미에서 육지는 중당대로 넘어가는 과도기적인 시대에 살면서 그 시대에 기피하고 경시 당해온 변문을 현실에 적용할 수 있게 개선시키고 산문의 윤기를 가미케 한 점을 중시해야 한다고 본다.

융욱(戎昱) 시의 현실과 우국에 대한 관점

　명대 고병(高棅)의 당시에 대한 시대 구분으로 보아서 초당을 제외하고는 시학적 가치가 있다는 보는 대상은 상당수가 소개되고 있다. 그러나 그 대상이 아직도 편중되는 경향이 있으니, 자연히 간과하고 넘기는 작가가 적지 않게 되었다. 본문은 그 간과된 작가를 하나씩 소개해 온 필자의 계획의 하나로 시도된 것이다.[1]

　융욱의 시는 대륙의 리우카이양(劉開揚)이 쓴 『당시통론(唐詩通論)』이나 타이완(臺灣)의 리위에깡(李日剛)이 쓴 『중국시가유변사(中國詩歌流變史)』(文津출판사)[2]에서 한 페이지 정도 기술하고 있을 뿐 개명조차 아니된 관계자료가 대부분일 만큼, 관심의 대상이 되지 못하고 있다.[3] 사실상, 주의하지 않은 이유도 없는 건 아니겠지만, 그만한 가치상의 비중도 무시될 수 없다고도 사료된다. 그러나 최소한 학술적 의미로 보아서도 『全唐

---

1) 필자는 「李益과 그 詩 小考」(『中國文學』 4輯. 1977) 이후 부터 연구가 한소한 당시 인작을 다루어 왔는데 융욱의 시는 그 일환의 하나다.
2) 리위에깡(李日剛)은 그의 상기서의 p.354에 기술.
3) 국내의 문학사류의 관계서적에는 거명조차 하지 않았음.

詩』에서 시의 분량으로 보아 간략한 소개라도 해야할 부분은 필히 다루어져야 하리라 본다.

융욱은 탄이우쉬에(譚優學)이 밝힌 대로,4) 중당대의 풍격에 맞으며 그 가치를 인정받아야 할 시인인 줄은 분명하지 않지만 본고에서는 융욱의 생평상의 문제점과 결부하여 시의 특성을 조명하여 이익(李益) 보다도 시대적으로 늦게 배열하고 또 그 시를 이익의 아류(亞流)(특히 변새시의 경우)로 분류한 것에 대해 이의(異議)를 제기하려 한다.5) 본고의 저본(底本)은 『全唐詩』(권270)로 하고 행년(行年)관계로는 푸쉔중(傅璇琮)의 「戎昱考」(『唐代詩人叢考』·中華書局)과 탄이우쉬에의 「戎昱行年考」(『唐詩人行年考續編』·巴蜀書店)이란 두 종의 자료를 참고하였음을 부기하는 것이다.

I. 생애와 시를 통한 교유

융욱의 생졸(生卒)문제가 우선 규명되어야 그의 활동시기 및 시풍격의 특성을 정확하게 관조할 수 있다. 그리고 교유를 살펴서 융욱의 작시성향을 보다 객관적으로 비교해 볼 수 있는 계기도 될 것이다.

1. 생졸년의 추정

융욱의 생졸년대는 불분명하다. 특히 졸년은 생년에 비하여 거의 추측

---

4) 탄이우쉬에(譚優學)는 그의 「戎昱行年考」의 말미에 "盛唐之音不可能聽見了. 自然我們不能要求戎昱還高唱盛唐之音. 這樣的一位詩人, 過去是被忽略的. 其實應該給他一定的歷史地位."
5) 리위에깡(李日剛)의 『中國詩歌流變史』(문진출판사, 1976), p.354 참조. "中唐之外寇內藩.寫征戌戎旅之情而富尚武精神者, 以李益最爲傑出. 其次戎昱, 姚, 亦極雄健."

하기 어렵다. 그러나 이미 거론된 년대보다는 10년 이상 연장되고 있음은 확실하다. 졸년의 문제가 어느 정도 객관성을 지닌다면 융욱의 시작활동 시기에 새로운 구분이 필요하고 그 평가도 상향되어야 한다. 먼저 신문방(辛文房)의 융욱의 평전을 보기로 한다. 『당재자전(唐才子傳)』(권3)의 전기는 『당시기사(唐詩紀事)』(권28)와 『전당시소전(全唐詩小傳)』 등에서 일견할 수 있을 뿐, 신구당서에도 기록이 없으니, 아마도 전기로는 신씨의 것이 가장 상세하리라 본다.

    융욱은 형남 사람이다. 아름다운 풍모를 지니고 재담을 잘하였다. 젊어서 진사에 올랐으나 벼슬에 나가지 않고 이름 있는 고을을 두루 다녔다. 가난한 선비이지만 의기가 높아서 조금도 막힌 바가 없었고 호남 상수의 산수를 좋아하여 나그네가 되곤 하였는데 어느 때 이창기가 계림 지방을 순찰하다가 관사에 머물렀는데 달밤에 이웃에서 맑고 고운 노랫가락이 들리거늘, 날이 밝기 전에 찾아가 보니 융욱이더라. 데려다가 부막의 손님으로 모시고 극진히 대접하였다. 최중승(崔璀)이 호남지방에 재임하던 중에 융욱을 아꼈거늘 그 딸을 가지고 사위를 삼으려 하였는데 「융」씨 성이 마음에 꺼리어서 성씨를 바꿀 수 있으면 하였다. 융욱이 이 말을 듣고 시를 지어 사절하였다. 「천금을 준다 해도 성씨를 바꿀 수는 없으니 응낙을 한다면 이 몸은 죽는 것이라네.」라고 하였다. 스스로 말하기를 이대부(이창기)의 은혜가 너무 깊어 감격할 따름이라. 처음엔 평원 안진경을 모시어 정남지방의 막부에서 보좌한 적이 있었는데 이어서 또다시 천거되었다. 위백옥이 형남을 평정하매 그 종사로서 일하였고 건주 자사를 지내다가 지덕년간에는 진주자사로 좌천되었다. 검남 지방에 떠돌아다니었고 농서 지방에도 몇 년을 기탁한 바 있다. …… 융욱의 시는 성당에 속한다 하나 그 품격이 좀 보잘 것이 없으며 다소 만당의 풍격이 엿보인다. 그러나 그 맛이 아름답고 교훈적인 품이 차있어서 그 당시의 문단에 소문이 대단하였다 함은 실로 헛된 말이 아니다.

    昱, 荊南人. 美風度, 能談. 少擧進士, 不上, 乃放遊名都. 雖貧士, 而軒昻,

氣不稍沮. 愛湖湘山水, 來客. 時李夔廉察桂林, 寓官舍, 月夜, 聞隣居行吟
之淸麗, 遲明訪之, 乃昱也. 卽延爲幕賓, 待之甚厚. 崔中丞亦在湖南, 愛之,
有女國色, 欲以妻昱, 而不喜其姓戎, 能改則訂議. 昱聞之, 以詩謝云:『千金
未必能移姓, 一諾從來許殺身.』自謂李大夫恩私至深, 無任感激. 初事顔平
原, 嘗佐其征南幕, 亦累薦之. 衛伯玉鎭荊南, 辟爲從事, 歷虔州刺史. 至德
中, 以罪謫爲辰州刺史. 後客劍南, 寄家隴西數載. …… 昱詩在盛唐, 格氣稍
劣, 中間有絶似晚作, 然風流綺麗, 不虧政化, 當時賞音喧傳翰苑, 固不誣.
(卷三)

그의 시「8월 15일(八月十五日)」을 보면,

> 옛날 천추절을 생각하니
> 온 세상이 기쁨을 같이 하였지.
> 이제 육친과 멀리 있으니
> 이날 줄곧 슬픈 바람만 일뿐이네.
> 어려서 호란을 만나서
> 평화를 꿈속에서나 맞을런지.
> 이원의 자재들 몇이나 남았는지
> 눈물만 하염없이 흘릴 뿐이네.

> 憶昔千秋節, 懽娛萬國同.
> 今來六親遠, 此日一悲風.
> 年少逢胡亂, 時平似夢中.
> 梨園幾人在, 應是涕無窮.

여기에서 밑 줄친 두 개의 구에서 '호란(胡亂)'이란 곧 현종(玄宗) 천보(天寶) 14년(755)의 안사난(安史之亂)을 가리킨다. '연소(年少)'란 20세 미만이며 당대 은번(殷璠)의 『하악영령집(河嶽英靈集)』에 천보 12년 이전의 시가 있으며 『재조집(才調集)』(권8)에 4수의 시가 근거 없이 실려 있으나, 융욱으로서는 약관에 이미 작시활동을 하고 있었다는 사실은 부인할 수 없다. 그러나 문제는 졸년에 있는 것이다. 원이두어(聞一多)의 787(?)년 설은 전혀 근거가 빈약하며, 관심은 푸쉔중(傅璇琮)의 798년 후의 설과 탄이우쉬에의 801년 이후의 설에 있는데(상게서), 이들 두 설의 초점은 융욱의 「영릉기생을 보내며(送零陵妓)」시에 두고 있으며 탄씨는 거기에다 「윤달 봄에 화계 엄시어의 별장에서(閏春宴花溪嚴侍御莊)」시를 거론하여 「윤춘(閏春)」의 시점을 통하여 졸년을 고증해가고 있다. 푸씨의 설은 융욱이 영주자사(永州刺史)로 있을 때 기생을 보내면서 지은 시가 위의 작품인데 그 시를 보면,

>　　보배로운 비녀에 고운 자태 비취치마 걸치고
>　　단정하여 흐느끼며 사뿐히 가는구려.
>　　정성껏 양왕의 맘에 들게 하여
>　　양대를 향해 이 몸일랑 꿈도 마소

>　　寶鈿香蛾翡翠裙, 裝成掩泣欲行雲.
>　　殷勤好取襄王意, 莫向陽臺夢使君.

　이 시의 「양왕(襄王)」은 당시의 우적(于頔)(襄州刺史・山南東道節度使)으로서[6] 우적이 영주의 영릉을 관할한 시기가 정원(貞元) 14년(798) 9월의 일인만큼 이 시의 작시 년대에 맞추어서 이 시기까지 융욱의 생존을 규정하고 있다. 『당시기사(唐詩紀事)』에도,

>　　융욱이 영릉에 있으며 양양에 노래 잘하는 기생이 있단 말 듣고 그녀를 취하였다. 융욱은 시로 전송하였다……

---

6) 우적의 시가 『全唐詩』 권259에 수록.

昱在零陵, 于襄陽聞有妓善歌, 取之. 昱以詩遺行曰 ……

라고 한 기록이 사실(史實)과 서로 화합한다. 다음으로 탄이우쉬에의 801년 설인데, 이 설은 상당한 근거를 제시하여 필자도 이에 동의한다. 융욱의 시「윤달 봄에 화계 엄시어의 별장에서(閏春宴花溪嚴侍御莊)」를 보면,

한 무리 푸른 산 기운 넘치는 곳
거기가 자릉의 집이라 하네.
산에는 갓 개인 빗줄기 있고
냇가엔 윤달의 꽃이 떠 있네.

一團青翠色, 云是子陵家.
山帶新晴雨, 溪留閏月花.

여기서 시제의「윤춘(閏春)」이 언제인지가 이 시의 작시 년대가 되며 그 시기가 융욱의 생존 시기와도 상관되므로 중요한 관건이 된다. 이 시에 대해 탄씨는 짱웨이시(臧維熙)의 건중(建中) 3년(782) 설을 부인하고 있다. (『戎昱詩選』) 짱씨는 화계(花溪)를 지금의 저장성(浙江省) 우싱현(吳興縣)에 있는 지명으로 간주하여 시인이 계주(桂州)에 재임시의 작이며 시기적으로는 건중 3년에 윤정월(閏正月)이 있으므로 윤춘(閏春)의 의미와 상합(相合)한다는 것이다. 그러나 탄씨는 화계(花溪)를 일반적인 명칭으로 간주하고 시기는 시인의 생애에 정원(貞元) 8월(792) 윤정월(閏正月)과 정원(貞元) 17년(801) 윤3월이 있으며, 지명상 호주(湖州)의 화계(花溪)인 만큼, 시인이 건중 년간에 이 장소에 있지 않았다는 것이다.[7] 거기에다 엄시어(嚴侍御)를 상대로 한 시 3수 가운데「엄씨의 죽정을 제목으로(題嚴氏竹亭)」에서,

---

7) 탄이우쉬에의「융욱行年考」참조.

자릉이 머물러 지낸 곳
야인의 마음이 맺혀 있구나.

子陵棲遁處, 堪繫野人心.

   위의 자릉(子陵)은 앞의 시의 내용과 상통하며 「양양에서(于襄陽)」와의 일화가 그 연전에 있었던 관계를 추정할 때 이 시는 정원 17년 윤정월(閏三月)의 작으로 판정함이 가당하다고 한다. 이 사실은 융욱의 시작활동시기(詩作活動時期)와 융욱 시의 재평가상 중요한 의미를 지닌다. 융욱은 성당 중기에서 중당 중기에 걸쳐서 그 당시의 시의 낭만성과 사실성, 그리고 전쟁상 등을 골고루 그의 시에 담고 있음을 볼 때 생졸 연대의 이와 같은 추정은 극히 합리적이라 본다. 더구나 시기적으로 초기에는 성당풍, 중년기에는 사회 현상의 토로, 그리고 말년에는 비전의식(非戰意識)을 표출한 성향을 보이고 있는 것도 아울러 연관시켜 볼 수 있다.
   한편, 융욱의 출신지 문제인데, 신문방(辛文房)은 '형남(荊南)' 출신이라 하였는데, 이는 단지 당대 방진(方鎭)명칭이지 정식 지명은 아닌 만큼 이의 수정이 필요하다. 그의 「장안의 추석(長安秋夕)」에서,

어젯밤 서창에서 꿈꾸는데
꿈 속에 형남의 길에 들었다네.
멀리 간 나그네 돌아만 온다면
집일랑 가난해도 좋기만 하리.

昨宵西窓夢, 夢入荊南道.
遠客歸去來, 在家貧亦好.

여기에서 '형남도(荊南道)'에 대해서 『당시기사(唐詩紀事)』에서는 "먼저

형남의 길에 들다(先入荊門道)"라고 기재하고 있으며, 「꿈에 고성의 가을을 그리며(雲夢故城秋望)」에서는(5~8句),

꿈속에 물가의 기러기 저녁에 우는데
형문의 나무 빛은 가을이 완연쿠나.
조각구름 엉켜 흩어지지 않고
멀리 망향의 수심을 달고 있구나.

夢渚鴻聲晩, 荊門樹色秋.
片雲凝不散, 遙掛望鄕愁.

라고 하여 '형문(荊門)'은 고향을 지칭하고 있다. '형문'은 호북성의 현문현이니 형남(荊南)이라 하지 않고 '荊門人'이라 해야 할 것이다.

2. 시를 통한 교유

융욱의 생평에서 생략할 수 없는 사항은 그의 급제와 교유관계로서, 먼저 급제(及第)의 여부에 대해서 볼 때, 신문방(辛文房)이 『당재자전』에서 '不上'(위에서 이미 인용)이라 한 부분을 놓고 혹시 급제하지 못하고 유랑한 것이 아닌가 한데, 푸쉔중(傅璇琮)은 다소의 회의적인 태도를 보인 반면,[8] 탄이우쉬에는 대종(代宗) 영태(永泰) 원년(765)에 급제했다고 확정 시켰다. 필자로서는「不上」의 의미가 급제하여 출사(出仕)하지 못하고 그후 10년 가까이 각지를 유력하였다는 것으로 풀이하고자 한다. 탄씨의 고증에 의하면(行年考 참고), 영태 원년에 급제하고 경주(涇州)를 거쳐 촉지(蜀地)・강릉(江陵)(768)・담주(潭州)(769)를 다니다가 계주(桂州)에서 계주자

---

8) 傅璇琮의「戎昱考」(『唐代詩人叢考』, 中華書局) 참조.

사인 이창기의 막부(幕府)에 종사하기까지(774) 10년간 관직이 없었다. 이것은 안진경(顏眞卿)의 막부 이래로 15년만의 일이다. 급제하였기에 후에 전중시어사(殿中侍御史)(782), 신주(辰州)와 건주자사(虔州刺史)(791), 영주자사(永州刺史)(799) 등을 역임할 수 있었던 것이다. (상기 연대는 탄씨의 설을 따름) 이런 관직생활에서 추숭하는 선현도 있었고 종군하면서 모신 상관도 만났으며 문단의 선배들도 상견할 수 있었다. 그가 추종했던 선현으론 순(舜)·소부(巢父)·허유(許由)·송옥(宋玉)·소무(蘇武)·위청(衛靑)·도잠(陶潛)·포조(鮑照) 등으로서 절개와 강직(剛直)의 사표들이었다.9) 한편, 교유 대상자 중에서 융욱의 시에 깊은 영향을 주었다면 안진경(顏眞卿)·두보(杜甫)·잠삼(岑參)을 들 수 있으며 변방 생활에 깊은 관계가 있던 자로는 이창기·장잠(張潛)·염채(閻采)·최관(崔瓘) 등을 들 수 있을 것이다. 이창기는 계림관찰사(桂林觀察使)로서 융욱을 극진히 대접하여 교유하며 그의 막부에 있게 하였으며10), 융욱 또한 그의 막부에서 적지 않은 은혜를 입었음을 이미 거론한 바인데,「계주의 이대부에게(上桂州李大夫)」에 보면,

오늘 관문을 떠나시니
애틋한 정 유별나게 더하시리.
느끼는 바 깊어 되려 눈물 지니
어지신 중에 우직하소서.

今日辭門館, 情將衆別殊

---

9) 戎昱은 이들 선현을 시작에 기술하고 있다. 예컨대,「虞帝南遊不復還」(湘南曲)·「今日巢由舊冠帶」(贈韋況徵君)·「宋玉亭前悲暮秋」(題宋玉亭)·「能持蘇武節」(聞顏尚書陷賊中)·「何事陶彭澤」(送王明府入道)·「衛靑師自老」(涇州觀元戎出師)
10) 송대 晁公武의『郡齋讀書志』卷十八:「李夔廉察桂林, 月夜聞隣居吟詠之音清暢, 遲明訪之, 乃昱也卽延爲幕賓……」이것은『唐才子傳』과 동일. 융욱이 이창기를 두고 쓴 시로는「上桂州李大夫」·「桂州臘夜」·「再赴桂州先寄李大夫」등이 있다.

感深翻有淚, 仁過曲憐愚.

라고 하여 이창기에 대한 지우(知遇)의 정을 묘사하였으며, 장잠은 숙종(肅宗)의 장황후(張皇后)의 제(弟)로서 융욱이 강릉(江陵)에 있을 때(768), 그 지역 사마(司馬)로 폄적되어 있는 장잠을 만나 지기(知己)가 된다.[11] 융욱은 그의 「장부마를 이별하며 바침(贈別張駙馬)」을 보면,

> 천자께서 부마를 아끼셔서
> 홀로 당당하게 권세를 누리시다가
> ……(중략)……
> 일조에 견책되어 궁궐을 떠나셔서
> 5년이나 상수 가에서 대죄 하셨네.
> ……(중략)……
> 당신의 의젓한 자태 아직도 다하지 않았으니
> 근심하여 눈물을 짓지 마소서.

> 天子愛婿皇后弟, 獨步明時負權勢.
> ……(中略)……
> 一朝負譴辭丹闕, 五年待罪湘江源.
> ……(中略)……
> 看君風骨殊未歇, 不用愁來雙淚垂.

라고 하여 장황후가 실총(失寵)하자 장잠의 불우(不遇)한 신세를 위로하며 격려하곤 하였다. 그리고 융욱이 건주자사로 있을 때(791), 고주자사(吉州刺史)인 염채와 서로 교분의 정이 깊어서 염세(厭世)적 초탈(超脫)이라는 별다른 의취를 나눈 것으로 보며 융욱에게 은거(隱居)의 기질을 부추겨준 우정을 볼 수 있으니 그의 「고주 염사군을 보내며(送吉州閻使君

---

11) 張潛에 대해서『舊唐書』,「后妃傳」의「肅宗張皇后條」참고.

入道」에서 보면,

듣건대 도원으로 간다 하는데
이 내 먼지 낀 마음 문득 슬퍼지누나.
내가 벼슬 가는 날에
그대는 벼슬 버리는 때기에.

聞道桃源去, 塵心忽自悲.
余當從宦日, 君是棄官時. (其一首四句)

라고 한 것은 바로 탈속(脫俗)의 표시를 흠모함이다. 한편 최관은 담주자사(潭州刺史)로서 호남지방방을 관할하는 중에(796)[12], 그의 막중에서 개성(改姓)사건의 관계를 맺게 되는데, 이미 거론한 바지만, 융욱에게는 강한 기개(氣槪)를 갖게 하는 계기가 되며 변새파의 시인으로서의 국수의식(國粹意識)을 굳히게 한다.

융욱에게 있어 시 자체에 깊은 영향을 주었다면, 안진경(顔眞卿)과 두보, 그리고 잠삼을 꼽아야 할 것이다. 안진경은 양국충(楊國忠)에 의해 평원태수(平原太守)로 좌천되었고, 절서절도사(浙西節度使)로 있을 때 융욱이 속리(屬吏)를 지낸 바 있어(759), 서로의 관계를 맺는다. 당대의 서예가이며 문인, 정치인인 안진경에게서 약관의 융욱은 심대한 영향을 받으며 총애도 받는다.[13] 안진경은 절개가 강하여 안록산(安祿山)에 항거하다가 죽으니 융욱은 다음 「안상서가 적에 잡혔단 말 듣고(聞顔尙書陷賊中)」를 남기고 있다.

---

12) 최관에 관해서는 『舊唐書』, 「代宗紀」에 "大曆四年七月己巳, 以澧州刺史崔瓘爲潭州刺史, 湖南都團練觀察使." 융욱에게 「上湖南崔中丞」 시가 있음.
13) 『舊唐書』, 「顔眞卿傳」 참조

들건대 절도사가 죽었다 하니
옛 어른의 소문을 어이 감당하리오.
소무의 절개를 지니시고
마초의 공훈을 마다하셨네.
나라 망하여 가신조차 없으니
가을 하늘에 기러기 떼 떠있구나.
영화는 같이 하고 굴욕은 홀로 받으니
오늘 장군을 기리노라.

聞說征南沒, 那堪故吏聞.
能持蘇武節, 不受馬超勳.
國破無家信, 天秋有雁群.
同榮不同辱, 今日負將軍.

 융욱이 첫 관직을 급제 전에 맡게 배려하고 앞길을 천거도 해주었으며, 문풍(文風)도 영향을 준 상관의 말로가 위대한 것을 소무(蘇武)의 절개에 비유하고 있다.14) 이 시의 「정남(征南)」은 『당재자전』의 말과 같은 것으로 이는 절서절도사(浙西節度使)를 지칭하는 것이다.
 다음으로 두보와의 관계인데, 융욱이 두보를 만난 일에 대해, 탄씨는 그의 나이 29세(768)에 강릉(江陵)에서 라고 고증하고 있는데 타당하다고 본다.15) 어떻게 만났는지는 불명하지만 『융욱집(戎昱集)』서(序)를 거론하고 있으며 두보를 곡(哭)한 시가 장구령(張九齡)의 작으로 보는 설을 따르고 있어서 앞 뒤의 가설이 다르다.16) 그러나 두보를 만난 사실은 분명

---

14) 顔眞卿은 고관이면서 탈속풍의 시를 추구하였다. 그의 유작 10수(『全唐詩』권152) 중에 7수가 그러하다. 그 중에 「贈僧皎然」의 11~14구를 보면 "境新耳目換, 物遠風塵異. 倚石忘世情, 援雲得眞意."라든가, 「詠陶淵明」의 말 4구를 보면 "自謂羲皇人, 手持山海經. 頭戴漉酒巾, 興逐孤雲外, 心隨還鳥泯." 등은 참고 할만 하다.
15) 譚優學의 行年考 p.86 참조.
16) 『直齋書錄解題』에 "戎昱集五卷, 其侄孫爲序, 言强冠謁杜甫于渚宮, 一見禮遇, 集中有哭甫詩."라 하고 臧維熙의 선본에 「耒陽溪夜上(原注: 爲傷杜甫作.)을 張九齡 작이라

한 것 같다. 두보의 생평에서 대력(大歷) 3년(768), 기주(夔州)를 떠나 강릉에 가을까지 기거하였으며, 이 시기에 융욱이 두보를 배알(拜謁)했을 것이다.17)

그리고 잠삼과의 관계는, 시인이 소시부터 선배로서 받들어 작시의 사표(師表)로 삼아온 듯하다. 그의 「잠낭중께 드리며(贈岑郞中)」를 보면,

> 어려서 독서가 잘 안될 때에
> 잠삼의 시 몇 수를 읊곤 하였네.
> 사해의 전쟁으로 멀리 떨어져서
> 십 년 두고 넋이라도 꿈에서나 만나 뵈었다네.
> ……(중략)……
> 세상에 그의 시구 보는 이 없으니
> 시백을 찾지 않고 또 누굴 찾는 건지.

> 童年未解讀書時, 誦得郞中數首詩.
> 四海煙塵猶隔闊, 十年魂夢每相隨.
> ……(中略)……
> 天下無人鑒詩句, 不尋詩伯重尋誰

여기서 보는 바와 같이 그의 종군시(從軍詩)의 배경을 잠삼의 의취에서 찾을 만큼 잠삼을 추숭(推崇)하고 있다.18) 이상과 같은 교분을 통하여 융욱은 시의 경지를 넓히고 시풍의 영역을 확연히 다지게 된 것이다.

함. 이 시는 객수를 노래할 뿐이다.
17) 두보를 배알한 사실을 傅璇琮도 譚氏와 같이 강조하였고 馬茂元『唐詩選』과 劉大杰『中國文學發展史』에 모두「得杜甫之賞識」이라고 언급함.
18) 傅璇琮·譚優學·劉開揚 제인의 자료에서 (기설) 잠삼의 직접적인 영향을 기술하고 있다.

II. 시에서의 현실 고발

앞에서 밝힌 바와 같이 융욱의 시에 대한 여하한 독자적인 평술이 하나도 없는 정황을 놓고 시도적인 의욕으로 이 글을 개괄하고자 한다. 현존하는 시수(詩數)는 114제 127수(『全唐詩』 권270)인데 그 중에 7수는 타인의 작으로 부기가 되든지, 추증(推證)되고 있으므로 확실한 수는 107제 120수로 보는 것이 온당하다.19) 이것을 시체(詩體)별로 분류하면 다음과 같다.

「5언절구(五絶) : 1수. 7언절구(七絶) : 32수. 5언율시(五律) : 49수. 고시(古詩) : 13수.(5언고시 10수, 5,7잡언시(五七雜) : 2수, 7언고시(七古) : 1수, 5언배율(五排) : 9수」

그리고 주제별(主題別)로 세분하면 다음과 같다.

「영물(詠物) : 9수. 변새(邊塞) : 23수. 영회(詠懷) : 23수. (우국, 충심, 민생의 질고) 서정(抒情) : 21수. (낭만, 애상[哀傷]) 송별(送別) : 19수. 증답(贈答) : 21수. 영사(詠史) : 4수. (현실의 풍자)」

---

19) 『全唐詩』상에 원주를 통해 보면 다음 5수가 혹타인작이며 傅璇琮의 추증이 2수가 있다. 「開笛」(一作李益詩) · 「途中寄李」(一作李益詩) · 「寄許鍊師」(一作李益詩) · 「題雲公山房」(一作權德輿 · 楊巨源詩) · 「別離作」(一作戴叔倫) (이상은 全唐詩의 기재) · 「同辛克州巢父虛副端岳相思獻酬之作因紓歸懷兼呈中魏二院長楊長寧」(戴叔倫) · 「撫州處士湖泛舟送北廻兩指此南昌縣查溪蘭若別」(戴叔倫)(이상은 傅氏說) 童養年의 『全唐詩續補遺』卷四(中華書局. 1992)에는 「無題詩」; 「寒食滸陽諸小兒, 齊歌齊舞帶花枝. 郡從兵亂年荒後, 人似開元天寶時.」와 二聯句「行春更欲遊何處, 東郭門前竹馬期. 不須桂嶺居天末, 但見滸陽在眼前.」(이상은 『輿地紀勝』卷103에서 抽出.) 등이 실려 있고, 陳尙君의 『全唐詩續拾』卷十九 (中華書局. 1992)에는 『全唐詩』소재의 「開元觀音杜大夫中元日觀樂」에서 제8구가 결해 있는 것을 『古今歲時雜永』卷二八에 찾아서 보충하니, 곧 「好風油幕動高煙」구이다.

아울러 융욱시 자체에 대한 품평은 적어서 시에 대한 객관적인 성격규정은 어렵지만 다음 몇 구절의 평어(評語)에서 그 특성(特性)을 추려 보고자 한다.

먼저 명대 양신(楊愼)의 『승암시화(升菴詩話)』(권2)에 이르기를,

> 융욱의 「눈이 개이고(霽雪)」시는 손강의 고사를 은근히 활용한 것인데 실로 오묘하다.
>
> 戎昱霽雪詩, 暗用孫康事, 妙.

라고 하였고 청대 옹방강(翁方剛)의 『석주시화(石洲詩話)』(권2)에서는,

> 융욱의 시는 역시 낮고 미약하다. 『창랑시화』에서 융욱이 성당에서는 최하로서 만당의 남상이라 했는데, 이는 옳다. 그러나 융욱이 위백옥의 종사로 일한 것이 대력 초년이요, 자사를 지낸 것은 건중 시기이니 중당에 넣어야지 성당에 넣어서는 안 된다.
>
> 戎昱詩亦卑弱. 滄浪詩話謂昱在盛唐最下, 已濫觴晩唐, 是也. 然戎昱赴衛伯玉之辟, 當是大歷初年. 其爲刺史, 乃在建中時, 應入中唐, 不應入盛唐.

라고 하여 융욱의 시를 높이 평가하지 않고 있다. 만당풍의 개척자라느니 비약(卑弱)하다는 평은 부정적 의미가 개재(介在)되어 있다고 볼 때에 가능한 것이지 정당한 비평적 가치는 적다고 본다. 융욱은 성당 중엽에서 중당 중엽에 걸쳐 성당과 중당의 시풍을 겸비했다고 할 수는 있어도 만당풍으로 차치해서는 안 될 것이다. 한편, 하경관(夏敬觀)만은 『속당시설(續唐詩說)』에서 시의 장점을 강조하기를,

> 융욱의 시는 자못 풍골을 중히 여겨서 「고재행」 5수는 보응 년간에

왕계우와 같이 지은 것으로 「고신행」과 더불어 대력 시풍이 물들지 않
았으며 율체도 청신한 맛이 있다.

  昱詩頗重風骨, 其苦哉行五篇, 寶應中同季友作, 及苦辛行, 均不染大曆
詩習, 律體亦淸新有味.

라고 하여서 성당의 기풍을 온전히 지닌 시로 간주하였다. 이것은 소위
『창랑시화』(詩辨)에서의 제1의(第一義)의 시격(詩格)에 맞는 수준이라는
평가라면 이 또한 중당까지 연관시키지 않으려는 의미인 만큼, 융욱 자
체를 볼 때 또한 객관성이 결여된다. 이같이 두 가지 비평 모두 합리성이
부족하다는 인식 하에, 융욱의 시에 대한 이해를 펴고자 한다.
 융욱은 중당의 원백(元白·元稹과 白居易)의 사실시파(寫實詩派)를 선
도하였다고 본다. 이것은 신문방(辛文房)이 말한 「바르게 교화함이 더하
다(不虧政化)」와 상통한다. 그러나 그 묘사는 섬세하고 화미(華美)하다. 기
려(綺麗)하면서 냉정한 사실적 직관이 스며 있다. 그에게는 이 부분에 있
어서 사회 풍토와 정치적 부조화, 그리고 민생의 질고를 주된 소재로 다
루고 있음을 본다. 먼저 「고재행(苦哉行)」(제3수)을 보면,

   누대에 올라 서울을 바라보니
   멀리 볼수록 속눈썹에 눈물이 맺히네.
   억지로 웃으니 웃는 얼굴이 아니거늘
   시든 꽃 같은 보조개를 다듬노라.
   지난 해 노복을 사니
   노복인들 부서진 나뭇잎 같으니
   어쩐 마음으로 죽지는 않고
   스스로 흉노의 첩이 되었구나.
   한 평생 지금까지 살아오면서
   만사가 괴로운 일이로다.

변방의 담장을 날아 나오고자 하나
저기 나비만도 못하구나.

登樓望天衢, 目極淚盈睫.
彊笑無笑容, 須妝舊花靨.
昔年買奴僕, 奴僕來碎葉.
豈意未死間, 自爲匈奴妾.
一生忽至此, 萬事痛苦業.
得出塞垣飛, 不如彼蜂蝶.

이 시는 제하(題下)의 자주(自注)에서 "보응 년간에 활주와 낙양을 지난 후에 왕계우와 함께 짓노라.(寶應中, 過滑州·洛陽後, 同王季友作.)"라 하니 안사란(安史亂)이 한창인 보응(762)년에 지은 것이다.[20] 한 귀족여인이 난을 평정키 위해 끌어들인 회흘족(回紇族)에게 피납되어 겪는 고통을 노래하고 있다. 즉 시의 중심사상이 숙종(肅宗)의 외병차용(外兵借用)의 실책(失策)을 풍유한다. 그 당하는 여인의 절규를 그 제5수에서 더욱 극명(克明)하고 처절(凄切)하게 묘사하고 있다.

오랑캐의 왕이 조칙을 받들어서
이 달에 연산으로 돌아가네.
홀연히 칼로 찔린 듯
이 내 속을 흩으러 놓네.
문을 나서 북녘 땅 바라보니
아득히 옥문관이 보이네.
산 사람은 죽어서 이별하고
떠나가면 돌아올 때가 없어라.
내 나라의 달이 이 내 마음 가르고
북풍은 이 내 얼굴 시들게 하네.

---

20) 王季友는 雍王 李适로 그의 시가 『全唐詩』 권259에 실려 있음.

떠나가서 넋마저 끊어지나니
하늘을 불러도 들은 체도 않는구려.

可汗奉親詔, 今月歸燕山.
忽如亂刀劍, 攪妾心腸間.
出戶望北荒, 迢迢玉門關.
生人爲死別, 有去無時還.
漢月割妾心, 胡風凋妾顔.
去去斷絶魂, 叫天天不聞.

한편, 영사시(詠史詩)는 정치에 대한 풍자를 하고 있으니, 위의 시 제4수를 보면,

한나라 역사에서
졸열한 계책이 바로 화친이라.
사직을 명철한 군주에 맡겼다면
나라의 안위는 부인에 달렸다네.
어찌 고운 용모로 오랑캐 먼지
가라앉힐 수 있으리.
죽어 지하에 묻힌들
뉘 보필할 신하가 되리오

漢家靑史上, 計拙是和親.
社稷依明主, 安危託婦人.
豈能將玉貌, 便擬靜胡塵.
地下千年骨, 誰爲輔佐臣.

조정의 굴욕적인 화친정책을 국치(國恥)로 간주하여 한대(漢代)로 소급한 시점에 놓고「옛 것으로 오늘의 법도를 풍자(以古諷今法)」하는 기법을 쓰고 있다. 아울러「고신행(苦辛行)」은 민생의 질고를 묘사한 것으로,

어려서 시문을 배우지 못했으니
글로써 즐길 일을 어이 생각이나 하리.
사방에 뜻을 아는 자 드무니
평생토록 가는 길 슬프구려.
얼굴 들어 하늘에 호소해도 듣지 않으시고,
고개 숙여 땅에 고해도 말이 없으시니.
천지께서 나를 낳으셨건만 이러 하시니
들판의 남들이야 일러서 무엇하리.
　……(중략)……
그대여 술을 권하노니
술로써 맺힌 시름 흩어나 보세.
누군들 술판에 한번 취하면
세상 만사 저 강물 따라 흘러 보내리.

少年無事學詩賦, 豈意文章復相悞.
東西南北少知音, 終年竟歲悲行路.
仰面訴天天不聞, 低頭告地地不言.
天地生我尙如此, 陌上他人何足論.
　……(中略)……
勸君且飮酒, 酒能散羈愁.
誰家有酒判一醉, 萬事從他江水流.

평생에 맺힌 삶의 행로는 호소할 데 없는 역경(逆境)이요, 자포자기적인 실의(失意)의 길로 점철되어 있음을 민생의 대변자로서 직설적으로 표현하고 있다.

Ⅲ. 시에 나타난 우국적인 비전관(非戰觀)

융욱을 흔히 변새파(邊塞派)의 시인으로 평가한다.[21] 그의 변새류의 시가 질량면(質量面)에서 다양하다. 그의 변새시는 충군(忠君)과 우국(憂國)을 토대로 한 전쟁의 고취(鼓吹)보다는 비전사상을 보이며 그로 인한 원정(遠征)의 객수(客愁)와 망향심(望鄕心)을 짙게 토로한다.「새하곡(塞下曲)」을 보면,

    쓸쓸히 찬 해가 지고
    북풍은 다북쑥을 휘감아 돈다.
    장군이 지친 병사 거느리고
    도리어 옛 변방의 문에 든다.
    고개 돌려 북녘 산을 보니
    살기가 누런 구름을 이루었네.

    慘慘寒日沒, 北風卷蓬根.
    將軍領疲兵, 却入古塞門.
    回頭指陰山, 殺氣成黃雲.(其一)

이는 전장의 치열한 분위기를 읊은 것이며, 상동시의 제3수를 보면,

    북방 변경엔 초목이 없고
    까마귀·솔개는 시체에 깃드네.
    넓은 사막은 텅 빈데
    종일토록 삭풍이 부네.
    전쟁의 병사 고생이 많으니
    그 고생 사시절 가릴 것 없구나.

    塞北無草木, 鳥鳶巢僵屍.
    泱漭沙漠空, 終日胡風吹.
    戰卒多苦辛, 苦辛無四時.(其三)

---

21) 李日剛은『中國詩歌流變史』(p.354)에서「中唐邊塞派以李益最爲傑出, 其次戎昱, 姚合, 王滙.」라 함.

라고 하여 전장의 참상과 고통을 사실적으로 묘사하고 있다. 그러나 융욱에게도 주전(主戰)의식과 승전의 격려가 없는 것은 아니다. 그의「종군행(從軍行)」을 보면,

지난 날 이도위를 따랐더니
쌍칼 집이 말발굽에 드리네.
혹산 북녘에서 생포하고
황혼 서녘에 적을 죽이네.
……(중략)……
한단시로 돌아오니
청루의 구름다리 백척이나 되고
감격하여 거듭 좋다고 하니
평생의 담력이 대단하도다.
연회에서 저녁 노래 부르니
어여쁘고 곱게 다듬어 땋은 머리 다소곳하네.
거나하게 취하니 추풍이 일고
기마는 문 앞에서 우는도다.
먼 수자리에서 봉화를 올리니
외딴 성에선 전승의 북소리 세차도다.
채찍 들어 먼지 날리며 떠나가니
젊은 아낙이여 울지를 말아 주오.

昔從李都尉, 雙鞬照馬蹄.
擒生黑山北, 殺敵黃雲西.
……(中略)……
歸來邯鄲市, 百尺靑樓梯.
感激然諾重, 平生膽力齊.
芳筵暮歌發, 艷粉輕鬟低.
半酣秋風起, 鐵騎門前嘶.

遠戍報烽火, 孤城嚴鼓鼙.
揮鞭望塵去, 少婦莫含啼.

　이 시의 전반은 전쟁에서 승리하고 개선하며 열린 잔치 요란한데, 후반에서는 전쟁의 신호가 다시 올려져 진군하는 군사를 박력 있게 묘사한다. 말구의 「아낙네야, 울지 말라」는 부분은 승리하고 돌아올 테니 믿으라는 묘사상의 표현을 하지만, 내면에는 전쟁으로 인한 이별과 고통을 은유하고 있음을 엿볼 수 있다. 그러나 전쟁의 후과(後果)는 파괴와 사망의 비애만이 남긴다. 「검문에 들어서(入劍門)」에서 보면,

검문에서 전쟁을 치른 후에
만사에 슬픈 마음 이기기 어려워라
새와 쥐는 깃들 굴이 없고
아이는 이별을 말하네.
산천은 예와 같은데
지금은 가시밭길이라.
원정 언제나 평정될거나
집집마다 채색 깃발이라.

劍門兵革後, 萬事盡堪悲.
鳥鼠無巢穴, 兒童話別離.
山川同昔日, 荊棘是今時.
征戰何年定, 家家有畫旗.

　여기서 1·2연은 전쟁후의 참상을 그리면서 말 연에서 화전의 평화를 희구한다. 융욱 시에 흐르는 변새풍에는 성중당의 비전사상(非戰思想)이 깃들어 있으며 이것은 망향(望鄕)의 객수(客愁)를 노래하며 특히 〈눈물(淚)〉로 표현되는 작품의 성향을 볼 수 있으니[22], 다음의 「원정자의 귀향

---

22) 융욱 시에서 실제로 〈淚〉를 시어로 시가 14수에 달한다.

(征人歸鄕)」이 바로 그러하다.

> 삼월의 강성엔 버들 솜이 날리는데
> 다섯 해 떠돌던 객이 그대 귀향을 전송하누나.
> 전에는 이별과 망향의 눈물을 한데 흘렸거늘
> 오늘은 난간에서 그대 저고리를 적시누나.

> 三月江城柳絮飛, 五年遊客送人歸.
> 故將別淚和鄕淚, 今日欄干濕汝衣.

 전쟁은 이별과 망향의 상징인 것을 융욱의 비전론(非戰論)과 함께 상관시킬 수 있는 것이다.
 융욱의 시에는 위의 성격 외에도 은일적(隱逸的)인 도선(道禪)의 의취가 무시될 수 없는데 이러한 바탕은 아마도 생존시기와 상관되기도 하지만 비전적인 우국(憂國), 그리고 사회혼란에서 오는 도피적 탈속감 등이 작용하여 표현된 현상이라고 볼 수 있다. 예컨대,「상강에 머물며(宿湘江)」를 보면,

> 구월의 상강은 물이 출렁이는
> 모래 가엔 가을의 달무리만 보이누나.
> 가을바람은 물가의 누런 잎에 불어서
> 밤새도록 어지러이 객선을 채우누나.

> 九月湘江水漫流, 沙邊唯覽月華秋.
> 金風浦上吹黃葉, 一夜紛紛滿客舟.

 이 시는 정경교융(情景交融)의 맛을 느끼게 하여 시중유화(詩中有畵)의 화의(畵意)가 시에 담겨 있으니 성당의 조류를 타고 있음을 확인할 수 있

다. 더구나 「적상인의 선방(寂上人禪房)」에서는 초탈(超脫)에의 의지가 짙어서 변새시인이라고 하기에는 격에 맞지 않을 듯도 하다. 융욱의 시가 성당과 중당을 아우르고 있는 것을 분명히 할 수 있겠다. 이제 그 시를 보면,

> 속세의 뜬 먼지찌꺼기가 참선의 문을 막았으니
> 백세 늙은 이 심신이 언제나 여한을 얻을 건가!
> 어찌하면 이 인생 자연초목에 묻히어
> 번민없이 사시절을 누릴 건가!

> 俗塵浮垢閉禪關, 百歲身心幾日間.
> 安得此生同草木, 無營長在四時間.

  융욱도 속계(俗界)의 허무(虛無)와 고통을 덜고자 하는 애절한 심경, 나아가서는 초연하고자 하는 의지가 담겨져 있는 것이다.
  융욱의 생평과 시는 상호 연관의 각도에서 조명하여 분석하면서, 융욱에 대한 문학적 위상을 재고해야 할만큼 다양한 풍격을, 특히 사실시와 변새시의 특성은 높이 재평가되어 당시사상에서 다루어질 필요가 있다고 본다. 출생 년대부터 이익(李益)보다 한 세대나 빠르고 변새시의 수준도 오히려 잠삼에 접근하는 점으로 보아 이익에 못지 않은 선상(線上)에서 보고 싶은 것이다.

◆ 찾아보기

ㄱ

가지(賈至) 281, 301
강흡(康洽) 233, 268
거성(去聲) 25
경국론(經國論) 289
경국제민(經國濟民) 327
경덕전등록(景德傳燈錄) 105
경어(鯨魚) 155
경중유정(景中有情) 129
고문운동(古文運動) 39
고박(古樸) 136
고병(高棅) 15, 329
고보영(高步瀛) 223
고사립(顧嗣立) 95
고소(高䟽) 207, 218
고운(顧雲) 14, 41
고적(高適) 17, 39, 226, 233, 255
고제(古題) 166
곡강(曲江) 180
골력(骨力) 99
공령(空靈) 94

공리공담(空理空談) 56
과장(誇張) 151
과장법(誇張法) 160
관휴(貫休) 14, 122, 125, 126
교림(喬琳) 233, 251
구도시(求道詩) 102
구선시(求仙詩) 146
구양수(歐陽修) 35
구위(邱爲) 186, 197, 199
국수의식(國粹意識) 339
군재독서지(郡齋讀書志) 285
굴원(屈原) 45
궁괴백(宮槐柏) 189
궁중풍물 324
금가(琴歌) 227
금설천(金屑泉) 189
금슬시(錦瑟詩) 42
기무잠(綦毋潛) 17, 186, 193, 195, 233, 239, 256, 260
기험(奇險) 18
김가기(金可紀) 13
김구용(金九容) 47, 66

김운경(金雲卿) 13
김입지(金立之) 13
김진덕(金眞德) 13

ⓝ

나은(羅隱) 14, 33, 47
낙빈왕(駱賓王) 16
난가뢰(欒家瀨) 189
남원 113
남전(藍田) 189, 216
남전별수(藍田別墅) 185
남타(南垞) 189
남화(南畵) 14
낭사원(郎士元) 58, 59, 60
냉조양(冷朝陽) 58, 59
노륜(盧綸) 18
노상(盧象) 41, 186, 187, 188, 218, 260, 261
노장용(盧藏用) 289
노조린(盧照鄰) 16
녹채(鹿柴) 189
능엄경(楞嚴經) 145, 203

ⓓ

단옥재(段玉裁) 115
달경(達境) 140
담빈록(談賓錄) 113
담아(淡雅) 129
당송시거요(唐宋詩擧要) 223
당시기사(唐詩紀事) 223, 331, 335

당시대관(唐詩大觀) 227
당시선평석(唐詩選評釋) 222, 227, 232
당시통론(唐詩通論) 329
당재자전(唐才子傳) 207, 222, 236, 239, 331
당척언(唐摭言) 280
당초본(唐抄本) 221
당초체(唐初體) 15
당현삼매집(唐賢三昧集) 226, 244
당회요(唐會要) 114
대력십재자(大歷十才子) 18
대력체(大曆體) 15
대숙륜(戴叔倫) 41
대우(對偶) 178
대장(對仗) 176, 178
도덕경(道德經) 12
도삽구법(倒揷句法) 247
도선(道仙) 229
도선(道禪) 351
도선시(道仙詩) 101
도연명(陶淵明) 35, 45, 101 127, 129
도자(道子) 114
도잠(陶潛) 252, 337
도장도자법(倒裝倒字法) 85
도허자집(逃虛子集) 118
독고급(獨孤及) 289
돈오(頓悟) 102
돈좌(頓挫) 179
돈황민가(敦煌民歌) 43
돈황사본(敦煌寫本) 68

찾아보기 • 355

두목(杜牧) 19, 41, 94
두보(杜甫) 37, 46, 96, 151, 164, 173, 178, 180, 249, 337, 339, 340
두순학(杜荀鶴) 19
두심언(杜審言) 52
두여(竇餘) 109

㉡
루후아이쉬엔(盧懷萱) 186
리우웨이충(劉維崇) 186
리우카이양(劉開揚) 33, 50, 52

㉢
마위(馬位) 161
마힐(摩詰) 184
만당체(晚唐體) 15
만제융(萬齊融) 242
만초(萬楚) 232, 244
만회사(萬廻師) 113
망아(忘我) 140
망천(輞川) 189
망천시(輞川詩) 38
망천창화(輞川唱和) 250
맹교(孟郊) 18
맹성요(孟城坳) 189
맹지(孟遲) 93
맹호연(孟浩然) 17, 38, 104, 131, 186, 193, 203, 204, 205
맹호연전 203
명시종(明詩綜) 67

명황잡록(明皇雜錄) 276
모편(謀篇) 76, 89
목란채(木蘭柴) 189
몽산시(蒙山詩) 286
묘리(妙理) 172
묘오(妙悟) 244
무대(無待) 140
무생관(無生觀) 212
무제게시(無題偈詩) 101
무제시(無題詩) 42, 149
무진상인(無盡上人) 259
문심조룡(文心雕龍) 152
문예미학이론(文藝美學理論) 51
문장사우(文章四友) 34, 52
문행관(文杏館) 189
물동사(物動詞) 81

㉣
박인범(朴仁範) 14
반언보(潘彦輔) 148
반제량(反齊梁) 34
방동수(方東樹) 153
방림십철(芳林十哲) 41
방회(房琯) 109
배도(裴度) 301
배민(裴旻) 233
배우(排偶) 326, 327
배율(排律) 20
배적(裴迪) 17, 186, 192, 201, 212, 233, 249

백거이(白居易) 18, 35, 39, 46, 123
백묘법(白描法) 137
백석뢰(白石瀨) 190
번지후(樊志厚) 92
범성대(范成大) 104
범양(范陽) 275
범터(范攄) 277
범패(梵唄) 232
법사(法師) 194
변문(騈文) 306, 312
변새(邊塞) 17
변새시(邊塞詩) 62
변새파(邊塞派) 347
변우(騈偶) 316
보리사(菩提寺) 215
부가모(富嘉謨) 290
부비흥법(賦比興法) 294
부재(符載) 290
북택(北垞) 190
불리(佛理) 138, 150
비어대(緋魚袋) 116
비전사상(非戰思想) 17, 63, 64, 350
비전의식(非戰意識) 335
비정관시인설(非貞觀詩人說) 110
비흥법(比興法) 294, 296
빈공과(賓貢科) 13

ㅅ

사공도(司空圖) 42, 131
사령운(謝靈運) 35, 46, 125
사마상여(司馬相如) 269
사명시화(四溟詩話) 89
사사(四蛇) 134
사실시파(寫實詩派) 344
사우시전록(師友詩傳錄)』 80
사진(謝榛) 89
산가(山歌) 168
삼당시인(三唐詩人) 66
삼도(三途) 139
삼독(三毒) 134
삼언고시(三言古詩) 137
삼절(三絶) 236
삼평조(三平調) 21
삼현론(三賢論) 278, 280, 289
상관완아(上官婉兒) 52
상관의(上官儀) 15, 16, 52
상보상성(相輔相成) 313
상성(上聲) 25
새하곡(塞下曲) 348
생략법(省略法) 85
서영부(徐靈府) 111
서응(徐凝) 122, 123
서포만필(西浦漫筆) 45
석도원(釋道原) 105, 107
석림시화(石林詩話) 77
석주시화(石洲詩話) 226, 343
석지남(釋志南) 117
선경(禪境) 140, 144
선기(禪機) 140
선리(禪理) 130, 135, 136
선미(仙味) 155, 261

선사상(禪思想) 37
선시(禪詩) 71, 101
선어(禪語) 132, 135
선오(禪悟) 131
선재(選材) 142
선적(禪寂) 207
선전(禪典) 130, 132
선취(禪趣) 130, 140, 144
선풍(仙風) 160
설거(薛據) 186
설능(薛能) 33, 41, 57, 220
설요(薛瑤) 13
섭소온(葉少蘊) 77, 96
성간(成侃) 47, 66
盛唐體 15
소무(蘇武) 337, 340
소부(巢父) 337
소식(蘇軾) 35, 47
소영사(蕭穎士) 270, 272, 274, 275, 278, 282, 283, 285, 289, 292, 294, 297, 300
소영사문집(蕭穎士文集) 272
소작(蘇綽) 289
소존(蕭存) 303
소진(邵縉) 280
속당시설(續唐詩說) 343
속탈의식(俗脫意識) 104
손덕겸(孫德謙) 326
손적(孫逖) 282
송기(宋祁) 79
송옥(宋玉) 337

송지문(宋之問) 15, 34, 52
수과장(數誇張) 163
수유반(茱萸沜) 189
숭경복고(崇經復古) 291
숭문총목(崇文總目) 285
습득(拾得) 107, 108, 126
승암시화(升菴詩話) 236, 242, 343
시격(詩格) 344
시경체(詩經體) 20
시공(時空) 160, 180
시보화(施補華) 130
시불(詩佛) 259
시선일치(詩禪一致) 140
시성(詩聖) 172
시안(詩眼) 164
시앙추(項楚) 43, 69
시예(詩藝) 173
시중유화(詩中有畵) 64, 351
시취(詩趣) 172
신문방(辛文房) 331, 335, 336, 344
신악부(新樂府) 14, 39
신악부운동(新樂府運動) 18
신우(神遇) 174
신운(神韻) 176
신운설(神韻說) 101
신위(申緯) 33, 45, 66
신이오(辛夷塢) 190
신적(神寂) 218
심덕잠(沈德潛) 98, 141, 161
심약(沈約) 166
심전기(沈佺期) 15, 34, 52

십선(十善) 135

ㅇ

안록산(安祿山) 188, 275, 284, 339
안사란(安史亂) 345
안진경(顏眞卿) 280, 301, 302, 337, 339
압운법(押韻法) 229
앵무곡(鸚鵡谷) 188
양경기(兩京記) 113
양관(楊綰) 284
양굉(梁鍠) 233, 267
양국충(楊國忠) 339
양만리(楊萬里) 104
양숙(梁肅) 300
양신(楊愼) 343
양인선(楊蔭深) 100
양재(楊載) 89
양형(楊炯) 16
어구 변증설(辨證說) 112
어구 고증설(語句考證說) 105
어세(語勢) 178
엄우(嚴羽) 15, 103, 131, 151
여구윤(閭丘胤) 102, 105, 106, 108, 109, 115
여구음(閭丘陰) 105
여산(驪山) 188
여암(呂巖) 149
연구(鍊句) 76, 81, 87, 88
연단(鍊丹) 12

연단술(鍊丹術) 259
연사(鍊師) 194
연의(鍊意) 76, 92, 98
연자(鍊字) 76, 77, 166, 173
연자법(煉字法) 172
열반경(涅槃經) 203
염채(閻宷) 337
영공(瑩公) 259
영물시(詠物詩) 170
영사시(詠史詩) 346
영호원(令狐垣) 58
영활(靈活) 317
영회시(詠懷詩) 62
예츠 156
예포힐여(藝圃擷餘) 225
오교(吳喬) 140
오음(五陰) 133
오중사사(吳中四士) 34, 52, 233
옹방강(翁方剛) 343
완적(阮籍) 252
왕거인(王巨仁) 13
왕건(王建) 18
왕국유(王國維) 153
왕규(王珪) 52
왕따찐(王達津) 50
왕리(王力) 178
왕발(王勃) 15, 16, 289
왕범지(王梵志) 16, 52, 68, 127
왕부지(王夫之) 90, 92
왕사정(王士禎) 48
왕세정(王世貞) 47, 90

왕안석(王安石) 77
왕어양(王漁洋) 101, 226, 244
왕유(王維) 17, 33, 37, 46, 66, 93, 101, 131, 141, 184, 188, 191, 194, 196, 199, 201, 207, 212, 218, 233, 249, 258, 259
왕유시 201
왕유시파(王維詩派) 104
왕적(王績) 16, 52, 131
왕정보(王定保) 113
왕진(王縉) 59, 201, 209, 216
왕중민(王重民) 68
왕창령(王昌齡) 93, 186, 192, 196, 200, 213, 233, 253
왕통(王通) 289
왕한(王翰) 191
요곡(姚鵠) 109
요광효(姚廣孝) 118
용재수필(容齋隨筆) 77
우룽꽝(吳榮光) 308
우세남(虞世南) 52
우습유(右拾遺) 204
우언(寓言) 172
우의(寓意) 170
운계우의(雲谿友議) 277
운미(韻味) 94
운사(運思) 94
원결(元結) 18
원덕수(元德秀) 281
원이두어(聞一多) 57, 224
원진(元稹) 18

원함(苑咸) 186
원호문(元好問) 45, 47, 48
원화성찬(元和姓纂) 266, 282
원화체(元和體) 15
웨이즈윈(魏子雲) 105
위경지(魏慶之) 132
위만(魏萬) 232, 246
위부(韋孚) 188
위사립(韋嗣立) 188
위산(潙山) 117, 118
위술(韋述) 274, 282
위쉔하오(郁賢皓) 50
위어(謂語) 82
위응물(韋應物) 17, 39, 104
위의사(威儀師) 194
위장(韋莊) 68
위징(魏徵) 34, 52, 289
위청(衛靑) 337
위탄(韋坦) 109
유도(儒道) 300
유랑(柳浪) 189
유방평(劉方平) 232, 239, 240
유신(庾信) 46
유우석(劉禹錫) 18, 41, 187
유장경(劉長卿) 18, 104
유종원(柳宗元) 18, 35, 104
유태진(劉太眞) 58, 283
유협(劉勰) 289
유희재(劉熙載) 94
육간여(陸侃如) 98, 326
육개적(六箇賊) 134

육시옹(陸時雍) 98
육엄(陸奄) 284, 294
육유(陸游) 15, 104
육지(陸贄) 41, 305, 320, 321
윤회설(輪廻說) 209
융욱(戎昱) 33, 41, 62, 220, 335, 336, 339, 340, 347, 352
은번(殷璠) 221, 332
은요(殷遙) 186, 206, 207, 212
은일낭만성(隱逸浪漫性) 63
은일낭만파(隱逸浪漫派) 150
의상(意象) 151
의중보(衣中寶) 139
의호(猗湖) 189
이가우(李嘉祐) 58, 109
이교(李嶠) 52, 220
이기(李頎) 41, 186, 193, 194, 213, 225, 226, 236, 239, 249, 266, 269
이길보(李吉甫) 58
이단(李端) 269
이달(李達) 33, 47, 66
이덕무(李德懋) 48
이반룡(李攀龍) 222
이백(李白) 36, 46, 151, 155, 158, 162, 163, 166, 170
이백약(李百樂) 289
이번(李璠) 109
이봉(李逢) 109
이산보(李山甫) 122, 124
이상은(李商隱) 19, 41, 89
이색(李穡) 46

이섭(李涉) 14
이연수(李延壽) 289
이익(李益) 41, 95, 330, 352
이임보(李林甫) 273, 274
이조(李肇) 109, 114
이주(李舟) 301, 303
이중화(李重華) 170
이하(李賀) 19, 39, 41
이화(李華) 272, 278, 282, 301, 302
이회(李回) 233, 248
인과율(因果律) 139
일운도저(一韻到底) 21
일출입행(日出入行) 167
임보(林寶) 282
임보(林寶) 266
임호정(臨湖亭) 189
입선(入禪) 140
입성(入聲) 25, 228

ⓧ

자연가영(自然歌詠) 104
잠삼(岑參) 17, 39, 63, 201, 226, 268, 337
장계(張戒) 129
장구령(張九齡) 16, 185, 198, 204, 340
장기근(張基槿) 27, 37
장병린(章炳麟) 26
장소(長嘯) 12, 216
장승요(張僧繇) 115

장시호후(張錫厚) 69
장약허(張若虛) 233
장열(張說) 17, 34, 190, 191
장욱(張旭) 232, 233
장인(張諲) 232, 236
장잠(張潛) 337
장적(張籍) 14, 18
장형(張衡) 199
장호(張祜) 33, 220
장효표(章孝標) 14
재조집(才調集) 332
저광희(儲光羲) 35, 186, 196
저타태자(祇陀太子) 231
전고(典故) 317
전기(錢起) 18, 58, 59, 186, 268
전당시 239, 249
전당시속습(全唐詩續拾) 221
전당시화속편(全唐詩話續編)』 223
전대흔(錢大昕) 311
전명수식명사(專名修飾名詞) 83
절충설(折衷說) 105, 111
점화지법(點化之法) 95
정경교융(情景交融) 64, 153, 351
정곡(鄭谷) 14
정두경(鄭斗卿) 66
정반합(正反合) 94
정악(鄭愕) 284, 294
정처해(鄭處誨) 276
정태미(情態美) 142
제기(齊己) 122
제량(齊梁) 34

제량풍(齊梁風) 15, 130
제만융(萬齊融) 232
조공무(晁公武) 285, 311
조규(趙逵) 110
조식(曹植) 46
조영(祖詠) 186, 190, 192, 197, 218, 233, 260
조우쉰추(周勛初) 50
조전성(趙殿成) 185, 192, 203
조화(趙驊) 279, 282
졸박(拙樸) 129
종군(從軍)의식 63
종군행(從軍行) 349
종남산(終南山) 212, 249
종합설(綜合說) 105, 112
좌사(左思) 269
주필대(周必大) 103
주희(朱熹) 47
죽령(竹嶺) 189
죽리관(竹里館) 190
죽림칠현(竹林七賢) 46
준법(皴法) 38
중국시가유변사(中國詩歌流變史) 329
중지(衆智) 306
증국번(曾國藩) 321
지정(至靜) 140
직재서록해제(直齋書錄解題) 285
진암초(陳巖肖) 130
진운(趁韻) 228
진자앙(陳子昂) 16, 34, 289

진장보(陳章甫) 233, 264
진진(陳晋) 301
진진손(陳振孫) 285, 311
진화(陳澕) 47, 66
짜오즈판(趙滋蕃) 105, 111
짱시호후(張錫厚) 43

ⓒ

차상원(車相轅) 26, 37
차주환(車柱環) 27, 37
참선시(參禪詩) 102
창랑시화(滄浪詩話) 15, 28
천뽀하이(陳伯海) 50
천상쥔(陳尙君) 50
천이신(陳胎焮) 186
천인사상(天人思想) 312
천지운행(天地運行) 312
천태산(天台山) 118
천태산국청사삼은집(天台山國淸寺三
    隱集) 117
천후이찌엔(陳慧劍) 100, 105, 112,
    115, 117
청시회(淸詩匯) 67
첸중수(錢鍾書) 15
첸지보(錢基博) 318
초당사걸(初唐四傑) 15, 34, 39, 52
초연물외(超然物外) 140
초원(椒園) 190
초일(超逸) 99
초탈(超脫) 352

최관(崔瓘) 337
최승경(最勝經) 134
최융(崔融) 15, 34, 52, 220
최창규(崔昌圭) 26
최치원(崔致遠) 13, 33, 41, 47
최호(崔顥) 35, 186, 232, 238, 239
최흥종(崔興宗) 212, 249
최희일(崔希逸) 185
치엔모춘(錢默存) 135
칠원(漆園) 190

ⓔ

탄유쉐(譚優學) 50, 57, 62
태악승(太樂丞) 204
태악승(太樂丞) 14
태현진경(太玄眞經) 12

ⓟ

평담(平淡) 18, 78
평성(平聲) 25
평운(平韻) 21
평측론(平仄論) 21
평행명사(平行名詞) 82
평행어(平行語) 81
포융(包融) 233
포조(鮑照) 337
표광정(裵光庭) 109
표일(飄逸) 136, 150
푸쉔중(傅璇琮) 50, 53, 62, 221
풍간(豊干) 107, 108

피일휴(皮日休) 14, 19, 220

ㅎ

하경관(夏敬觀) 343
하악영령집(河岳英靈集) 221, 225, 332
하지장(賀知章) 17, 233
하후심(夏侯審) 58
한굉(韓翃) 41, 58
한리조우(韓理洲) 50
한산(寒山) 16, 34, 108, 109, 117, 126
한산자(寒山子) 107
한유(韓愈) 18, 35, 46, 289, 303, 321
한회(韓會) 301
함연(頷聯) 177
허유(許由) 337
허자(虛字) 86
허혼(許渾) 220
현외지음(絃外之音) 153
현장법사(玄奘法師) 13
혜원(慧遠) 231
호가(胡笳) 227
호오(好惡) 306
호응린(胡應麟) 145
홍만종(洪萬宗) 45
홍매(洪邁) 77
홍탁(烘托) 176
화도시(和陶詩) 46
화시(和詩) 216

화시제(和詩題) 196
화율(和律) 194
화자강(華子岡) 189
환골탈태(換骨奪胎) 95
환운(換韻) 21
황보식(皇甫湜) 41
황보염(皇甫冉) 58, 59, 198
황보증(皇甫曾) 59, 233, 262
황정견(黃庭堅) 79
후스(胡適) 100, 105, 106, 110, 117, 126

류성준(柳晟俊)

1943년 출생
서울대학교 중문과 졸업, 서울대학교 대학원 중문과 문학석사
국립 타이완(臺灣)사범대학 국문연구소 문학박사
공군사관학교 교수부 조교수, 계명대학교 중국학연구소 소장, 한국외국어대학교 중국문제연구소 소장, 한국외국어대학교 언어연구소 소장, 미국 Harvard 대학교 교환교수, 한국중어중문학회 회장, 한국외국어대학교 동양학대학 학장
현재 : 한국외국어대학교 중국어과 교수, 중국연구소 소장

논문 : 〈全唐詩所載新羅人詩〉, 〈寒山과 그 詩考〉, 〈滄浪詩話詩辨考〉, 〈鄭燮詩考〉, 〈王梵志詩考〉, 〈戴叔倫의 五律考〉, 〈錢起詩考〉 등 200여 편
저서 : ≪王維詩比較研究≫, ≪中國唐詩研究≫, ≪중국 현대시의 이해≫, ≪淸詩話 研究≫, ≪初唐詩와 盛唐詩 연구≫, ≪韓國漢詩와 唐詩의 비교≫ 등 80여 권

●중국 성당시론

초판인쇄　2003년 5월 5일
초판발행　2003년 5월 10일

지은이　류성준
펴낸이　한봉숙
펴낸곳　푸른사상사

출판등록　제2-2876호
주　　소　100-193 서울시 중구 을지로3가 296-10 장양빌딩 202호
전　　화　02) 2268-8706 − 8707
팩시밀리　02) 2268-8708
이메일　prun21c@yahoo.co.kr / prun21c@hanmail.net
홈페이지　prun21c.com
편집●박영원／김윤경
기획/영업●김두천／김태훈／박 선

ⓒ 2003, 류성준
ISBN 89-5640-104-7-03820

정가 15,000원